中等职业学校"十二五"国际商务专业规划教材

出口业务模拟实训操作

童宏祥　　主　编
曾海霞　童莉莉　副主编

上海财经大学出版社

图书在版编目(CIP)数据

出口业务模拟实训操作/童宏祥主编. —上海：上海财经大学出版社，2011.11
（中等职业学校"十二五"国际商务专业规划教材）
ISBN 978-7-5642-1193-6/F·1193

Ⅰ.①出… Ⅱ.①童… Ⅲ.①出口业务-中等专业学校-教材 Ⅳ.①F740.4

中国版本图书馆 CIP 数据核字(2011)第 193838 号

□ 封面设计　钱宇辰
□ 责任编辑　刘　兵
□ 策划编辑　刘晓燕
□ 电　　话　021-65904706
□ 电子邮箱　exyliu@sina.com

CHUKOU YEWU MONI SHIXUN CAOZUO
出 口 业 务 模 拟 实 训 操 作

童宏祥　主　编
曾海霞　童莉莉　副主编

上海财经大学出版社出版发行
（上海市武东路 321 号乙　邮编 200434）
网　　址：http://www.sufep.com
电子邮箱：webmaster@sufep.com
全国新华书店经销
江苏省启东市人民印刷有限公司印刷装订
2011 年 11 月第 1 版　2011 年 11 月第 1 次印刷

700mm×960mm　1/16　21.25 印张　416 千字
印数：0 001—5 000　定价：30.00 元

（本教材有电子课件和参考答案，欢迎与策划编辑联系）

总 序

教育部在《2010年国家级教学团队建设通知》中指出：探索教学团队在组织架构、运行机制、监督约束机制等方面的运行模式，改革教学内容和方法，开发教学资源，促进教学研讨和教学经验交流，推进教学工作传、帮、带，提高教师的教学水平。从2008年起，教学团队是以教研室、实训基地、研究所和教学基地等单位为组织形式，以课程、专业或专业群等形式为平台开展工作的。

本着教育部关于教学团队建设的有关精神，笔者试图探索教学团队的模式，建立以专业或专业群带头人命名的专业工作室。专业工作室的宗旨是在教育职能部门的指导下，贯彻《国家中长期教育改革和发展规划纲要》和《上海市中长期教育改革和发展规划纲要》的精神，以工作室为平台、以职业院校为依托，广泛吸收社会资源，结合专业或专业群的建设，探索职业教育专业人才培养模式，开展多视角、多层面的校企合作，提升职业教育的水平。

"童宏祥专业工作室"由职业院校（含应用型本科、高专高职、中职）、行业协会（中国对外贸易经济合作企业协会全国国际商务单证员考试中心、全国外经贸从业人员考试中心）、企业（国际商务有限公司、进出口有限公司、报关有限公司、物流有限公司、教学软件公司、生产企业）、出版社（上海财经大学出版社、复旦大学出版社）等单位的专家、教授、业务经理、软件工程师、编辑、骨干教师、操作层面的能工巧匠所构成，根据职业教育教学改革发展的要求，适时地组成若干项目组，开展专业教学研究、策划组编中高职国际商务专业系列教材、指导青年教师企业实践、开设专业讲座、研发专业教学实训软件、协办各级国际商务职业技能大赛、建立国际商务专业群实习基地、为学生提供实习和就业岗位。

本系列中等职业学校"十二五"国际商务专业规划教材主要包括：《国际贸易业务流程》、《外贸单证制作》、《进出口业务——外贸单证缮制综合练习》、《外贸跟单业务操作》、《外贸跟单业务操作练习与解答》、《出入境报检业务操作》、《进出口报关业务》、《国际商务法律法规应用实务》、《出口业务模拟实训操作》、《常用国际货运代理单证制作》、《商务旅游日语会话》等。

"童宏祥专业工作室"衷心希望为全国各中等职业学校国际商务专业建设提供一个交流、合作平台，愿与职业教育领域的同仁和企业界的朋友共同探索多元化校企合作的模式，真正实现专业工作室的奋斗目标。

童宏祥专业工作室

2011 年 8 月

前　言

　　《出口业务模拟实训操作》是中等职业学校国际商务和商务英语等专业的一门综合性实践性课程。在近几年的专业教学工作中，适用于中职学校国际商务与商务英语专业培养目标的出口业务模拟实训课程教材非常少，大多数学校只能选用高职的相关教材。由于中高职专业培养的目标不同，教育的对象也有较大的差异，高职教材难以适应中职学生的认知特点。编者基于对中职国际商务专业课程教学改革的感知，针对中职学生的就业目标、岗位要求、职业技能和综合素质，编写了本教材。

　　《出口业务模拟实训操作》教材是校企合作、校际合作的结晶，在取材、结构和内容等方面具有一定的特点。

　　1. 突出了教学组织的互动型。教材是以学生创业团队为学习小组，完成从进出口公司的建立至一票出口业务的完整操作。全班分成若干个学习小组，学生以组为单位在学校国际贸易模拟实训室开展学习活动，通过学生间的互助交流，培养学生的团队合作精神。

　　2. 突出了贸易业务的营运模式。教材按照我国国际贸易业务营运的基本模式，以代理出口业务与自理出口业务为基点，分别引入信用证（CIF 贸易术语）与电汇（CPT 贸易术语）支付方式、海洋运输与航空运输方式等交易条件，为模拟操作提供全方位的业务情景。

　　3. 突出了贸易业务工作的全程性。教材从不同的视角，提供不同的实训操作资料：进出口公司的建立、公司网站的设计、交易条件的磋商、贸易合同的签订、加工生产企业的选择、收购或加工合同的订立、生产进度与品质的控制、出口许可证与产地证书的申请签发、托运与货运保险的办理、报检与报关的代理、货款的结算、收汇核销直至出口退税，体现出创业的全过程以及出口贸易业务操作的全过程，突出了工作过程的主体地位。

　　4. 突出了模拟操作与实际工作的对接度。教材引用了进出口公司的 6 套业务案例，分别用于"实例操作"、"体验活动"和"职业技能训练"三大模块，围绕出口贸易业务这一主线，按照实际工作情境构建教材架构，并以"任务"为纽带形成整个业务过程。

5. 突出了课程结构与学生认知特点的融合度。教材根据中职学生的认知规律，将一笔完整业务分成单个体验活动，每个体验活动由多个工作任务所构成，每个工作任务分成"学习指南"、"实例操作"、"体验活动"和"活动测评"四个模块，通过实例与体验活动等具体形式有助于学生掌握专业技能。

6. 突出了组织教学的规律性。教材根据实训教学的规律，对每个体验活动的教学提出了实施方案或建议，能较好地提高教学效果。

本书由童宏祥担任主编，曾海霞、童莉莉担任副主编，由童宏祥策划并负责总纂。具体编写的分工是：上海在野岛进出口公司总经理王善祥（项目一：体验活动一），上海市工业技术学校讲师李莉（项目一：体验活动二），上海市工业技术学校副教授、高级讲师童宏祥（项目一：体验活动三、体验活动四、体验活动五），上海市商贸旅游学校副校长曾海霞（项目二：体验活动一），上海市商业会计学校童莉莉（项目二：体验活动二），上海市群星职业学校张滢滢（项目二：体验活动三），上海市工业技术学校高级讲师蒋学莺（项目二：体验活动四），上海市商贸旅游学校胡娜（项目二：体验活动五）。由于笔者的水平有限，书中难免有错误或纰漏，恳请同行和专家不吝赐教。

编　者

2011 年 10 月

目　录

总　序 ·· 1

前　言 ·· 1

项目一　代理出口业务模拟操作——信用证支付方式 ······························ 1
体验活动一　进入业界——代理外贸企业的设立 ································ 2
任务一　设立代理外贸企业的工商登记 ·· 2
任务二　对外贸易经营者的备案登记 ··· 16
任务三　代理外贸企业的税务登记 ·· 23
任务四　代理外贸企业的报检备案登记 ·· 31
任务五　代理外贸企业的海关注册登记 ·· 35
任务六　代理外贸企业的原产地证书注册登记 ······································· 43
活动评价 ·· 49
教学方案设计与建议 ··· 50
职业技能训练 ·· 50

体验活动二　开展交易——销售合同书的商订 ···································· 63
任务一　开展交易磋商 ·· 64
任务二　跟进样品工作 ·· 69
任务三　签订销售合同书 ··· 73
任务四　审核信用证 ··· 80
活动评价 ·· 89

教学方案设计与建议 ……………………………………………………… 89
职业技能训练 …………………………………………………………… 90

体验活动三　申请证明——出口许可证、产地证的申请 …………… 96
任务一　申请出口货物许可证 …………………………………………… 97
任务二　申请原产地证书 ……………………………………………… 106
活动评价 ………………………………………………………………… 114
教学方案设计与建议 …………………………………………………… 115
职业技能训练 …………………………………………………………… 115

体验活动四　货物出境——产品出运手续的办理 …………………… 120
任务一　办理出口货物托运 …………………………………………… 121
任务二　委托出口货物报检 …………………………………………… 128
任务三　委托出口货物报关 …………………………………………… 134
任务四　办理出口货物运输保险 ……………………………………… 143
活动评价 ………………………………………………………………… 149
教学方案设计与建议 …………………………………………………… 149
职业技能训练 …………………………………………………………… 150

体验活动五　结算货款——出口结汇核销退税的办理 ……………… 156
任务一　办理货款的结算 ……………………………………………… 157
任务二　办理收汇核销 ………………………………………………… 161
任务三　办理出口退税 ………………………………………………… 168
活动评价 ………………………………………………………………… 172
教学方案设计与建议 …………………………………………………… 173
职业技能训练 …………………………………………………………… 173

项目二　自理出口业务模拟操作——电汇支付方式 ………………… 176
体验活动一　进入业界——自理外贸企业的设立 …………………… 177
任务一　设立自理外贸企业的工商登记 ……………………………… 177

任务二 对外贸易经营者的备案登记	187
任务三 自理外贸企业的税务登记	195
任务四 自理外贸企业的报检备案登记	202
任务五 自理外贸企业的海关注册登记	206
任务六 自理外贸企业的原产地证书注册登记	213
活动评价	218
教学方案设计与建议	218
职业技能训练	218

体验活动二 开展交易——销售确认书的商订 ······ 231
任务一 开展交易磋商	232
任务二 签订销售确认书	236
任务三 签订收购合同	241
活动评价	248
教学方案设计与建议	248
职业技能训练	249

体验活动三 跟进产品——进度、品质的控制 ······ 254
任务一 跟进生产进度	255
任务二 控制产品的品质	260
活动评价	265
教学方案设计与建议	266
职业技能训练	266

体验活动四 申请证明——普惠制产地证、商检证书 ······ 270
任务一 申请 FORM A 原产地证	271
任务二 申请检验检疫证明	280
活动评价	289
教学方案设计与建议	290
职业技能训练	290

体验活动五　货物出境——托运、报关、结算 ………………………… 296
任务一　办理航空货物托运 …………………………………………… 297
任务二　办理出口货物报关 …………………………………………… 303
任务三　办理出口货款结算 …………………………………………… 313
活动评价 …………………………………………………………………… 324
教学方案设计与建议 ……………………………………………………… 324
职业技能训练 ……………………………………………………………… 325

项目一　代理出口业务模拟操作
——信用证支付方式

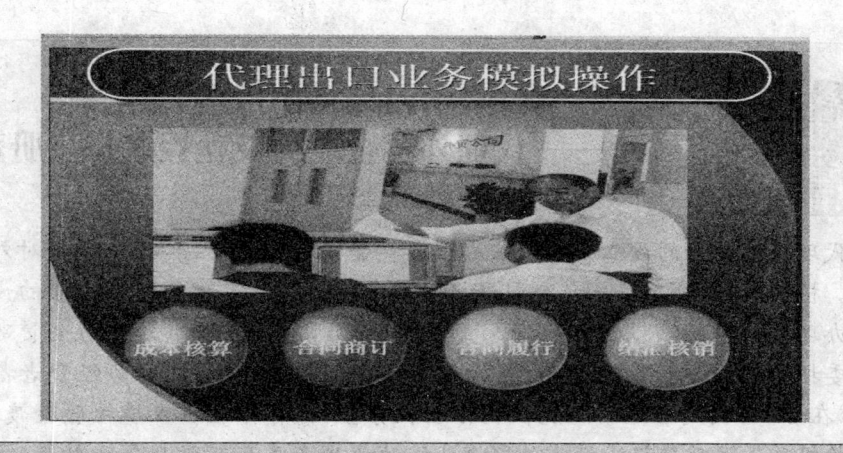

业务情境

　　王祥先生毕业于上海商贸学校,在老师的支持下决定创业,成立上海在野岛进出口公司,代理手工工具等进出口业务。为此,根据我国有关法律法规的规定王祥须向工商行政管理局办理工商登记,向税务局办理税务登记,向商务委员会办理外贸经营者备案,向出入境检验检疫局与海关办理报检、报关与原产地证的注册,获得有关职能部门颁发的许可证件后,方可从事进出口贸易业务。

　　王祥先生首先创办公司网站,对外宣传公司的经营业务和供货信息。日本客商FUJIYAMA TRADING CORPORATION 山本社长对网站上展示的钢锉刀(STEAL FILE)样品很感兴趣,即与王祥经理进行磋商,达成交易后签订了销售合同书。

　　合同签订后,上海在野岛进出口公司王祥经理与上海工具有限公司签订了委托代理协议,并根据销售合同书的规定和上海工具有限公司提供的有关资料委托上海国际货代公司代办订舱、报检和报关手续。货物出运后,及时办理结汇、出口收汇核销和出口退税。

体验活动一 进入业界——代理外贸企业的设立

> **学习与操作指南**
> **——代理外贸企业的设立程序与注册登记**
>
> 代理外贸企业的设立必须依法办理各类登记注册等手续,方能从事对外贸易业务。根据我国《公司法》和《公司登记管理条例》的规定,代理外贸企业的设立应依法办理公司登记,领取《企业法人营业执照》后,向国务院对外贸易主管部门或者其委托的机构办理备案登记,凭加盖备案登记印章的《对外贸易经营者备案登记表》在30日内到当地的职能机构办理税务登记,并办理出入境检验检疫、进出口货物报关等注册登记手续。外贸企业依法办理各类登记注册等手续后,方能对外从事国际贸易业务。

任务一 设立代理外贸企业的工商登记

操作指南

根据我国《公司法》和《公司登记管理条例》的有关规定,公司设立应依法办理公司登记,领取《企业法人营业执照》。公司设立登记程序有以下内容。

一、申请企业名称的预先核准

设立有限责任公司,应当由全体股东指定的代表或者共同委托的代理人向公司登记机关申请名称预先核准;设立股份有限公司,应当由全体发起人指定的代表或者共同委托的代理人向公司登记机关申请名称预先核准。企业名称实行网上计算机自动检索或人工查询,无异议后可办理企业名称登记。

1. 提交企业申请名称预先核准文件

企业申请名称预先核准应提交的文件主要包括:①有限责任公司的全体股东或者股份有限公司的全体发起人签署的公司名称预先核准申请书;②全体股东或者发起人指定代表或者共同委托代理人的证明;③国家工商行政管理总局规定要求提交的其他文件。

2. 核准企业申请的名称

公司登记机关受理后作出决定,予以核准的,出具《企业名称预先核准通知书》;不予以核准的,应当出具《企业名称驳回通知书》,说明不予核准的理由,并告知申请人享有依法申请行政复议或者提起行政诉讼的权利。

二、申请企业设立的登记

1. 提交企业设立登记的文件

设立有限责任公司应由全体股东指定的代表或者共同委托的代理人到公司登记机关,也可以通过信函、传真和电子邮件等方式提出设立登记申请,并提交有关文件。其主要包括:①公司法定代表人签署的设立登记申请书;②全体股东指定代表或者共同委托代理人的证明;③公司章程;④验资机构出具的出资证明书;⑤股东的主体资格证明或者自然人身份证明;⑥载明公司董事、监事、经理的姓名与住所的文件以及有关委派、选举或者聘用的证明;⑦公司法定代表人任职文件和身份证明;⑧企业名称预先核准通知书;⑨公司住所证明。

2. 受理设立登记的申请

公司登记机关对通过信函、传真和电子邮件等方式提出设立企业申请的,自收到申请文件和材料之日起5日内作出是否受理的决定。受理设立登记的范围是:①申请文件与材料齐全、符合法定形式的,或者申请人按照公司登记机关的要求提交全部补正申请文件或材料的;②申请文件与材料齐全符合法定形式,但公司登记机关认为申请文件或材料需要核实的;③申请文件与材料存在可当场更正的错误,应允许申请人当场予以更正,由申请人在更正处签名或者盖章,注明更正日期,并经确认申请文件、材料齐全,符合法定形式的。

公司登记机关对符合要求的申请者出具《受理通知书》;对不予受理的,出具《不予受理通知书》,说明不予受理的理由,并告知申请人享有依法申请行政复议或者提起行政诉讼的权利。

3. 颁发《企业法人营业执照》

公司登记机关对申请文件等材料核准无误后,按其注册资本总额的 0.8‰ 收取设立登记费,并颁发企业法人营业执照。企业法人营业执照的签发日期为公司成立日期。企业应在企业设立登记之日起 30 日内,将加盖企业公章的营业执照复印件反馈给企业名称核准机关备案。设立公司可凭企业法人营业执照刻制公司印章、财务专用章和法人代表印章。

三、申办组织机构代码证

公司向当地质量技术监督局申请组织机构代码证,经其审定后颁发由中华人民共和国国家质量监督检验检疫总局签章的组织机构代码证。

相关连接   **组织机构代码证书**

组织机构代码是国家质量技术监督检验检疫总局为满足政府部门的管理需求,确保对境内所有经济活动主体进行统一标识,根据国家有关代码编制原则,给每一个机关、企事业单位和社会团体颁发的一个在全国范围内唯一的、始终不变的法定代码标识。组织机构代码广泛应用于税务、银行、外汇、海关、外贸和社会保障等各个方面,并在电子政务建设过程中起到了重要的作用。

模拟操作

案例背景

王祥先生毕业于上海商贸学校,面对就业市场的激烈竞争,决定放弃各种应聘机会进行创业,成立上海在野岛进出口公司,从事五金工具进出口业务。为此,王祥先生向所在地工商行政管理局职能部门申请依法办理外贸企业的设立手续。

一、上海在野岛进出口公司名称预先核准的申请

1. 网上查名

王祥先生拟成立的外贸公司的名称为上海在野岛进出口公司,于是上网查询是否有重名。

2. 提交公司名称预先核准申请书

网上预查明通过后,王祥先生填写企业名称预先核准申请书(样例 1—1—1),向黄浦区工商行政管理局登记部门提交,申请名称核准。

样例1—1—1

企业名称预先核准申请书

申请企业名称	上海在野岛进出口公司		
备选企业名称			
1	上海斯波进出口公司		
2	上海四波进出口公司		
3	上海在野岛进出口公司		
拟从事的经营范围(只需要填写与企业名称行业表述一致的主要业务项目)			
进出口业务			
注册资本(金)	150万元	(法人企业必须填写)	
企业类型	☑公司制　□非公司制　□个人独资　□合伙		
企业住所(地址)	上海市黄浦区中华路街道人民路1号		
投资人姓名或名称、证照号码、投资额和投资比例(签字盖章)			
王祥,310106199208112837,60万元,40% 方欣,310106199311042837,30万元,20% 李丽,310106199108012837,30万元,20% 张熙,310106199001252837,30万元,20%			王祥章 王祥 2010年8月28

相关连接　　　**企业名称的使用**

1. 企业名称规范

注册公司名称由行政区划、字号、行业、组织形式依次组成,例如,上海(地区名)+某某(企业名)+贸易(行业名)+有限公司(类型);法人姓名可以作为注册公司名称中的字号使用;注册上海公司名称中的行业应当反映其主要经营活动内容或者经营特点。

2. 注册公司名称禁止内容和文字

有损于国家、社会公共利益的;违反社会公序良俗,不尊重民族、宗教习俗;对公众造成欺骗或误解的;国家、国际组织、政党、党政军机关、群众组织和社团组织的名称及其简称;中国、中华、全国、国家、国际字词;汉语拼音、字母、外国文字、标点符号;不符合国家规范的语言文字;法律、法规规定禁止的其他内容和文字。

3. 出具企业名称预先核准通知书

黄浦区工商行政管理局登记部门核准后,出具《企业名称预先核准通知书》(样例1—1—2)。

样例1—1—2

企业名称预先核准通知书

(黄)登记内名预核字[110912]第210号

根据《企业名称登记管理规定》、《企业名称登记管理实施办法》等规定,同意预先核准下列4个投资人出资,注册资本(金)150万元(人民币壹佰伍拾万元整),住所设在上海市黄浦区中华路街道人民路1号的企业名称为:上海在野岛进出口公司。

行业及行业代码:

投资人、投资额和投资比例:王祥、60万元、40%
　　　　　　　　　　　　方欣、30万元、20%
　　　　　　　　　　　　李丽、30万元、20%
　　　　　　　　　　　　张熙、30万元、20%

王祥
章

以上预先核准的企业名称保留期至2012年2月28日。在保留期内,企业名称不得用于经营活动,不得转让。经企业登记机关设立登记,颁发营业执照后企业名称正式生效。

上海市工商行政管理局黄浦区分局

核准日期:2010年8月31日

二、上海在野岛进出口公司设立登记的申请

上海在野岛进出口公司获取《企业名称预先核准通知书》后,向该局办理公司登记,提交公司章程、出资证明书(样例1—1—3)、公司法定代表人任职文件与身份证明、企业名称预先核准通知书和公司住所证明(样例1—1—4)等文件。黄浦区工商行政管理局登记部门对申请文件等材料进行核准后收取设立登记费,并颁发《企业法人营业执照》(样例1—1—5)。

样例 1—1—3

出资证明书

《中华人民共和国公司法》摘要

第三十四条 股东有权查阅、复制公司章程、股东会会议记录、董事会会议决议、监事会会议决议和财务会计报告。股东可以要求查阅公司会计账簿。股东要求查阅公司会计账簿的，应当向公司提出书面请求，说明目的。公司有合理根据认为股东查阅会计账簿有不正当目的，可能损害公司合法利益的，可以拒绝提供查阅，并应当自股东提出书面请求之日起十五日内书面答复股东并说明理由。公司拒绝提供查阅的，股东可以请求人民法院要求公司提供查阅。

第三十五条 股东按照实缴的出资比例分取红利；公司新增资本时，股东有权优先按照实缴的出资比例认缴出资。但是，全体股东约定不按照出资比例分取红利或者不按照出资比例优先认缴出资的除外。

出资证明书

编号：出资证明[1/5]

上海在野岛进出口公司成立于 2010 年 9 月 1 日，注册资本人民币 150 万元。股东王祥于 2010 年 9 月 1 日缴纳出资额 150 万元。

特此证明

法定代表人　王祥

上海达达会计师事务所
2010 年 9 月 1 日

样例 1—1—4

公司住所证明

房屋租赁合同

出租方(简称甲方)：上海桑格商务公司
承租方(简称乙方)：上海在野岛进出口公司

根据《中华人民共和国合同法》及相关法律法规的规定，甲、乙双方在平等、自愿的基础上，就甲方将房屋出租给乙方使用，乙方承租甲方房屋事宜，为明确双方权利义务，经协商一致，订立本合同。

第一条 甲方保证所出租的房屋符合国家对租赁房屋的有关规定。

第二条 房屋的坐落、面积情况

1. 甲方出租给乙方的房屋位于上海市人民路 1 号。
2. 出租房屋面积共 30 平方米。

第三条 租赁期限、用途

1. 该房屋租赁期自 2010 年 9 月 1 日起至 2015 年 8 月 31 日止。
2. 乙方向甲方承诺，租赁该房屋仅作为办公使用。

乙方如要求续租，则必须在租赁期满 1 个月之前书面通知甲方，经甲方同意后，重新签订租赁合同。

第四条 租金及支付方式

1. 该房屋每月租金为 9 000 元(大写玖仟元整)。
2. 房屋租金每 6 个月支付一次。

续

> 第五条 本合同自双方签(章)后生效。
> 第六条 本合同一式二份,由甲、乙双方各执一份,具有同等法律效力。
>
> 甲方:上海桑格商务公司　　　　　乙方:上海在野岛进出口公司
> 营业执照:310608200337039　　　身份证号:310106199208112837
> 电话:62045671　　　　　　　　　电话:65788811
> 房地产经纪机构资质证书号码:310228
> 签约代表:桑格　　　　　　　　　签约代表:王祥
> 签约日期:2010年9月1日　　　　　签约日期:2010年9月1日

样例1—1—5

企业法人营业执照

企业法人营业执照（副本）

注册号:310607100226928

名　　　称	上海在野岛进出口公司
住　　　所	上海市黄浦区人民路1号
法定代表人姓名	王祥
注 册 资 本	一百五十万元
共 收 资 本	一百五十万元
公 司 类 型	有限责任公司
经 营 范 围	进出口业务
成 立 日 期	2010年9月1日
营业期限至	2015年8月31日

须　知

1.《企业法人营业执照》是企业法人资格和合法的凭证。
2.《企业法人营业执照》分为正本和副本,正本和副本具有同样的法律效力。
3.《企业法人营业执照》正本应放置于住所醒目位置。
4.《企业法人营业执照》不得转借、涂改、出借、转让。
5. 登记情况有所变化,应到登记机关申请变更登记,换取新的《企业法人营业执照》。
6. 每年3月1日至6月30日参加年检。
7.《企业法人营业执照》遗失或损坏,应申明作废并补领。

年度检验情况

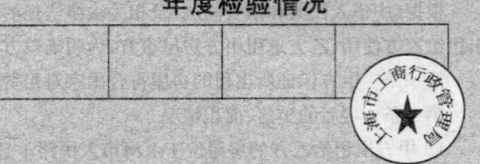

2010年9月1日

三、上海在野岛进出口公司申办组织机构代码证

上海在野岛进出口公司王祥经理填写中华人民共和国组织机构代码证申请表(样例1—1—6),并随附有关文件向上海市质量技术监督局申办组织机构代码证。通过审定后,领取中华人民共和国国家质量监督检验检疫总局签章的组织机构代码证(样例1—1—7)。

样例 1-1-6

中华人民共和国组织机构代码证申请表

受理项目：新申报☑ 变更☐ 年审☐ 换证☐ 补发☐

申办单位盖章：上海在野岛进出口公司章　　　机构代码 ☐☐☐☐☐☐☐☐☐

1	机构名称	上海在野岛进出口公司											
2	机构类型	企业法人	✓	事业法人	3	社团法人	5	机关法人	7	其他机构	9	个体	B
		非法人	2	非法人	4	非法人	6	非法人	8	民办非企业单位	A	工会法人	C
3	法定代表人姓名（负责人、投资人）	王祥		身份证号码	3 1 0 1 0 6 1 9 9 2 0 8 1 1 2 8 3 7
4	经营或业务范围	进出口业务
5	经济行业及代码		6	经济类型及代码	
7	成立日期	2010年9月1日	8	职工人数	6人
9	主管部门名称、代码	
10	注册资金	150万元	11	货币种类	人民币	12	外方投资机构国别（地区）、代码	
13	所在地行政区划	上海市黄浦区
14	机构地址	上海市黄浦区人民路1号
15	邮政编码	200056	16	单位电话	65788811	17	批准文号或注册号	
18	登记或批准机构、代码	
19	是否涉密单位	是☐ 否☑ 若属涉密单位，请出具主管部门的证明材料。	20	申请电子副本	1本
21	主要产品	1. 五金工具　2. ＿＿＿＿　3. ＿＿＿＿
22	经办人姓名	王祥	23	身份证号码	3 1 0 1 0 6 1 9 9 2 0 8 1 1 2 8 3 7
			24	移动电话	13978912346

以下由代码管理机关填写：

办证机构代码□□□□□□

1	证书有效期至	____年____月____日	2	数据变更记录	
3	录入人（签字）	____年____月____日	4	审核(批)人（签字）	____年____月____日

样例1-1-7

中华人民共和国组织机构代码证

中华人民共和国
组织机构代码证
（副本）
代 码：78358009-8

机 构 名 称：上海在野岛进出口公司
机 构 类 型：企业法人
法定代表人：王祥
地　　　址：上海市黄浦区人民路1号
有 效 期：自2010年9月1日至2014年8月31日
颁 发 单 位：上海市质量技术监督局
登 记 号：组代管610100-008447-1

说　明

1. 中华人民共和国组织机构代码是组织机构在中华人民共和国境内唯一的、始终不变的法定代码标识。《中华人民共和国组织机构代码证》是组织机构法定代码的凭证，分正本和副本。
2. 《中华人民共和国组织机构代码证》不得出租、出借、冒用、转让、伪造、变造、非法买卖。
3. 《中华人民共和国组织机构代码证》登记项目发生变化时，应向发证机关申请变更。
4. 各组织机构应当按有关规定，接受发证机关的年度检验。
5. 组织机构依法注销时，要向原发证机关办理注销登记，并交回全部代码证。

中华人民
共 和 国　国家质量监督检验检
年检记录

No. 2011 1363415

体验活动

一、活动背景

根据自愿组合的原则，将学生按6~8人组成一支创业团队，全班共建四支团队进行创业活动，形成竞争态势。每个团队选出法人代表兼经理，由其带领团队成员给公司命名，设置公司机构和岗位。

二、活动准备

设立外贸企业工商登记相关资料如下：
申请企业名称：上海三井进出口公司（电子邮箱 DF@sohu.com）

备选企业名称:上海夏青进出口公司、上海王闽进出口公司、上海王鑫进出口公司
拟从事的经营范围:进出口业务
注册资本(金):160万元
企业类型:合伙
企业住所(地址):上海市浦东新区浦东路1号(邮编200021)
投资人姓名、证照号码:夏青 310106199408232816、王闽 310106199405212816
王鑫 310106199407122816
投资额、投资比例:夏青 60万元,37.5%;王闽 50万元,31.25%;王鑫 50万元,31.25%
法人代表:夏青(手机13917933388) 电话:21-58123456 传真:021-58123457
出租方:上海物流商务公司 房屋面积:25平方米 每月租金:9 000元
租赁期限:2010年9月10日至2015年9月9日
主要产品:五金工具
是否涉密单位:不是
职工人数:8人

三、活动开展

1. 上海三井进出口公司名称预先核准

夏青经理填写公司名称预先核准申请书,并向浦东新区工商行政管理局登记部门提交。

企业名称预先核准申请书

申请企业名称	
备选企业名称	
1	
2	
3	
拟从事的经营范围(只需要填写与企业名称行业表述一致的主要业务项目)	
注册资本(金)	万元　　　　　(法人企业必须填写)
企业类型	□公司制　□非公司制　□个人独资　□合伙
企业住所(地址)	
投资人姓名或名称、证照号码、投资额和投资比(签字盖章)　　　　　　　　　　　　年　月　日	

2. 上海三井进出口公司设立登记申请

夏青经理向浦东新区工商行政管理局登记部门提交公司章程、出资证明书、公司法定代表人任职文件与身份证明、企业名称预先核准通知书和公司住所证明等文件，申请设立登记。为此，夏青经理向上海夏青商务公司租赁办公场所，签订房屋租赁合同。

房屋租赁合同

出租方(简称甲方)：_____
承租方(简称乙方)：_____

根据《中华人民共和国合同法》及相关法律法规的规定，甲、乙双方在平等、自愿的基础上，就甲方将房屋出租给乙方使用，乙方承租甲方房屋事宜，为明确双方权利义务，经协商一致，订立本合同。

第一条　甲方保证所出租的房屋符合国家对租赁房屋的有关规定。

第二条　房屋的坐落、面积情况

1. 甲方出租给乙方的房屋位于_____。
2. 出租房屋面积共_____。

第三条　租赁期限、用途

1. 该房屋租赁期自_____年____月____日起至_____年____月____日止。
2. 乙方向甲方承诺，租赁该房屋仅作为办公使用。

乙方如要求续租，则必须在租赁期满1个月之前书面通知甲方，经甲方同意后，重新签订租赁合同。

第四条　租金及支付方式

1. 该房屋每月租金为_____(大写_____)。
2. 房屋租金每6个月支付一次。

第五条　本合同自双方签(章)后生效。

第六条　本合同一式二份，由甲、乙双方各执一份，具有同等法律效力。

甲　方：_____　　　　　乙　方：_____
营业执照：310607100226928　　　　身份证号：_____
电话：62045671　　　　　　　　　　电话：_____
房地产经纪机构资质证书号码：310225676
签约代表：方力敏　　　　　　　　　签约代表：_____
签约日期：2011年9月10日　　　　　签约日期：_____

3. 上海三井进出口公司领取企业法人营业执照

企业法人营业执照
（副本）

注册号：3106071002261123

名　　　称	上海三井进出口公司
住　　　所	上海市浦东新区浦东路1号
法定代表人姓名	夏青
注　册　资　本	一百六十万元
共　收　资　本	一百六十万元
公　司　类　型	有限责任公司
经　营　范　围	进出口业务
成　立　日　期	2010年9月10日
营　业　期　限　至	2015年9月9日

须　知

1.《企业法人营业执照》是企业法人资格和合法的凭证。

2.《企业法人营业执照》分为正本和副本，正本和副本具有同样的法律效力。

3.《企业法人营业执照》正本应放置于住所醒目位置。

4.《企业法人营业执照》不得转借、涂改、出售、转让。

5. 登记情况有所变化，应到登记机关申请变更登记，换取新的《企业法人营业执照》。

6. 每年3月1日至6月30日参加年检。

7.《企业法人营业执照》遗失或损坏，应申明作废并补领。

年度检验情况

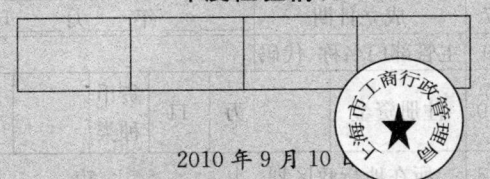

2010年9月10日

4. 上海三井进出口公司申请组织机构代码证

上海三井进出口公司夏青经理填写中华人民共和国组织机构代码证申请表，向上海市质量技术监督局申办组织机构代码证。

中华人民共和国组织机构代码证申请表

受理项目：新申报□ 变更□ 年审□ 换证□ 补发□

申办单位盖章： 机构代码□□□□□□□□□

1	机构名称												
2	机构类型	企业法人 非法人	1 2	事业法人 非法人	3 4	社团法人 非法人	5 6	机关法人 非法人	7 8	其他机构 民办非企业单位	9 A	个体 工会法人	B C
3	法定代表人姓名（负责人、投资人）					身份证号码							
4	经营或业务范围												
5	经济行业及代码						6	经济类型及代码					
7	成立日期	___年___月___日					8	职工人数					
9	主管部门名称、代码												
10	注册资金		万	11	货币种类			12	外方投资机构国别（地区）、代码				
13	所在地行政区划	_____市，_____区、县											
14	机构地址												
15	邮政编码			16	单位电话				17	批准文号或注册号			
18	登记或批准机构、代码												
19	是否涉密单位	是□ 否□ 若属涉密单位，请出具主管部门的证明材料。						20	申请电子副本			_____本	
21	主要产品	1._____ 2._____ 3._____											
22	经办人姓名	23	身份证号码										
		24	移动电话										

以下由代码管理机关填写：

办证机构代码□□□□□□

1	证书有效期至	_____年___月___日	2	数据变更记录	
3	录入人（签字）	_____年___月___日	4	审核（批）人（签字）	_____年___月___日

5. 上海三井进出口公司领取组织机构代码证

上海市质量技术监督局对上海三井进出口公司申请组织机构代码证的材料核准后，通知该公司领取中华人民共和国国家质量监督检验检疫总局签章的组织机构代码证。

中华人民共和国
组织机构代码证

（副本）

代码：78358112—4

机构名称：上海三井进出口公司
机构类型：企业法人
法定代表人：夏青
地　　址：上海市浦东新区浦东路1号
有　效　期：自2010年9月10日至2014年9月9日
颁发单位：上海市质量技术监督局
登　记　号：组代管610100—008447—121

中华人民共和国　国家质量监督检验检疫

说　明

1. 中华人民共和国组织机构代码是组织机构在中华人民共和国境内唯一的、始终不变的法定代码标识。《中华人民共和国组织机构代码证》是组织机构法定代码的凭证，分正本和副本。

2. 《中华人民共和国组织机构代码证》不得出租、出借、冒用、转让、伪造、变造、非法买卖。

3. 《中华人民共和国组织机构代码证》登记项目发生变化时，应向发证机关申请变更。

4. 各组织机构应当按有关规定，接受发证机关的年度检验。

5. 组织机构依法注销时，要向原发证机关办理注销登记，并交回全部代码证。

年检记录

No. 2011 1363428

任务二　对外贸易经营者的备案登记

操作指南

按照对外贸易经营者备案登记办法的规定,除法律规定不需要备案登记的以外,所有从事货物或技术进出口的对外贸易经营者,都应当向国务院对外贸易主管部门或者其委托的机构办理备案登记。否则,海关不予办理进出口货物的报关和验放手续。设立外贸企业在领取组织机构代码证后,在本地区备案登记机关办理备案登记。对外贸易经营者备案登记程序有以下内容。

一、领取对外贸易经营者备案登记表

对外贸易经营者可以通过商务部政府网站(http://www.mofcom.gov.cn)下载,或到所在地备案登记机关领取对外贸易经营者备案登记表。

二、提交备案登记材料

向备案登记机关提交的备案登记材料主要包括:①按要求填写的《对外贸易经营者备案登记表》;②营业执照复印件;③组织机构代码证书复印件;④其他需要的文件。

三、受理备案登记的申请

备案登记机关应自收到对外贸易经营者提交的上述材料之日起5日内办理备案登记手续,符合规定的,在对外贸易经营者备案登记表上加盖备案登记印章,并将其信息和材料建立备案登记档案。

模拟操作

案例背景

上海在野岛进出口公司在领取组织机构代码证后,按照对外贸易经营者备案登记办法的规定,持有关材料向上海市商委备案登记机关办理对外贸易经营者备案登记。上海市商委核准无误后,在《对外贸易经营者备案登记表》上加盖备案登记印章,并将其信息和材料建立备案登记档案。

一、上海在野岛进出口公司填写《对外贸易经营者备案登记表》

上海在野岛进出口公司王祥经理填写《对外贸易经营者备案登记表》(样例1—1—8),随附营业执照复印件、组织机构代码证书复印件和财产公证证明等材料向上海市商委主管部门办理对外贸易经营者备案登记。

样例1—1—8

对外贸易经营者备案登记表

备案登记表编号: 　　　　　　　　　　　　　　　进出口企业代码:3100843215

经营者中文名称	上海在野岛进出口公司		
经营者英文名称	SHANGHAI ZAIYEDAO IMPORT & EXPORT CORPORATION		
组织机构代码	78358009—8	经营者类型(由备案登记机关填写)	
住　　所	上海市黄浦区人民路1号		
经营场所(中文)	上海市黄浦区人民路1号		
经营场所(英文)	No.1 RENMIN ROAD SHANGHAI CHINA		
联系电话	021—65788811	联系传真	021—65788812
邮政编码	200056	电子邮箱	SIBO@sohu.com
工商登记注册日期	2010年9月1日	工商登记注册号	310607100226928

依法办理工商登记的企业还须填写以下内容

企业法定代表人姓名	王祥	有效证件号	310106199208112837
注册资金	150万元	(折美元)23.44万美元	

依法办理工商登记的外国(地区)企业或个体工商户(独资经营者)还须填写以下内容

企业法定代表人/个体工商负责人姓名	王祥	有效证件号	310106199208112837
企业资产/个人财产	150万元	(折美元)23.44万美元	
备注:无进口商品分销业务			

填表前请认真阅读背面的条款,并由企业法定代表人或个体工商负责人签字、盖章。

备案登记机关签章:

年　　月　　日

备案登记表背面：

本对外贸易经营者作如下保证：
一、遵守《中华人民共和国对外贸易法》及其配套法规、规章。
二、遵守与进出口贸易相关的海关、外汇、税务、检验检疫、环保、知识产权等中华人民共和国其他法律、法规、规章。
三、遵守中华人民共和国关于核、生物、化学、导弹等各类敏感物项和技术出口管制法规以及其他相关法律、法规、规章，不从事任何危害国家安全和社会公共利益的活动。
四、不伪造、变造、涂改、出租、出借、转让、出卖《对外贸易经营者备案登记表》。
五、在备案登记表中所填写的信息是完整的、准确的、真实的；所提交的所有材料是完整的、准确的、合法的。
六、《对外贸易经营者备案登记表》上填写的任何事项发生变化之日起，30日内到原备案登记机关办理《对外贸易经营者备案登记表》的变更手续。

以上如有违反，将承担一切法律责任。

　　　　　　　　　　　　　　　　　　　　　　　　上海在野岛进出口公司
　　　　　　　　　　　　　　　　　　　　　　　　　　　专用章

　　　　　　　　　　　　　　　对外贸易经营者签字、盖章：　王祥
　　　　　　　　　　　　　　　　　　　　　　　　　2010年9月10日

二、备案机关予以备案登记

上海市商委对上海在野岛进出口公司提交的备案材料进行审核，核准后在《对外贸易经营者备案登记表》(样例1－1－9)上加盖备案登记印章，并予以备案。

样例1－1－9

对外贸易经营者备案登记表

备案登记表编号：No. 8387623　　　　　　　　　　进出口企业代码：3100843215

经营者中文名称	上海在野岛进出口公司		
经营者英文名称	SHANGHAI ZAIYEDAO IMPORT & EXPORT CORPORATION		
组织机构代码	78358009－8	经营者类型 （由备案登记机关填写）	
住　　所	上海市黄浦区人民路1号		
经营场所(中文)	上海市黄浦区人民路1号		
经营场所(英文)	No. 1 RENMIN ROAD SHANGHAI CHINA		
联系电话	021－657888811	联系传真	021－65788812

续表

邮政编码	200056	电子邮箱	SIBO@sohu.com
工商登记注册日期	2010年9月1日	工商登记注册号	310607100226928

依法办理工商登记的企业还须填写以下内容

企业法定代表人姓名	王祥	有效证件号	310106199208112837
注册资金	150万元		(折美元)23.44万美元

依法办理工商登记的外国(地区)企业或个体工商户(独资经营者)还须填写以下内容

企业法定代表人/个体工商负责人姓名	王祥	有效证件号	310106199208112837
企业资产/个人财产	150万元		(折美元)23.44万美元
备注:无进口商品分销业务			

填表前请认真阅读背面的条款,并由企业法定代表人或个体工商   上海市商务委员会
备案登记机关签   备案专用章

2010年9月10日

备案登记表背面:

本对外贸易经营者作如下保证:

一、遵守《中华人民共和国对外贸易法》及其配套法规、规章。

二、遵守与进出口贸易相关的海关、外汇、税务、检验检疫、环保、知识产权等中华人民共和国其他法律、法规、规章。

三、遵守中华人民共和国关于核、生物、化学、导弹等各类敏感物项和技术出口管制法规以及其他相关法律、法规、规章,不从事任何危害国家安全和社会公共利益的活动。

四、不伪造、变造、涂改、出租、出借、转让、出卖《对外贸易经营者备案登记表》。

五、在备案登记表中所填写的信息是完整的、准确的、真实的;所提交的所有材料是完整的、准确的、合法的。

六、《对外贸易经营者备案登记表》上填写的任何事项发生变化之日起,30日内到原备案登记机关办理《对外贸易经营者备案登记表》的变更手续。

以上如有违反,将承担一切法律责任。

上海在野岛进出口公司专用章

对外贸易经营者签字、盖章: 王祥

2010年9月10日

体验活动

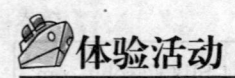

一、活动背景

以夏青为首的创业团队，根据企业营业执照、组织机构代码证等有关证件填写《对外贸易经营者备案登记表》，随附营业执照复印件、组织机构代码证书复印件等材料向上海市商委主管部门申请办理对外贸易经营者备案登记。为此，团队各成员进行分工，有的搜集资料，有的负责填表，有的负责审核，有的在现场办理备案登记，形成互助，培养团队合作精神。

二、活动准备

办理对外贸易经营者备案登记相关资料如下：
备案登记表编号：WJ090112
进出口企业代码：QD3188432159

三、活动开展

1. 上海三井进出口公司填写《对外贸易经营者备案登记表》

夏青经理填写《对外贸易经营者备案登记表》，并随附营业执照复印件、组织机构代码证书复印件等材料向上海市商委主管部门办理对外贸易经营者备案登记。

对外贸易经营者备案登记表

备案登记表编号： 　　　　　　　　　　　　　　　　　进出口企业代码：

经营者中文名称			
经营者英文名称			
组织机构代码		经营者类型 （由备案登记机关填写）	
住　　所			
经营场所（中文）			
经营场所（英文）			
联系电话		联系传真	

续表

邮政编码		电子邮箱	
工商登记注册日期		工商登记注册号	

依法办理工商登记的企业还须填写以下内容

企业法定代表人姓名		有效证件号	
注册资金			（折美元）

依法办理工商登记的外国(地区)企业或个体工商户(独资经营者)还须填写以下内容

企业法定代表人/个体工商负责人姓名		有效证件号	
企业资产/个人财产			
备注：			

填表前请认真阅读背面的条款，并由企业法定代表人或个体工商负责人签字、盖章。

备案登记机关签章：

年　月　日

备案登记表背面：

　　本对外贸易经营者作如下保证：
　　一、遵守《中华人民共和国对外贸易法》及其配套法规、规章。
　　二、遵守与进出口贸易相关的海关、外汇、税务、检验检疫、环保、知识产权等中华人民共和国其他法律、法规、规章。
　　三、遵守中华人民共和国关于核、生物、化学、导弹等各类敏感物项和技术出口管制法规以及其他相关法律、法规、规章，不从事任何危害国家安全和社会公共利益的活动。
　　四、不伪造、变造、涂改、出租、出借、转让、出卖《对外贸易经营者备案登记表》。
　　五、在备案登记表中所填写的信息是完整的、准确的、真实的；所提交的所有材料是完整的、准确的、合法的。
　　六、《对外贸易经营者备案登记表》上填写的任何事项发生变化之日起，30日内到原备案登记机关办理《对外贸易经营者备案登记表》的变更手续。
　　以上如有违反，将承担一切法律责任。

对外贸易经营者签字、盖章：

年　月　日

2. 备案机关予以备案登记

对外贸易经营者备案登记表

备案登记表编号：WJ090112　　　　　　　　　　进出口企业代码：QD3188432159

经营者中文名称	上海三井进出口公司			
经营者英文名称	SHANGHAI SANJING IMPORT & EXPORT CORPORATION			
组织机构代码	78358112-4	经营者类型（由备案登记机关填写）		
住　所	上海市浦东新区浦东路1号			
经营场所(中文)	上海市浦东新区浦东路1号			
经营场所(英文)	No. 1PUDONGNAN ROAD SHANGHAI CHINA			
联系电话	021-58123456	联系传真		021-58123457
邮政编码	200021	电子邮箱		DF@sohu.com
工商登记注册日期	2010年9月9日	工商登记注册号		3106071002261123

依法办理工商登记的企业还须填写以下内容

企业法定代表人姓名	夏青	有效证件号	310106199408232816
注册资金	160万元		(折美元)25万美元

依法办理工商登记的外国(地区)企业或个体工商户(独资经营者)还须填写以下内容

企业法定代表人/个体工商负责人姓名	夏青	有效证件号	310106199408232816
企业资产/个人财产	160万元		(折美元)25万美元
备注：无进口商品分销业务			

填表前请认真阅读背面的条款，并由企业法定代表人或个体工商负
　　　　　　　　　备案登记机关签

　　　　　　　　　　　　　　　　　　上海市商务委员会
　　　　　　　　　　　　　　　　　　　备案专用章

　　　　　　　　　　　　　　　　　　　2010年9月12日

备案登记表背面：

> 本对外贸易经营者作如下保证：
> 一、遵守《中华人民共和国对外贸易法》及其配套法规、规章。
> 二、遵守与进出口贸易相关的海关、外汇、税务、检验检疫、环保、知识产权等中华人民共和国其他法律、法规、规章。
> 三、遵守中华人民共和国关于核、生物、化学、导弹等各类敏感物项和技术出口管制法规以及其他相关法律、法规、规章，不从事任何危害国家安全和社会公共利益的活动。
> 四、不伪造、变造、涂改、出租、出借、转让、出卖《对外贸易经营者备案登记表》。
> 五、在备案登记表中所填写的信息是完整的、准确的、真实的；所提交的所有材料是完整的、准确的、合法的。
> 六、《对外贸易经营者备案登记表》上填写的任何事项发生变化之日起，30日内到原备案登记机关办理《对外贸易经营者备案登记表》的变更手续。
> 以上如有违反，将承担一切法律责任。
>
> 　　　　　　　　　　　　　　　　　　　　　上海三井进出口公司章
> 　　　　　　　　　　　　　对外贸易经营者签字、盖章：夏青
> 　　　　　　　　　　　　　　　　　　2010年9月10日

任务三　代理外贸企业的税务登记

操作指南

外贸企业应在对外贸易经营者备案登记之日起30日内，凭加盖备案登记印章的《对外贸易经营者备案登记表》到当地主管国家税务机关依法办理税务登记。申请外贸企业税务登记的程序有以下内容。

一、申请税务登记

外贸企业到当地主管税务机关或指定税务登记办理处，填报《申请税务登记报告书》，并随附有关证件和资料。其主要包括：①营业执照或其他核准执业证件；②有关合同、章程、协议书；③银行账号证明；④法定代表人、负责人、纳税人本人的居民身份证、护照或者其他证明身份的合法证件；⑤组织机构统一代码证书；⑥住所、经营场所的使用证明；⑦税务机关要求提供的其他证件资料。

二、受理税务登记的申请

税务机关审核申请报告和有关证件及资料，对符合登记条件的，按其登记的种类发放税务登记表。外贸企业应按规定如实地填写税务登记表并加盖企业印章，经法定代表人签字后，将税务登记表报送主管国家税务机关。

三、颁发税务登记证

税务机关对对外贸易经营者报送的税务登记表应在受理之日起30日内审核完毕，符合规定的，予以登记，发给税务登记证（或注册税务登记表）及其副本，并分税种填制税种登记表，确定纳税人所适用的税种、税目、税率、报缴税款的期限和征收方式及缴库方式等。

模拟操作

案例背景

上海在野岛进出口公司获取加盖备案登记印章的《对外贸易经营者备案登记表》后，即日到上海市黄浦区国家税务局填报《税务登记申请书》，并随附营业执照、银行账号证明、法定代表人居民身份证、组织机构统一代码证书和经营场所的使用证明等有关材料办理税务登记。

一、上海在野岛进出口公司填写税务登记表

上海在野岛进出口公司王祥经理向税务登记机关领取税务登记表（样例1-1-10），并如实地填写，签字并加盖企业印章送黄浦区国家税务局。

样例1-1-10

税务登记表

纳税人名称	上海在野岛进出口公司		纳税人识别号		NS08214567	
登记注册类型	个体工商		批准设立机构		黄浦区工商行政管理局	
组织机构代码	78358009-8		批准设立证明或文件号			
开业（设立）日期	2010.9.1	生产经营期限	5年	证照名称	营业执照	证照号码	310607100226928
注册地址	黄浦区					
	行政区域码		邮政编码	200056	联系电话	65788811

续表

生产经营地址	区 行政区域码		邮政编码		联系电话	
核算方式	请选择对应项目打"√" ☑独立核算　□非独立核算		从业人数	8人　其中外籍人数		
单位性质	请选择对应项目打"√" □企业　□事业单位　□社会团体　☑民办非企业单位　□其他					
网站网址	WWW.SIBO.COM		国标行业	□□ □□ □□ □□		
适用会计制度	请选择对应项目打"√" ☑企业会计制度　□小企业会计制度　□金融会计制度 □行政事业单位会计制度					
经营范围：五金工具进出口业务	请将法定代表人(负责人)身份证件复印件粘贴在此处					

项目 内容 联系人	姓名	身份证件		固定电话	移动电话	电子邮箱
		种类	号码			
法定代表人 （负责人）	王祥		310106199208112837	65788811	13978912346	SIBO@sohu.com
财务负责人	方欣		310106199311042837	65788811	13678987652	SIBO@sohu.com
办税人	李丽		310106199108012837	65788811	136712345677	SIBO@sohu.com

税务代理人名称	纳税人识别号	联系电话	电子邮箱

注册资本	金　额	币　种
	150万元	人民币
投资总额	金　额	币　种
	150万元	人民币

投资方名称	投资方证件号	证件种类	金额	币种	投资比例	投资方经济性质	国籍或地址

续表

自然人投资比例		外资投资比例		国有投资比例	
分支机构名称		注册地址		纳税人识别号	
总机构名称		纳税人识别号			
注册地址		经营范围			
法定代表人名称		联系电话		注册地址邮政编码	
代扣代缴、代收代缴税款业务情况	代扣代缴、代收代缴税款业务内容			代扣代缴、代收代缴税种	

附报资料：

经办人签章：	法定代表人(负责人)签章：	纳税人公章:
__2010__ 年 [王祥章] __ 日	__2010__ 年 [王祥章] __ 日	20__ （上海在野岛进出口公司专用章）

以下由税务机关填写：

纳税人所处街乡		隶属关系	
国税主管税务局	国税主管税务所(科)	是否属于国税、地税共管户	
地税主管税务局	地税主管税务所(科)		

经办人(签章)： 国税经办人：_____ 地税经办人：_____ 受理日期： _____年____月____日	国家税务登记机关 (税务登记专用章)： 核准日期： _____年____月____日 国税主管税务机关：	地方税务登记机关 (税务登记专用章)： 核准日期： _____年____月____日 地税主管税务机关：

国税核发《税务登记证副本》数量：____本　发证日期：_____年____月____日
地税核发《税务登记证副本》数量：____本　发证日期：_____年____月____日

国家税务总局监制

二、税务登记机关颁发税务登记证

黄浦区国家税务局受理后予以审核，经核准后予以登记，并向上海在野岛进出口公司发给税务登记证及其副本（样例1—1—11）。

样例1—1—11

税务登记证 （副本） 国税沪字　310683771943453 号 发证机关：（上海市国家税务局 印章） 2010 年 9 月 25 日	纳税人名称　上海在野岛进出口公司 法定代表人　王祥 地　　　址 登记注册类型　私营有限责任公司 经营方式　　进出口业务 经营范围　　手工工具 经营期限 证件有效期限　2010 年 9 月 25 日 　　　　　　　至 2015 年 9 月 24 日

🎒 体验活动

一、活动背景

以夏青为首的创业团队获准对外贸易经营者备案登记后，还需办理税务登记。近日，夏青经理到上海市浦东新区国家税务局领取税务登记申请书，按照有关规定填报，并随附营业执照、银行账号证明、法定代表人居民身份证、组织机构统一代码证书和经营场所的使用证明等有关材料办理税务登记手续。为此，团队各成员进行分工，有的搜集资料，有的负责填表，有的负责审核，有的在现场办理税务登记，共同完成本次工作任务。

二、活动准备

办理税务登记相关资料如下：

纳税人识别号：NS0998765

核算方式：独立核算

从业人数：8 人

单位性质：民办非企业单位

网站网址：www.sanwang.com
适用会计制度：企业会计制度
法人代表：夏青 电话：58332221 手机：13917933388 邮箱：SW@sohu.com
财务负责人：王闽 电话：58332221 手机：13917933381 邮箱：SW@sohu.com
办税人：王鑫 电话：58332221 手机：13917933382 邮箱：SW@sohu.com

三、活动开展

1. 上海三井进出口公司填写税务登记表

税 务 登 记 表

纳税人名称				纳税人识别号			
登记注册类型				批准设立机构			
组织机构代码				批准设立证明或文件号			
开业(设立)日期		生产经营期限		证照名称		证照号码	
注册地址	区						
	行政区域码			邮政编码		联系电话	
生产经营地址	区						
	行政区域码			邮政编码		联系电话	
核算方式	请选择对应项目打"√" □独立核算　□非独立核算			从业人数	_____ 其中外籍人数 _____		
单位性质	请选择对应项目打"√" □企业　□事业单位　□社会团体　□民办非企业单位　□其他						
网站网址				国标行业	□□ □□ □□		
适用会计制度	请选择对应项目打"√" □企业会计制度　□小企业会计制度　□金融会计制度 □行政事业单位会计制度						
经营范围				请将法定代表人(负责人)身份证件复印件粘贴在此处			
联系人　项目＼内容	姓名	身份证件		固定电话	移动电话	电子邮箱	
		种类	号码				
法定代表人(负责人)							

续表

财务负责人							
办税人							
税务代理人名称		纳税人识别号			联系电话		电子邮箱
注册资本		金　额			币　种		
					人民币		
投资总额		金　额			币　种		
					人民币		
投资方名称	投资方证件号	证件种类	金额	币种	投资比例	投资方经济性质	国籍或地址
自然人投资比例		外资投资比例			国有投资比例		
分支机构名称		注册地址			纳税人识别号		
总机构名称		纳税人识别号					
注册地址		经营范围					
法定代表人名称		联系电话			注册地址邮政编码		
代扣代缴、代收代缴税款业务情况		代扣代缴、代收代缴税款业务内容			代扣代缴、代收代缴税种		
附报资料：							
经办人签章： ＿＿＿＿年＿＿月＿＿日		法定代表人(负责人)签章： ＿＿＿＿年＿＿月＿＿日			纳税人公章： ＿＿＿＿年＿＿月＿＿日		

以下由税务机关填写：

纳税人所处街乡			隶属关系	
国税主管税务局		国税主管税务所(科)		是否属于国税、地税共管户
地税主管税务局		地税主管税务所(科)		

经办人(签章)： 国税经办人：_____ 地税经办人：_____ 受理日期： _____年___月___日	国家税务登记机关 （税务登记专用章）： 核准日期： _____年___月___日 国税主管税务机关：	地方税务登记机关 （税务登记专用章）： 核准日期： _____年___月___日 地税主管税务机关：
国税核发《税务登记证副本》数量：_____本　发证日期：_____年___月___日		
地税核发《税务登记证副本》数量：_____本　发证日期：_____年___月___日		

国家税务总局监制

2. 税务登记机关颁发税务登记证

　　浦东新区国家税务局受理申请后予以审核，经核准后予以登记，并向上海三井进出口公司发给税务登记证及其副本。

税务登记证 （副本） 国税沪字　310987654321453 号 发证机关： （上海市国家税务局 印章） 2010 年 9 月 26 日	纳税人名称　上海三井进出口公司 法定代表人　夏青 地　　　址　 登记注册类型　私营有限责任公司 经营方式　进出口业务 经营范围　五金工具 经营期限 证件有效期限　2010 年 9 月 26 日 　　　　　　至 2015 年 9 月 25 日

任务四　代理外贸企业的报检备案登记

操作指南

报检单位备案登记是指取得对外贸易经营者备案登记表的境内企业法人、个人独资和合伙企业,为进行对外贸易,必须根据有关法律法规的规定,向出入境检验检疫机构办理备案登记事宜。报检单位按其登记的性质,可分为自理报检单位和代理报检单位两种类型。

自理报检单位备案登记申请人可直接向其工商注册所在地的检验检疫机构提出申请办理备案登记手续。具体登记的程序有以下内容。

一、网上申请注册

输入(http://www.eciq.cn)网址,在"业务在线"栏的"审批类"中点击"自理报检单位备案登记(企业用户)"项,选择"新注册单位",登录,点击"登记备案申请"页面链接,进入自理报检单位备案登记管理。点击页面下方的"申请"按钮提交申请数据;进入操作结果说明,点击"打印"按钮,打印"自理报检单位备案登记申请表"(样例1—1—12)。

二、现场书面确认

持《自理报检单位备案登记申请表》、《企业法人营业执照》、组织机构代码证有关资料到检验检疫机构咨询窗口核查。

三、颁发自理报检单位备案登记证明书

检验检疫机构对申请材料核准后予以备案登记,并颁发《自理报检单位备案登记证明书》(样例1—1—13)。

模拟操作

案例背景

上海在野岛进出口公司根据有关法律法规的规定,填写《自理报检单位备案登记申请表》并随附《企业法人营业执照》、组织机构代码证等有关材料向上海市出入境检验检疫局办理自理报检单位备案登记手续。

一、上海在野岛进出口公司填写自理报检单位备案登记申请表

样例1-1-12

自理报检单位备案登记申请表

申请单位名称(中文)	上海在野岛进出口公司				
申请单位名称(英文)	SHANGHAI ZAIYEDAO IMPORT & EXPORT CORPORATION				
企业地址	上海市黄浦区人民路1号			邮政编码	200056
海关注册代码		电话号码	65788811	法人代表人	王祥
E-mail 地址	SIBO@sohu.com	传真号码	65788812	联系人	王祥
企业性质	☐ 国有　☐ 中外合作　☐ 中外合资　☐ 外商独资 ☐ 集体　☑ 私营　☐ 其他				
组织机构代码	78358009-8	外资投资国别("三资"企业)			
经营单位	上海在野岛进出口公司				
开户银行	上海市工商银行黄浦支行	银行账号	4005743-212324		
随附文件	☑ 企业营业执照复印件 ☑ 批准证书/资格证书复印件 ☑ 组织机构代码证复印件 ☐ 其他 以上文件的复印件应加盖公章。				

申请单位公章：
　　　　　上海在野岛进出口公司　章

报检专用章：
　　　　　上海在野岛进出口公司
　　　　　报检专用章

填报人：王祥
日期：2010年9月28日

法定代表人签字：王祥

* 以下由出入境检验检疫机构填写：

企业备案登记代码：　　　　　　　　　　经办人：
　　　　　　　　　　　　　　　　　　　日期：　　年　　月　　日

二、发证机关颁发自理报检单位备案登记证明书

样例 1—1—13

自理报检单位备案登记证明书

备案登记号　310683771

企业名称　　上海在野岛进出口公司
法定代表人　王祥
组织机构代码
单位地址　　上海市黄浦区人民路1号

发证机关　上海市出入境检验检疫局
发证日期　2010年9月30日

体验活动

一、活动背景

上海三井进出口公司根据有关法律法规的规定，填写《自理报检单位备案登记申请表》并随附《企业法人营业执照》、组织机构代码证等有关材料向上海市出入境检验检疫局办理自理报检单位备案登记手续。为此，团队各成员进行分工，有的搜集资料，有的负责填表，有的负责审核，有的在现场办理备案登记，共同完成本项工作任务。

二、活动准备

办理自理报检单位备案登记相关资料如下：
开户银行：中国银行浦东支行
银行账号：4743—322123241
随附文件：企业营业执照复印件、组织机构代码证复印件

三、活动开展

1. 上海三井进出口公司填写自理报检单位备案登记申请表

自理报检单位备案登记申请表

申请单位名称(中文)					
申请单位名称(英文)					
企业地址				邮政编码	
海关注册代码		电话号码		法定代表人	
E-mail 地址		传真号码		联系人	
企业性质	☐ 国有　☐ 中外合作　☐ 中外合资　☐ 外商独资 ☐ 集体　☐ 私营　☐ 其他				
组织机构代码		外资投资国别 ("三资"企业)			
经营单位					
开户银行			银行账号		
随附文件	☐ 企业营业执照复印件 ☐ 批准证书/资格证书复印件 ☐ 组织机构代码证复印件 ☐ 其他 以上文件的复印件应加盖公章。				
申请单位公章：			报检专用章：		
			填报人：		
法定代表人签字：			日期：　　年　　月　　日			
* 以下由出入境检验检疫机构填写：					
企业备案登记代码：			经办人： 日期：　　年　　月　　日		

2. 发证机关颁发自理报检单位备案登记证明书

自理报检单位备案登记证明书

备案登记号　311230683

企业名称　　上海三井进出口公司
法定代表人　夏青
组织机构代码
单位地址　　上海市浦东新区浦东路1号

发证机关　上海市出入境检验检疫局
发证日期　2010年10月2日

任务五　代理外贸企业的海关注册登记

操作指南

海关注册登记是指取得对外贸易经营者备案登记表的境内企业法人、个人独资和合伙企业，为进行对外贸易向海关办理注册登记事宜。海关对进出口货物收发货人注册登记实行备案制。进出口货物收发货人在海关办理注册登记后，可以在中华人民共和国关境内各个口岸地或者海关监管业务集中点办理企业的报关业务。海关注册登记程序如下。

一、提交申请材料

进出口货物收发货人应当按照规定到所在地海关办理报关单位注册登记手续，并提交有关证件材料。其主要有：(1)企业法人营业执照副本复印件(个人独资、合伙企业或者个体工商户提交营业执照)；(2)对外贸易经营者登记备案表复印件(法律、行政法规或者商务部规定不需要备案登记的除外)；(3)企业章程复印件(非企业法人免提交)；(4)税务登记证书副本复印件；(5)银行开户证明复印件；(6)组织机构代码证书副本复印件；(7)报关单位情况登记表(样例1—1—14)、报关单位管理人员情况登记表(样例1—1—15)；(8)其他与注册登记有关的文件材料。

二、审核申请材料

注册地海关依法对申请注册登记材料是否齐全,是否符合法定形式进行核对。申请材料齐全是指申请人按照海关所公布的规定,如数提交全部材料。申请材料的法定形式是指申请人提交的材料必须符合法定的时限,记载事项和文书格式要符合法定的要求。

三、核发注册登记证书

注册地海关接受申请后3日内办妥注册登记,并对申请材料齐全、符合法定形式的申请人核发中华人民共和国海关进出口货物收发货人报关注册登记证书,有效期限为三年,报关单位凭以办理报关业务。

模拟操作

> **案例背景**
>
> 上海在野岛进出口公司根据有关法律法规的规定,填写《报关单位情况登记表》、《报关单位管理人员情况登记表》,并随附营业执照、对外贸易经营者登记备案表复印件、企业章程复印件、税务登记证书副本复印件、银行开户证明复印件、组织机构代码证书副本复印件等有关材料,持有关材料向上海海关登记机关办理注册登记手续。海关核准后,在3日内予以注册登记,并核发《中华人民共和国海关进出口货物收发货人报关注册登记证书》。上海在野岛进出口公司凭其在我国关境内各个口岸地或者海关监管业务集中点办理企业的报关业务。

一、上海在野岛进出口公司填写报关单位情况登记表

样例1—1—14

报关单位情况登记表

(以下内容不得空缺,如办理变更仅填写变更事项)

填表单位(盖章): 上海在野岛进出口公司专用章   日期:2010年9月29日

海关注册编码			预录入号	
注册日期				
名称	工商注册全称	上海在野岛进出口公司		
	对外英文名称	SHANGHAI ZAIYEDAO IMPORT & EXPORT CORPORATION		
地址	工商注册地址	上海市人民路1号	邮政编码	200056
	对外英文地址	No.1 RENMIN ROAD SHANGHAI CHINA		

续表

注册资本(万)	150万元	资本币制		人民币	投资总额	150万元
备案(批准)机关	上海市商委	备案(批准)文号		No.8387623	生产类型	-
开户银行	工商银行黄浦支行	银行账号		4005743-212324	行业种类	贸易
法定代表人(负责人)	王祥	证件类型	身份证	证件号 310106199208112837	电话	65788888
联系人	王祥	联系电话		65788888	报关类型	自理
纳税人识别号	NS 08214567	营业执照编号		310607100226928		
组织机构代码	78358009-8	报关有效期				
进出口企业代码	3100843215	工商注册有效期		5年		
经营范围	手工工具批发、进出口贸易					
主要产品						

	投资者	投资国别	投资方式	投资金额	到位金额
1					
2					
3					

以上填写保证无讹,请贵关(办)办理单位报关登记手续,我单位保证遵守海关的法律、法规和其他有关制度,承担相应的法律责任。

备注	

相关连接 报关单位情况登记表的填写

注册日期、海关注册编码、预录入号:新企业注册可不填
投资总额(万美元):按当日外汇汇率折算成美元
生产类型:根据《企业法人营业执照》经营范围选定
行业种类:根据《企业法人营业执照》经营范围选定
备案(批准)机关:核发《对外贸易经营者备案登记表》的机关
备案(批准)文号:《对外贸易经营者备案登记表》编号
报关类型:无权报关、专业报关、自理报关
证件类型:身份证、居住证、护照
证件号:法定代表人(负责人)的身份证证件号或护照证件号
纳税人识别号:一般贸易企业纳税人识别号为国税号
报关有效期:新企业注册可不填

续

> 进出口代码:《对外贸易经营者备案登记表》的进出口企业代码
> 投资者:外商投资企业股东(自然人或法人)
> 投资国别:外商投资企业投资者国别
> 投资方式:按实际情况填写,分别有:1—产权、2—物权、3—实物＋产权、4—现汇、5—现汇＋产权、6—现汇＋实物、7—现汇＋实物＋产权
> 投资金额:以《企业法人营业执照》或《营业执照》核准的金额为准,以"万美元"为单位
> 备注:填写企业日常经营地址,跨区迁址的注明原编码等

二、上海在野岛进出口公司填写报关单位管理人员情况登记表

样例 1—1—15

报关单位管理人员情况登记表

填表单位(盖章): 上海在野岛进出口公司专用章　　　　填表日期:2010 年 9 月 29 日

单位名称		上海在野岛进出口公司
海关注册编码		
法定代表人	姓　名	王祥
	身份证件号	310106199208112837
	国籍(地区)	中国
	职　务	总经理
	出生日期	1992 年 8 月 11 日
	学　历	大学
	住　址	上海市人民路 1 号
	联系电话(手机)	13978912346
	备　注	
报关业务负责人	姓　名	王祥
	身份证件号	310106199208112837
	国籍(地区)	中国
	职　务	总经理
	出生日期	1992 年 8 月 11 日
	学　历	大学
	住　址	上海市人民路 1 号
	联系电话(手机)	13978912346
	备　注	

续表

<table>
<tr><td rowspan="8">财务负责人</td><td>姓　　名</td><td>方欣</td></tr>
<tr><td>身份证件号</td><td>310106199311042837</td></tr>
<tr><td>国籍(地区)</td><td>中国</td></tr>
<tr><td>职　　务</td><td>财务主管</td></tr>
<tr><td>出生日期</td><td>1993年11月4日</td></tr>
<tr><td>学　　历</td><td>大学</td></tr>
<tr><td>住　　址</td><td>上海市人民路1号</td></tr>
<tr><td>联系电话(手机)</td><td>13678987652</td></tr>
<tr><td>备　　注</td><td></td></tr>
</table>

注：企业管理人员的填报范围：1. 法定代表人　2. 报关业务负责人　3. 会计主管或财务经理

三、海关核发中华人民共和国海关进出口货物收发货人报关注册登记证书

上海海关对上海在野岛进出口公司的注册申请材料予以审核，核准后在3日内办妥注册登记，并核发《中华人民共和国海关进出口货物收发货人报关注册登记证书》(样例1—1—16)，凭其办理报关业务。

样例1—1—16

<table>
<tr><td rowspan="5">中华人民共和国海关
进出口货物收发货人报关注册登记证书</td><td>企业名称</td><td colspan="2">上海在野岛进出口公司</td></tr>
<tr><td>企业地址</td><td colspan="2">上海市人民路1号</td></tr>
<tr><td>法定代表人
(负责人)</td><td colspan="2">王祥</td></tr>
<tr><td>注册资本</td><td colspan="2">150万元</td></tr>
<tr><td>经营范围</td><td colspan="2">手工工具批发及进出口业务</td></tr>
<tr><td rowspan="5">海关注册登记编号 3102011092
注册登记日期 2010年9月

中华人民共和国　上海　海关</td><td colspan="2">主要投资者名称</td><td>出资额及比例</td></tr>
<tr><td colspan="2"></td><td></td></tr>
<tr><td colspan="2"></td><td></td></tr>
<tr><td colspan="2"></td><td></td></tr>
<tr><td colspan="3">备注：本证书有效期2013年9月30日，报关单位应当在有效期前三十日至海关办理换证手续，逾期自动失效。</td></tr>
</table>

体验活动

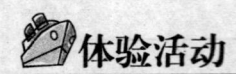

一、活动背景

上海三井进出口公司根据有关法律法规的规定,填写《报关单位情况登记表》、《报关单位管理人员情况登记表》,并随附营业执照、对外贸易经营者登记备案表复印件、企业章程复印件、税务登记证书副本复印件、银行开户证明复印件、组织机构代码证书副本复印件等有关材料,持有关材料向上海海关登记机关办理注册登记手续(复印件必须加盖公司章)。为此,团队各成员进行分工,有的搜集资料,有的负责填表,有的负责审核,有的在现场办理注册登记,共同完成本项工作任务。

二、活动准备

办理报关单位注册登记相关资料如下:
行业种类:贸易
报关类型:自理
工商注册有效期:5年
学历:大学
地址:上海市浦东路1号

三、活动开展

1. 上海三井进出口公司填写报关单位情况登记表

报关单位情况登记表

(以下内容不得空缺,如办理变更仅填写变更事项)

填表单位(盖章):　　　　　　　　　　　日期:　　年　　月　　日

海关注册编码			预录入号	
注册日期				
名称	工商注册全称			
	对外英文名称			
地址	工商注册地址		邮政编码	
	对外英文地址			
注册资本(万)		资本币制		投资总额	
备案(批准)机关		备案(批准)文号		生产类型	

续表

开户银行		银行账号			行业种类	
法定代表人(负责人)		证件类型		证件号	电话	
联系人		联系电话			报关类型	
纳税人识别号			营业执照编号			
组织机构代码			报关有效期			
进出口企业代码			工商注册有效期			
经营范围						
主要产品						

	投资者	投资国别	投资方式	投资金额	到位金额
1					
2					
3					

以上填写保证无讹,请贵关(办)办理单位报关登记手续,我单位保证遵守海关的法律、法规和其他有关制度,并承担相应的法律责任。

备注	

2. 上海三井进出口公司填写报关单位管理人员情况登记表

报关单位管理人员情况登记表

填表单位(盖章)　　　　　　　　　　　　　　填表日期　　年　月　日

	单位名称	
	海关注册编码	
法定代表人	姓　　名	
	身份证件号	
	国籍(地区)	
	职　　务	
	出生日期	
	学　　历	
	住　　址	
	联系电话(手机)	
	备　　注	

续表

报关业务负责人	姓　　名	
	身份证件号	
	国籍(地区)	
	职　　务	
	出生日期	
	学　　历	
	住　　址	
	联系电话(手机)	
	备　　注	
财务负责人	姓　　名	
	身份证件号	
	国籍(地区)	
	职　　务	
	出生日期	
	学　　历	
	住　　址	
	联系电话(手机)	
	备　　注	

注：企业管理人员的填报范围：1. 法定代表人　2. 报关业务负责人　3. 会计主管或财务经理

3. 登记机关核发进出口货物收发货人报关注册登记证书

中华人民共和国海关 进出口货物收发货人报关注册登记证书	企业名称	上海三井进出口公司
	企业地址	上海市浦东路1号
	法定代表人 （负责人）	夏青
	注册资本	150万元
	经营范围	五金工具进出口业务
	主要投资者名称	出资额及比例
海关注册登记编号：3102011666 注册登记日期：2010年10月3日		
	备注：本证书有效期2013年10月3日，报关单位应当在有效期前三十日至海关办理换证手续，逾期自动失效。	
中华人民共和国　上海　海关		

任务六　代理外贸企业的原产地证书注册登记

操作指南

原产地证书主要分为优惠性原产地证书、非优惠性原产地证书以及专用原产地证书三大类。优惠性原产地证书主要是普惠制产地证书(FORM A)和各类区域性优惠原产地证书,非优惠性原产地证书主要有一般原产地证书、加工装配证书以及转口证书,专用原产地证明书主要是金伯利进程证书、输欧盟农产品原产地证书(蘑菇罐头证书)。原产地证书的注册登记程序有以下内容。

一、网上申请注册

输入(http://www.eciq.cn)网址,选择"新注册单位"登录,根据界面要求录入相关信息,并扫描上传工商营业执照、组织机构代码证。

二、现场书面确认

填写原产地证书注册登记表(样例1—1—17),并随附工商营业执照复印件(交验正本)、组织机构代码证复印件(交验正本)、《对外贸易经营者登记表》复印件(交验正本)、《优惠原产地证书手签员授权书》(样例1—1—18)及申报人员相关信息等材料交登记机构审核。

三、颁发注册登记证

登记机构对申请材料核准后,给出一个注册登记号,并颁发产地证注册登记证。

模拟操作

案例背景

上海在野岛进出口公司根据我国原产地证明书的签证管理办法的有关规定,填写《申请优惠原产地证书注册登记表》,并随附营业执照、对外贸易经营者登记备案表复印件、组织机构代码证书副本复印件等有关材料,持有关材料向上海出入境检验检疫局登记机关办理原产地注册登记手续。登记机关对上海在野岛进出口公司的申请材料核准后,发放注册登记号予以注册登记,并核发《中华人民共和国普遍优惠制原产地证明书注册登记证书》。上海在野岛进出口公司凭本注册登记证书申请原产地证书。

一、上海在野岛进出口公司填写申请优惠原产地证书注册登记表

样例 1－1－17

注册号码 注册日期 申请优惠原产地证书 **注册登记表** 申请单位名称：上海在野岛进出口公司	**注册须知** 1. 申请单位须为在中华人民共和国境内取得进出口经营权的企业。 2. 申请单位应先取得海关注册登记编码，再办理优惠原产地证书注册登记手续。 3. 优惠原产地证书须由手签员申请。 4. 申请单位签署证书印章应为中英文名称对照（一体）印章，大小尺寸不超过6厘米×4厘米（长×宽），颜色、形状不限。 5. 本表中法定代表人签字和手签员手签笔迹须本人亲笔签署。 6. H.S.编码须按海关税则填写8～10位。 7. 出口产品含进口成分的，需填写《含进口成分产品成本及加工工序明细单》。 8. 此表各项内容须填制完整，不得涂改，不得缺页。 9. 凡资料不全、内容填制不真实、不符合法定形式的申请单位，签证机构一律不予受理。 10. 注册内容如有变更，须到签证机构及时办理变更手续。 随附资料（所有复印件须用A4纸复印）： 1. 填写完整的《申请优惠原产地证书注册登记表》； 2. 企业营业执照副本及复印件一份； 3. 自营进出口权批件（资格证书/批准证书/备案登记表）正本及复印件一份； 4. 组织机构代码证正本及复印件一份； 5. 企业海关注册登记证及复印件一份； 6. 签证机构需要的其他资料。

郑重声明

申请单位了解本注册登记表内已填的全部内容,所有内容及呈交的文件资料真实正确,并保证做到:

(一)严格按照《中华人民共和国海关进出口货物优惠原产地管理规定》及相应自由贸易协定的规定,申报各类优惠原产地证书,并对证书项下的产品进行管理,使之符合相应的原产地标准。

(二)出口产品在中国工厂加工、生产并完成最后检验及出口包装。

(三)在新产品申请签发优惠原产地证书之前,向签证机构及时注册申报。

(四)本登记表中内容如有变化,及时向签证机构申报并办理相关注册变更手续。

(五)随时准备接受签证机构的监督检查,保证提供所需资料、文件的真实性,并为监督检查工作提供必要的工作条件。

如有违反上述保证,本单位愿按有关规定接受惩处。

(申请单位盖章) 上海在野岛进出口公司专用章   (法定代表人) 王祥章

优惠原产地证书申请单位基本信息备案

申请单位	中文名称	上海在野岛进出口公司		
	英文名称	SHANGHAI ZAIYEDAO IMPORT & EXPORT CORPORATION		
法定代表人		王祥	电话	65788811
联系人		王祥	传真	65788812
工商执照注册号		310607100226928		
注册地址		上海市人民路1号		
办公地址		上海市人民路1号		
海关注册登记编码		3102011092	组织机构代码	78358009-8
批准经营出口文件号码		No. 8387623		
批准经营出口机构名称		上海市商委		
企业性质		□ 国有企业　□ 中外合资企业　□ 集体企业 □ 中外合作企业　☑ 民营企业　□ 外商独资企业　□ 其他		
企业类型		☑ 经营型　　　　□ 生产型		

续表

经营范围	手工工具批发及进出口业务
自有品牌	

中方负责人姓名:王祥 职务:总经理 电话:58123456	外方负责人姓名: 职务: 电话: (此处仅限合资、外资企业填写)
申请单位签署证书印章 (中英文对照章)	上海在野岛进出口公司 SHANGHAI ZYD I/E CO.

二、上海在野岛进出口公司填写优惠原产地证书手签员授权书

样例1—1—18

优惠原产地证书手签员授权书

　　本人系　上海在野岛进出口公司　(申请单位名称)法定代表人,现正式授权下述人员代表本单位办理优惠原产地证书业务,在优惠原产地证书及相关资料上签名,缴纳有关费用等。本单位保证遵守《中华人民共和国海关进出口货物优惠原产地管理规定》及相应自由贸易协定的规定。被授权人在办理优惠原产地证书工作中如违反有关规定,由我单位承担责任。

1. 姓名:王祥　　　　　　身份证号码:310106199208112837
   联系电话(座机、手机):65788811　　传真:65788812　　手签字样:王祥　　照片

2. 姓名:　　　　　　　　身份证号码:
   联系电话(座机、手机):　　　传真:　　　手签字样:　　　照片

3. 姓名:　　　　　　　　身份证号码:
   联系电话(座机、手机):　　　传真:　　　手签字样:　　　照片

授权人签字(企业法定代表人):　王祥章
申请单位公章:
上海在野岛进出口公司
专用章
　　　　　　　　　　　　　　　　　　2010年10月4日

> **相关连接**　**申请优惠原产地证书注册登记表的填写**
>
> 注册日期、海关号码：不填
> 申请单位名称：填企业全称
> 企业性质：选择相关的选项
> 企业类型：选择相关的选项
> 产地证书手签人：代表申请单位在产地证书上签字的人员
> 签署证书印章：中英文对照或全英文的公司名称的圆形或椭圆形印章
> 单位公章：中英文对照或全英文的公司名称的圆形或椭圆形印章
> 授权书：贴上申领员的相片、填写身份证号码，由企业法人代表签字、盖章及填写授权日期

三、登记机关核发中华人民共和国普遍优惠制原产地证明书注册登记证书

上海出入境检验检疫局对上海在野岛进出口公司的注册申请材料予以审核，核准后发给注册号，并颁发《中华人民共和国普遍优惠制原产地证明书注册登记证书》，凭其办理申请签发原产地证书。

体验活动

一、活动背景

上海三井进出口公司根据我国原产地证明书的签证管理办法的有关规定，填写《申请优惠原产地证书注册登记表》，并随附营业执照、对外贸易经营者备案登记表复印件、组织机构代码证书副本复印件等有关材料，持有关材料向上海出入境检验检疫局登记机关办理原产地注册登记手续。登记机关对上海三井进出口公司的申请材料核准后，发放注册登记号予以注册登记，并核发《中华人民共和国普遍优惠制原产地证明书注册登记证书》。上海三井进出口公司凭其申请原产地证书。为此，夏青经理要求团队各成员进行分工，有的搜集资料，有的负责填表，有的负责审核，有的在现场办理注册登记，共同完成本项工作任务。

二、活动准备

申请优惠原产地证书注册登记相关资料如下：
企业性质：民营企业
企业类型：经营型
其他内容：参见以上相关资料

三、活动开展

1. 上海三井进出口公司填写优惠原产地证书申请单位基本信息备案

优惠原产地证书申请单位基本信息备案

申请单位	中文名称				
	英文名称				
法定代表人			电话		
联系人			传真		
工商执照注册号					
注册地址					
办公地址					
海关注册登记编码			组织机构代码		
批准经营出口文件号码					
批准经营出口机构名称					
企业性质	☐ 国有企业　　☐ 中外合资企业　　☐ 集体企业 ☐ 中外合作企业　☐ 民营企业　　　☐ 外商独资企业　☐ 其他				
企业类型	☐ 经营型　　　　　　☐ 生产型				
经营范围					
自有品牌					
中方负责人姓名： 职务： 电话：			外方负责人姓名： 职务： 电话： (此处仅限合资、外资企业填写)		
申请单位签署证书印章： (中英文对照章)					

2. 上海三井进出口公司填写优惠原产地证书手签员授权书

优惠原产地证书手签员授权书

本人系_____(申请单位名称)法定代表人，现正式授权下述人员代表本单位办理优惠原产地证书业务，在优惠原产地证书及相关资料上签名，缴纳有关费用等。本单位保证遵守《中华人民共和国海关进出口货物优惠原产地管理规定》及相应自由贸易协定的规定。被授权人在办理优惠原产地证书工作中如违反有关规定,由我单位承担责任。

1. 姓名:	身份证号码:		照片
联系电话(座机、手机):	传真:	手签字样:	
2. 姓名:	身份证号码:		照片
联系电话(座机、手机):	传真:	手签字样:	
3. 姓名:	身份证号码:		照片
联系电话(座机、手机):	传真:	手签字样:	

授权人签字(企业法定代表人):

申请单位公章:

年　月　日

活动评价

团队成员活动测评表

测评内容	评判标准	总分	自我评价
备案登记、注册登记的业务流程	错1个环节扣1分	40	
申请书、申请表、登记表	错1个内容扣1分	60	
合　计		100	

团队活动测评表

测评内容	评判标准	总分	自我评价
团队合作质量	较好达到目标	20	
	基本达到目标	15	
	未完成目标	15	
团队合作精神	互助精神较好	20	
	互助精神一般	15	
	互助精神较差	15	
合　计		100	

教学方案设计与建议

模拟教学环节——体验活动一	教学组织形式	实施教学手段	课时
进入业界——代理外贸企业的设立	形式： 以小组为单位扮演创业者角色 内容： 填写有关注册表、备案表和申请书 要求： 程序正确、内容无误、资料齐全	地点： 专业实训室或机房 设备： 计算机、服务器 资料： 电子操作资料与表格	6
累计：			6

职业技能训练

一、业务操作流程

根据进出口贸易公司设立的程序及内容填写下表：

设立环节	登记机构	主要申请表	获取证件

二、仿真业务操作

1. 业务背景

根据自愿组合的原则，由6位学生组成一支创业团队，成立进出口贸易公司。每个团队选出法人代表兼经理1名、财务负责人1名、文秘兼出纳1名、业务员1名、单证员1名、报检员1名、报关员1名，根据我国有关法律法规的规定办理工商登记、税务登记、对外贸易经营者备案登记、报检注册、海关注册、申请产地证注册。为此，创业团队成员分工合作，有的搜集资料，有的填写申请表，有的担任审核工作，体验公司设立的工作经历。

2. 业务操作资料
申请企业名称:上海创业进出口公司(电子邮箱 WANJU@168.CN)
备选企业名称:团队成员拟定
拟从事的经营范围:纺织品进出口业务
注册资本(金):160 万元
企业类型:合伙
企业住所(地址):上海市黄浦区北京路 30 号(邮编 200002)
投资人姓名、证照号码:根据团队成员情况拟定
投资额、投资比例:根据团队成员情况按 160 万元进行分配
电话:021－64043030　传真:021－64043031
法人代表:川野(电话 64043030、手机 13917933388、邮箱 SW@sohu.com)
组织机构代码:3107835811
出租方:上海物流商务公司
房屋面积:25 平方米
租赁期限:2011 年 9 月 10 日至 2015 年 9 月 9 日
每月租金:9 000 元
主要产品:衬衫、裤子、裙子
是否涉密单位:不是
员工、学历:8 人、大学
备案登记表编号:WJ090112
进出口企业代码:QD3188432159
纳税人识别号:NS0998765
核算方式:独立核算
单位性质:民办非企业单位
网站网址:www.cl@.sohu.com
适用会计制度:企业会计制度
财务负责人:根据团队成员情况拟定
办税人:根据团队成员情况拟定
开户银行:中国银行浦东支行
银行账号:4743－322123241
随附文件:企业营业执照复印件、组织机构代码证复印件
行业种类:贸易
报关类型:自理
工商注册有效期:5 年

3. 业务操作要求

创业团队根据上述资料填写企业名称预先核准申请书、房屋租赁合同、中华人民共和国组织机构代码证申请表、对外贸易经营者备案登记表、税务登记表、自理报检单位备案登记申请表、报关单位情况登记表、报关单位管理人员情况登记表、优惠原产地证书申请单位基本信息备案、优惠原产地证书手签员授权书,并在实训室的"主管部门柜台"办理注册备案等手续。

(1) 企业名称预先核准申请书

企业名称预先核准申请书

申请企业名称	
备选企业名称	
1	
2	
3	
拟从事的经营范围(只需要填写与企业名称行业表述一致的主要业务项目)	

注册资本(金)	万元	(法人企业必须填写)
企业类型	□ 公司制　□ 非公司制　□ 个人独资　□ 合伙	
企业住所(地址)		

投资人姓名或名称、证照号码、投资额和投资比(签字盖章)

　　　　　　　　　　　　　　　　　　　　　　　　年　　月　　日

(2) 房屋租赁合同

房屋租赁合同

出租方(简称甲方):_____
承租方(简称乙方):_____

根据《中华人民共和国合同法》及相关法律法规的规定,甲、乙双方在平等、自愿的基础上,就甲方将房屋出租给乙方使用,乙方承租甲方房屋事宜,为明确双方权利义务,经协商一致,订立本合同。

第一条　甲方保证所出租的房屋符合国家对租赁房屋的有关规定。

第二条　房屋的坐落、面积情况

1. 甲方出租给乙方的房屋位于_____。
2. 出租房屋面积共_____。

续

第三条 租赁期限、用途
1. 该房屋租赁期自_____年___月___日起至_____年___月___日止。
2. 乙方向甲方承诺,租赁该房屋仅作为办公使用。
乙方如要求续租,则必须在租赁期满1个月之前书面通知甲方,经甲方同意后,重新签订租赁合同。

第四条 租金及支付方式
1. 该房屋每月租金为_____(大写   )。
2. 房屋租金每6个月支付一次。

第五条 本合同自双方签(章)后生效。

第六条 本合同一式二份,由甲、乙双方各执一份,具有同等法律效力。

甲方:	乙方:
营业执照:	身份证号:
电话:	电话:
房地产经纪机构资质证书号码:	
签约代表:	签约代表:
签约日期: 年 月 日	签约日期:

(3) 中华人民共和国组织机构代码证申请表

中华人民共和国组织机构代码证申请表

受理项目:新申报☑ 变更☐ 年审☐ 换证☐ 补发☐

申办单位盖章: 机构代码☐☐☐☐☐☐☐☐☐

1	机构名称											
2	机构类型	企业法人	1	事业法人	3	社团法人	5	机关法人	7	其他机构	9	个体	B
		非法人	2	非法人	4	非法人	6	非法人	8	民办非企业单位	A	工会法人	C
3	法定代表人姓名(负责人、投资人)			身份证号码								
4	经营或业务范围											
5	经济行业及代码				6	经济类型及代码						
7	成立日期	年 月 日	8	职工人数								

续表

9	主管部门名称、代码							
10	注册资金	万元	11	货币种类		12	外方投资机构国别(地区)、代码	
13	所在地行政区划	_____市,_____区、县						
14	机构地址							
15	邮政编码		16	单位电话		17	批准文号或注册号	
18	登记或批准机构、代码							
19	是否涉密单位	是□ 否□ 若属涉密单位,请出具主管部门的证明材料。				20	申请电子副本	_____本
21	主要产品	1._____ 2._____ 3._____						
22	经办人姓名		23	身份证号码				
			24	移动电话				

以下由代码管理机关填写:

办证机构代码□□□□□□

1	证书有效期至	_____年___月___日	2	数据变更记录	
3	录入人(签字)	_____年___月___日	4	审核(批)人(签字)	_____年___月___日

(4) 对外贸易经营者备案登记表

对外贸易经营者备案登记表

备案登记表编号: 　　　　　　　　　　　　　　进出口企业代码:

经营者中文名称	
经营者英文名称	
组织机构代码	经营者类型 (由备案登记机关填写)
住　　所	

续表

经营场所(中文)			
经营场所(英文)			
联系电话		联系传真	
邮政编码		电子邮箱	
工商登记注册日期		工商登记注册号	

依法办理工商登记的企业还须填写以下内容

企业法定代表人姓名		有效证件号	
注册资金			(折美元)

依法办理工商登记的外国(地区)企业或个体工商户(独资经营者)还须填写以下内容

企业法定代表人/ 个体工商负责人姓名		有效证件号	
企业资产/个人财产			(折美元)
备注:			

填表前请认真阅读背面的条款,并由企业法定代表人或个体工商负责人签字、盖章。

备案登记机关签章:

年　　月　　日

备案登记表背面:

　　本对外贸易经营者作如下保证:
　　一、遵守《中华人民共和国对外贸易法》及其配套法规、规章。
　　二、遵守与进出口贸易相关的海关、外汇、税务、检验检疫、环保、知识产权等中华人民共和国其他法律、法规、规章。
　　三、遵守中华人民共和国关于核、生物、化学、导弹等各类敏感物项和技术出口管制法规以及其他相关法律、法规、规章,不从事任何危害国家安全和社会公共利益的活动。
　　四、不伪造、变造、涂改、出租、出借、转让、出卖《对外贸易经营者备案登记表》。
　　五、在备案登记表中所填写的信息是完整的、准确的、真实的;所提交的所有材料是完整的、准确的、合法的。
　　六、《对外贸易经营者备案登记表》上填写的任何事项发生变化之日起,30日内到原备案登记机关办理《对外贸易经营者备案登记表》的变更手续。
　　以上如有违反,将承担一切法律责任。

对外贸易经营者签字、盖章:

年　　月　　日

(5) 税务登记表

税 务 登 记 表

纳税人名称				纳税人识别号			
登记注册类型				批准设立机构			
组织机构代码				批准设立证明或文件号			
开业(设立)日期		生产经营期限		证照名称		证照号码	
注册地址		区					
		行政区域码		邮政编码		联系电话	
生产经营地址		区					
		行政区域码		邮政编码		联系电话	
核算方式	请选择对应项目打"√" □独立核算　□非独立核算			从业人数		_____其中外籍人数_____	
单位性质	请选择对应项目打"√" □企业　□事业单位　□社会团体　□民办非企业单位　□其他						
网站网址				国标行业		□□ □□ □□ □□	
适用会计制度	请选择对应项目打"√" □企业会计制度　□小企业会计制度　□金融会计制度 □行政事业单位会计制度						
经营范围			请将法定代表人(负责人)身份证件复印件粘贴在此处				

项目 内容	姓名	身份证件		固定电话	移动电话	电子邮箱
联系人		种类	号码			
法定代表人(负责人)						
财务负责人						
办税人						
税务代理人名称		纳税人识别号		联系电话		电子邮箱

注册资本	金　额	币　种
		人民币

续表

投资总额				金 额		币 种		
						人民币		
投资方名称	投资方证件号		证件种类	金额	币种	投资比例	投资方经济性质	国籍或地址
自然人投资比例		外资投资比例				国有投资比例		
分支机构名称		注册地址				纳税人识别号		
总机构名称				纳税人识别号				
注册地址				经营范围				
法定代表人名称			联系电话			注册地址邮政编码		
代扣代缴、代收代缴税款业务情况		代扣代缴、代收代缴税款业务内容				代扣代缴、代收代缴税种		
附报资料：								
经办人签章： ＿＿年＿＿月＿＿日		法定代表人（负责人）签章： ＿＿年＿＿月＿＿日				纳税人公章： ＿＿年＿＿月＿＿日		

以下由税务机关填写：

纳税人所处街乡			隶属关系	
国税主管税务局		国税主管税务所（科）	是否属于国税、地税共管户	
地税主管税务局		地税主管税务所（科）		
经办人（签章）： 国税经办人：＿＿＿＿＿＿＿ 地税经办人：＿＿＿＿＿＿＿ 受理日期： ＿＿＿年＿＿月＿＿日		国家税务登记机关 （税务登记专用章）： 核准日期： ＿＿＿年＿＿月＿＿日 国税主管税务机关：	地方税务登记机关 （税务登记专用章）： 核准日期： ＿＿＿年＿＿月＿＿日 地税主管税务机关：	
国税核发《税务登记证副本》数量：　　本　　发证日期：＿＿＿年＿＿月＿＿日				
地税核发《税务登记证副本》数量：　　本　　发证日期：＿＿＿年＿＿月＿＿日				

国家税务总局监制

(6) 自理报检单位备案登记申请表

自理报检单位备案登记申请表

申请单位名称(中文)				
申请单位名称(英文)				
企业地址			邮政编码	
海关注册代码		电话号码	法定代表人	
E-mail 地址		传真号码	联系人	
企业性质	□ 国有　　□ 中外合作　　□ 中外合资　　□ 外商独资 □ 集体　　□ 私营　　　　□ 其他			
组织机构代码		外资投资国别 ("三资"企业)		
经营单位				
开户银行			银行账号	
随附文件	□ 企业营业执照复印件 □ 批准证书/资格证书复印件 □ 组织机构代码证复印件 □ 其他 以上文件的复印件应加盖公章。			
申请单位公章： 法定代表人签字：		报检专用章： 填报人： 日期：　　年　　月　　日		
* 以下由出入境检验检疫机构填写：				
企业备案登记代码：			经办人： 日期：　　年　　月　　日	

(7) 报关单位情况登记表

报关单位情况登记表

(以下内容不得空缺，如办理变更仅填写变更事项)

填表单位(盖章)：　　　　　　　　　　　　　　日期：　　年　　月　　日

海关注册编码			预录入号	
注册日期				
名称	工商注册全称			
	对外英文名称			
地址	工商注册地址		邮政编码	
	对外英文地址			
注册资本(万)		资本币制		投资总额	
备案(批准)机关		备案(批准)文号		生产类型	
开户银行		银行账号		行业种类	
法定代表人(负责人)		证件类型		证件号		电话	
联系人		联系电话		报关类型	
纳税人识别号			营业执照编号	
组织机构代码			报关有效期	
进出口企业代码			工商注册有效期	
经营范围	
主要产品	

	投资者	投资国别	投资方式	投资金额	到位金额
1					
2					
3					

以上填写保证无讹，请贵关(办)办理单位报关登记手续，我单位保证遵守海关的法律、法规和其他有关制度，并承担相应的法律责任。

备注	

(8) 报关单位管理人员情况登记表

报关单位管理人员情况登记表

填表单位(盖章)　　　　　　　　　　　　　　填表日期　　年　　月　　日

单位名称		
海关注册编码		
法定代表人	姓　　名	
	身份证件号	
	国籍(地区)	
	职　　务	
	出生日期	
	学　　历	
	住　　址	
	联系电话(手机)	
	备　　注	
报关业务负责人	姓　　名	
	身份证件号	
	国籍(地区)	
	职　　务	
	出生日期	
	学　　历	
	住　　址	
	联系电话(手机)	
	备　　注	
财务负责人	姓　　名	
	身份证件号	
	国籍(地区)	
	职　　务	
	出生日期	
	学　　历	
	住　　址	
	联系电话(手机)	
	备　　注	

注:企业管理人员的填报范围:1. 法定代表人　2. 报关业务负责人　3. 会计主管或财务经理

(9) 优惠原产地证书申请单位基本信息备案

优惠原产地证书申请单位基本信息备案

申请单位	中文名称			
	英文名称			
法定代表人			电话	
联系人			传真	
工商执照注册号				
注册地址				
办公地址				
海关注册登记编码			组织机构代码	
批准经营出口文件号码				
批准经营出口机构名称				
企业性质	□ 国有企业　　　□ 中外合资企业　　□ 集体企业 □ 中外合作企业　□ 民营企业　　　　□ 外商独资企业　□ 其他			
企业类型	□ 经营型		□ 生产型	
经营范围				
自有品牌				
中方负责人姓名： 职务： 电话：		外方负责人姓名： 职务： 电话： （此处仅限合资、外资企业填写）		
申请单位签署证书印章： （中英文对照章）				

(10) 优惠原产地证书手签员授权书

优惠原产地证书手签员授权书

本人系_____(申请单位名称)法定代表人,现正式授权下述人员代表本单位办理优惠原产地证书业务,在优惠原产地证书及相关资料上签名,缴纳有关费用等。本单位保证遵守《中华人民共和国海关进出口货物优惠原产地管理规定》及相应自由贸易协定的规定。被授权人在办理优惠原产地证书工作中如违反有关规定,由我单位承担责任。

1. 姓名:	身份证号码:		
联系电话(座机、手机):	传真:	手签字样:	照片
2. 姓名:	身份证号码:		
联系电话(座机、手机):	传真:	手签字样:	照片
3. 姓名:	身份证号码:		
联系电话(座机、手机):	传真:	手签字样:	照片
	授权人签字(企业法定代表人): 申请单位公章: 　　　　　　　　年　月　日		

体验活动二　开展交易——销售合同书的商订

学习与考证目标

- 了解交易磋商的基本程序
- 明确国际贸易合同成立的有效条件
- 熟悉国际贸易合同书的主要内容
- 掌握合同订立的程序

学习与操作指南
——建立公司网站、合同商订过程及内容

进出口公司设立后,公司需要通过建立网站与外界沟通商务信息。当进口商对出口商品有购买意向后,买卖双方通常就品质、数量、包装、价格、装运、支付等主要合同条款进行洽谈。出口商在买卖双方达成一致意见后,通常提供样品供进口商确认,并拟订销售合同书,由双方签章生效。

任务一　开展交易磋商

操作指南

进出口公司通常建立本公司的网站对外进行信息交流，双方就某商品产生交易意向后，开展交易磋商。交易磋商是合同订立的前提，视不同的商品、价格条件等因素，磋商会呈现不同的环节，时间也会有所长短。

一、公司网站的建立

设计一个体现公司的特色的中英文主页会对本公司的业务宣传起到十分重要的作用，为之带来更多的商机。公司的网页可委托专业人士制作，但是模块的构建、中英文的表述都应该符合规范，便于客户的访问。公司网站建立后必须大力推广，可通过互联网上的搜索引擎加入、友情链接、网络广告等途径加强对网站的宣传。

二、交易磋商的程序

交易磋商的基本程序如下：

1. 询盘

询盘(Enquiry)是指交易的一方有意购买或出售某一种商品，向对方询问买卖该商品的有关交易条件。询盘是不定向发布自己的购买(或出售)意向，其内容可以是询问价格，也可询问其他一项或几项交易条件，而多数是询问价格，所以通常将询盘称作询价。询盘可由买方发出，也可由卖方发出。

2. 发盘

发盘(Offer)是买卖双方中的一方向对方提出各项交易条件，并愿意按这些条件达成交易、订立合同的一种肯定表示。发盘人对发盘有效期可作明确的规定，如果发盘中没有明确规定有效期，受盘人应在合理时间内接受，否则该发盘无效。如果发盘人因市场的变化需要修改发盘的内容时，可用更快捷的方法将原发盘撤回，其撤回通知必须先于或与发盘同时到达受盘人；如果要撤销发盘，其撤销通知应先于或与受盘人发出接受通知同时。发盘必须具备以下条件：向一个或一个以上特定的人提出；内容十分确定；表明发盘人受其约束；传达受盘人。否则，该发盘无效。

3. 还盘

还盘(Counter-Offer)是指受盘人在接到发盘后，不同意或不完全同意发盘人在发盘中提出的条件，并提出修改意见。从法律意义上说，还盘是对发盘的一种拒绝，还盘一经做出,原发盘即失去效力,发盘人不再受其约束。一项还盘等于是受盘人向原发盘人提出的一项新的发盘。

4. 接受

接受(Acceptance)是买方或卖方同意对方在发盘中提出的各项交易条件,并愿按这些条件与对方达成交易、订立合同的一种肯定的表示。如果要撤回接受,其撤回接受的通知必须先于或同时到达发盘人。如果接受到达之后,合同已告成立,接受则不予以撤销。构成一项有效的接受,必须具备四个条件:接受必须由受盘人做出;接受必须表示出来;接受必须在发盘的有效期内传达到发盘人;接受必须与发盘相符。否则,该接受无效。

三、出口报价的核算

出口商品价格由成本、费用、利润三部分构成,其核算公式如下:

1. 成本

成本核算公式如下:

实际成本＝采购成本－出口退税额

实际成本＝货价×(1＋增值税率－退税率)

出口退税额＝采购成本/(1＋增值税率)×出口退税率

采购成本＝货价＋增值税额

　　　　＝货价＋货价×增值税率

　　　　＝货价×(1＋增值税率)

货价＝采购成本/(1＋增值税率)

实际成本＝采购成本－出口退税额

　　　　＝货价×(1＋增值税率)－货价×退税率

　　　　＝货价×(1＋增值税率－退税率)

2. 费用

其主要包括运费、保险费等费用。

(1) 运费

班轮集装箱分为拼箱与整箱两种形式,拼箱货的运费计算与传统班轮散装货运费计算方法相同,整箱货的运费计算是按一个货柜计收运费的,即包箱费率。包箱费率有三种:FAK 包箱费率(Freight for all kinds),其对每个集装箱不分货物种类、也不计货量,统一收取的运价;FCS 包箱费率(Freight for class),其按不同货物的等级制定的包箱费率,集装箱普通货物的等级与班轮散货运输一样,分为20级,可以在货物分级中查到;FCB 包箱费率(Freight for class or basis),其按不同货物的等级或货物类别以及计算标准制定费率。

集装箱运费的计算程序如下:

第一步,选择适合的运价表;

第二步,确定所运输的货物为拼箱货还是整箱货;

第三步,根据货物名称,在货物分级表中查询货物等级,然后按照货物的等级和航线在费率表中查出整箱货或拼箱货的基本费率;

第四步,拼箱货参照班轮散货运费的计算方法,整箱货根据所选取的集装箱的尺码,直接按表中给出的单箱运费计算即可。

(2) 保险费

保险费的计算公式:

$$保险金额=CIF(或CIP)\times(1+投保加成率)$$
$$保险费=保险金额\times保险费率$$

保险费计算程序如下:

第一步,根据确定投保加成率计算保险金额;

第二步,根据所投保险别的保险费率和保险金额计算保险费。

(3) 关税

出口关税的计算公式如下:

出口货物应纳关税=出口货物完税价格×出口货物关税税率

按照FOB价格成交,出口货物的完税价格=FOB价/(1+出口关税税率)

按照CFR价格成交,出口货物的完税价格=(CFR价-运费)/(1+出口关税税率)

按照CIF价格成交,出口货物的完税价格=(CIF价-运费-保险费)/(1+出口关税税率)

3. 利润

利润的计算公式:

$$销售利润=销售价格\times利润率$$

模拟操作

案例背景

日本客商FUJIYAMA TRADING CORPORATION山本社长对上海在野岛网站上展示的钢锉刀(STEAL FILE)样品很感兴趣,于是向在野岛进出口公司发出邮件进行询价。上海在野岛进出口公司王祥经理就品质、包装、价格、装运和支付方式等交易条件进行发盘。日本客商FUJIYAMA TRADING CORPORATION仔细研究发盘的内容后,认为这些交易条件比较合理,于是向上海在野岛进出口公司发出邮件表示接受,并要求提供实样进行确认。

一、上海在野岛进出口公司网站建立

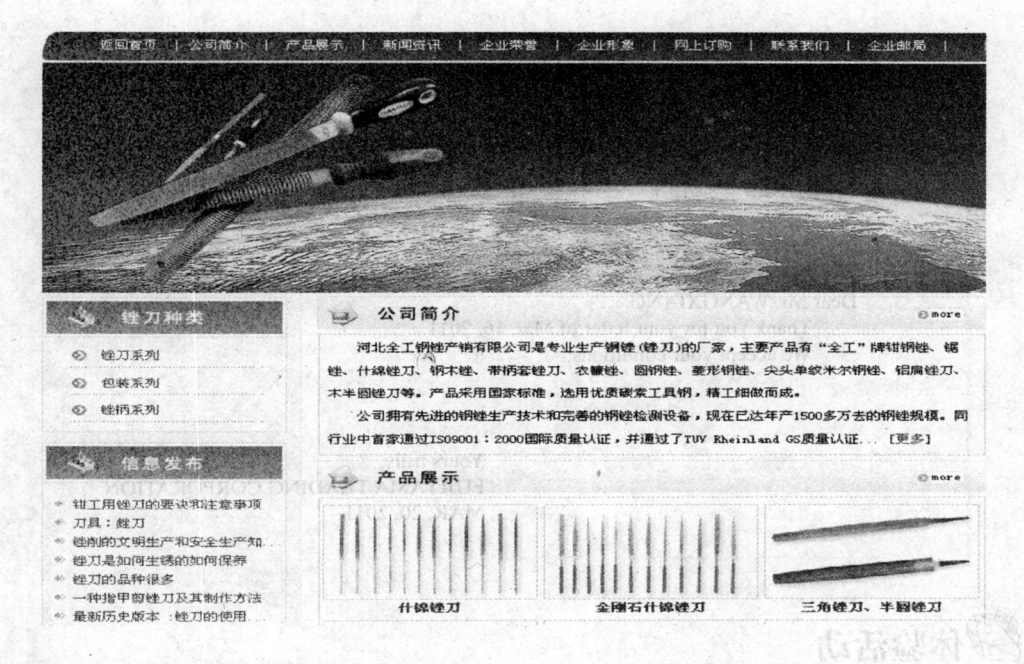

二、上海在野岛进出口公司发盘

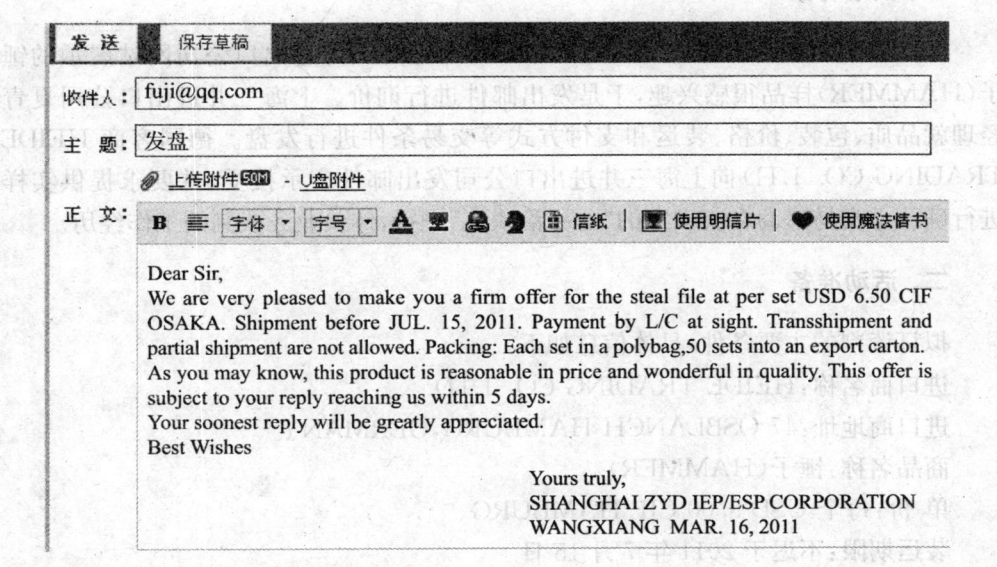

收件人：fuji@qq.com
主题：发盘

Dear Sir,
We are very pleased to make you a firm offer for the steal file at per set USD 6.50 CIF OSAKA. Shipment before JUL. 15, 2011. Payment by L/C at sight. Transshipment and partial shipment are not allowed. Packing: Each set in a polybag, 50 sets into an export carton. As you may know, this product is reasonable in price and wonderful in quality. This offer is subject to your reply reaching us within 5 days.
Your soonest reply will be greatly appreciated.
Best Wishes

Yours truly,
SHANGHAI ZYD IEP/ESP CORPORATION
WANGXIANG MAR. 16, 2011

三、日商接受

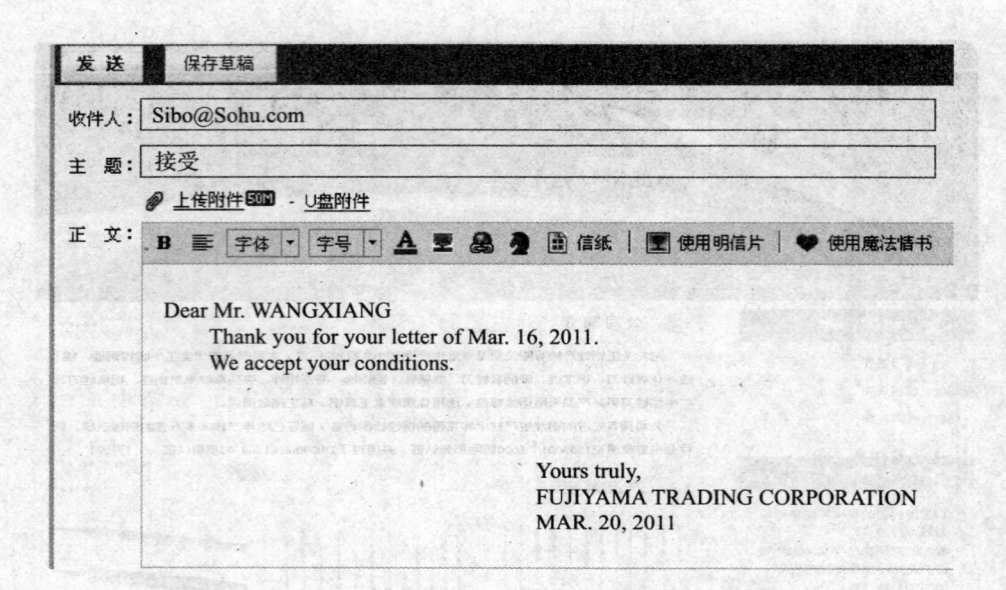

```
发送    保存草稿
收件人：Sibo@Sohu.com
主  题：接受
上传附件 50M · U盘附件
正  文： B  字体  字号  A  信纸  使用明信片  使用魔法情书

Dear Mr. WANGXIANG
Thank you for your letter of Mar. 16, 2011.
We accept your conditions.


                              Yours truly,
                              FUJIYAMA TRADING CORPORATION
                              MAR. 20, 2011
```

体验活动

一、活动背景

德国客商 HEIDE TRADING CO. LTD 对上海三井进出口公司网站展示的锤子(HAMMER)样品很感兴趣，于是发出邮件进行询价。上海三井进出口公司夏青经理就品质、包装、价格、装运和支付方式等交易条件进行发盘。德国客商 HEIDE TRADING CO. LTD 向上海三井进出口公司发出邮件表示接受，并要求提供实样进行确认。交易磋商在实训室的"业务洽谈室"进行，体验业务谈判的工作经历。

二、活动准备

拟订谈判的主要条件，具体信息如下：
进口商名称：HEIDE TRADING CO. LTD
进口商地址：47 OSBLANCH HAMBURG，GERMANY
商品名称：锤子(HAMMER)
单 价：每个 USD 8.00 CIF HAMBURG
装运期限：不迟于 2011 年 7 月 15 日
支付方式：即期信用证

三、活动开展

夏青拟订发盘函：

[邮件发送界面截图：包含"发送"、"保存草稿"按钮，收件人、主题、上传附件50M、U盘附件、正文编辑区等]

任务二　跟进样品工作

操作指南

一旦受盘人在发盘有效期内作出接受，该笔交易就正式确立。此时，一般进口商都会向出口商提出样品的具体要求。此时，出口商通常根据进口商的样品要求，由委托生产企业进行样品的试制。样品试制完成后，须经进口商的确认，并成为销售合同的标的，是日后生产和买卖双方交货的唯一实物依据。

一、样品的基本分类

（1）参考样（Reference Sample），是指卖方向买方提供仅作为双方谈判参考用的样品，仅作为买方对该商品的品质、样式、结构、工艺等方面的参考。

（2）测试样（Rest Sample），是指买方通过某种测试，检验卖方产品品质的样品。

（3）确认样（Approval Sample），是经买卖双方最终确认的样品，其是生产和交货的依据。

(4) 生产样（Production Sample），是指大货生产中随机抽取并反映大货生产品质等情况的样品。

(5) 出货样（Bulk Production Sample），是在交付货物中抽取的样品，由买方根据其来决定这批货的品质，其又称船样。

二、样品的寄送

1. 样品寄送与确认

出口商在样品试制完成后，通过国际快递将样品寄送至客商确认。客商对样品确认无误后，由双方鉴定人员在样品确认鉴定表（样例1—2—1）上签名。出口商对确认样进行封样，填写封样单（样例1—2—2）。

相关连接　　　样品寄送与样品费用支付

1. 样品寄送的主要方式

邮政航空大包主要适用于大宗低值的样品寄送，最小邮寄重量为2千克，20千克为一个单位，可在各地邮局办理。其价格较便宜，航程大约在两周左右。

航空快递主要是通过邮政EMS或国际快递公司寄送，其中从事国际快递业务的公司主要有EMS、FEDEX、DHL、TNT、UPS、OCS等，费用比邮政航空大包高，邮寄时间大约3天。

2. 样品费支付方式

预付主要用于寄送费用低、成交希望大的客户或老客户；到付多用于寄送费用高、成交希望无法确定的客户或新客户。

---

2. 样品通知

寄完样品之后，应通过快捷方式将形式发票、样品号码、发送与到达的时间等信息通知进口商，并要求其进行测试或确认。万一样品在寄送过程中出现耽搁或丢失，应在第一时间内联系快递公司，然后给予进口商一个满意的答复。

模拟操作

案例背景

上海在野岛进出口公司将上海锉刀有限公司制作的商品通过快递寄送至日本客商FUJI-YAMA TRADING CORPORATION，要求对提供样品进行确认。日本客商FUJIYAMA TRADING CORPORATION对样品进行确认后写出确认意见，要求以确认意见书的规定作为交付商品品质的依据。上海在野岛进出口公司王祥经理将确认意见书转交委托企业上海锉刀有限公司进行认可，在确认无误后，拟订销售合同书。

一、上海在野岛进出口公司寄送样品

样例 1—2—1

上海在野岛进出口公司
样品确认鉴定表

编号：YM070532　　　　　　　　　　　　　　　　　　日期：2011 年 5 月 8 日

产品名称型号	锉刀	订货客户	FUJIYAMA TRADING CORPORATION
试制车间	样品车间	试制负责人	袁方
样品试制数量	20 套	生产数量	12 000 套
确认意见	按编号 021 的样品生产		
双方确认（签章）	上海在野岛进出口公司 确认章 王祥　2011 年 5 月 8 日		FUJIYAMA TRADING CORPORATION 山本　2011 年 5 月 10 日

二、上海在野岛进出口公司进行封样

样例 1—2—2

上海在野岛进出口公司
封样单

编号：YM0705—R　　　　　　　　　　　　　　　　　　日期：2011 年 5 月 14 日

产品名称	锉刀	商标	ROTA
销往地区	日本	样品数量	20 套
规格尺寸		生产数量	12 000 件
封样记录	确认样 20 套 工艺与工序说明 1 份		
封样结论	可作为生产与交货的依据		签名：王祥 2011 年 5 月 14 日

体验活动

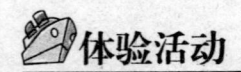

一、活动背景

上海三井进出口公司将上海工具有限公司制作的锤子商品通过快递寄送至德国客商 HEIDE TRADING CO. LTD,要求对样品进行确认。HEIDE TRADING CO. LTD 对样品进行确认后写出确认意见,要求以确认意见书的规定作为交付锤子品质的依据。上海三井进出口公司的夏青经理将确认意见书转交委托企业上海工具有限公司进行认可,在确认无误后拟订销售合同书。样品确认工作在实训室的"业务洽谈室"进行,体验相关业务的工作经历。

二、活动准备

具体准备工作的信息如下:
编号:DF09221
样品试制数量:18 套
确认意见:按编号 021 的样品生产
封样记录:18 套;工艺与工序说明 1 份
封样结论:可作为生产与交货的依据

三、活动开展

1. 上海三井进出口公司检查样品

上海三井进出口公司
样品确认鉴定表

编号:_____   日期:_____

产品名称型号		订货客户	
试制车间		试制负责人	
样品试制数量		生产数量	
确认意见			
双方确认(签章)			

2. 上海三井进出口公司进行封样

上海三井进出口公司
封样单

编号：　　　　　　　　　　　　　　　　　　　　　　　　　　日期：_____

产品名称		商标	
销往地区		样品数量	
规格尺寸		生产数量	
封样记录			
封样结论			

任务三　签订销售合同书

操作指南

买卖双方一旦对成交货物的样品确认后，将其纳入合同的品质条款，并将交易磋商的结果以销售合同书的法律形式明文规定下来，明确双方的权利、义务。销售合同书通常由出口商拟订，一式两份，签章后用快递送至进口商。进口商核准后签章，留下一份，并将另一份返回给出口商，双方各持一份作为履行合同的依据。

一、销售合同书的主要内容

销售合同书由约首、本文和约尾三部分内容组成。
1. 约首

约首是合同的首部，包括合同的名称、合同号、订约日期、订约地点、买卖双方的名称和地址及序言等内容。

2. 正文

正文是合同的主体，包括各项交易条件，如商品的品质、数量、包装、装运、价格和保险等条款等。

(1) 商品品质条款

销售合同书中的品质条款,是对商品的等级、标准、规格和商标等内容的规定,如果是凭样品买卖,则要列明样品的编号或寄送日期。

(2) 商品数量条款

销售合同书中的数量条款,对买卖具体数量、计量单位予以规定,按重量计量的商品还应包括重量的规定方法。

(3) 商品包装条款

销售合同书中的包装条款,主要是对包装材料、包装方式、包装数量以及如何包装予以规定。

(4) 商品价格条款

销售合同书中的价格条款,是对单价和总值予以规定,单价由计价货币、单位价格金额、计量单位和贸易术语构成。

(5) 商品装运条款

销售合同书中的装运条款,是对装运时间、装运港(地)、目的(地)、分批装运、转运等内容进行规定。

(6) 商品支付条款

销售合同书中的支付条款是对结算方式的规定,其主要有汇付、托收和信用证等。

(7) 货运保险条款

销售合同书中的保险条款,是规定投保的险别和保险金额。

(8) 商品检验检疫条款

销售合同书中的检验检疫条款一般包括检验权的规定、检验或复验的时间和地点、检验机构、检验项目和检验证书等内容。

(9) 不可抗力条款

销售合同书中的不可抗力条款,主要规定不可抗力的范围及其处理的原则和方法,以及不可抗力发生后通知对方的期限、方法和出具证明机构等内容。

(10) 索赔条款

销售合同书中的索赔条款,主要规定索赔时效和责任界定等。

(11) 仲裁条款

销售合同书中的仲裁条款,一般规定仲裁地点、仲裁机构、仲裁规则和裁决的效力等。

3. 约尾

约尾是合同的结尾部分,通常包括合同的有效期、合同的份数、双方代表的签字等内容。

二、销售合同成立的有效条件

根据《合同法》规定,合同是否具有法律效力,还要视其是否具备了一定的条件,不具备法律效力的合同是不受法律保护的。一般来说,一项有法律约束力的合同,需具备下列五个条件:

1. 当事人必须在自愿和真实的基础上达成协议

从法理上看,当事人的意思表示必须一致,当要约人用明示的方式向受约人提出要约,要约一经承诺,合同即告成立。我国《合同法》明确规定:"当事人依法享有自愿订立合同的权利,任何单位和个人不得非法干预。"

2. 当事人必须具有订立合同的行为能力

一般来说,具有法律行为能力的人是指登记注册的企业法人和自然人中的成年人。为了形成一项有效的、具有法律约束力的合同,合同双方当事人必须具有法律行为的能力。没有法律行为能力的人或限制法律行为能力的人,如未成年人和精神病患者等,都被视为没有签订合同能力的人,其所订立的合同视情况予以撤销或宣布无效。

3. 合同必须有对价和合法的约因

对价指当事人为了取得合同利益所付出的代价,这是英美法系的概念。例如,在买卖合同中,买方得到卖方提供的货物必须支付货款,而卖方取得买方支付的货款必须交货,买方支付和卖方交货就是买卖合同的对价。

约因是法国法律的概念,约因与英美法中的对价相类似,是指当事人签订合同所追求的直接目的。

买卖合同在具有"对价"和"约因"的情况下,才是有效的。无"对价"或无"约因"的合同,是得不到法律保护的。

4. 合同的标的或内容必须合法

几乎所有国家的法律都要求当事人所订立的合同标的必须合法,合法是合同的基本性质。凡是违反法律、公共秩序或公共政策以及善良风俗或道德的合同,一律无效。我国《合同法》规定:"当事人订立、履行合同,应当遵守法律、行政法规,尊重社会公德,不得扰乱社会经济秩序,损害社会公共利益。"

5. 合同必须符合法律规定的形式

世界上大多数国家,只对少数合同要求按法律规定的特定形式订立,而对大多数合同形式一般不从法律上予以规定。我国《合同法》规定:"当事人订立合同,有书面形式、口头形式和其他形式",但"法律、行政法规规定采用书面形式的,应当采用书面形式。当事人约定采用书面形式的,应当采用书面形式。"

相关连接　　书面贸易合同的作用

在一般情况下，合同的生效是以接受生效为条件的，只要接受生效，合同就成立，这是多数国家合同法的规定。但是有两种特定情况需要注意：(1)在交易磋商时，买卖双方曾声明合同的成立以双方签订正式书面合同或合同书为准，在这种情况下，即使双方已对交易条件全部取得一致意见，还是以正式书面合同或合同书签订之日起生效。(2)国家法律法规规定的，必须经政府部门审核批准的合同，也必须是正式书面合同。此类合同生效时间应为授权机构批准之日起，而并非双方当事人在合同上签字的日期。

模拟操作

案例背景

上海在野岛进出口公司王祥经理收到 FUJIYAMA TRADING CORPORATION 的确认意见书后，会同上海锉刀有限公司进行研究确认。在生产设备、技术等条件予以保证的情况下，拟订销售合同书一式两份，签章后寄送 FUJIYAMA TRADING CORPORATION 进行会签。山本经理对合同条款进行审核，确认后签章，留下一份，回寄一份至上海在野岛进出口公司，于是双方交易正式成立。

订立销售合同书

上海在野岛进出口公司
SHANGHAI ZYD IMP. & EXP. CORPORATION
No. 1 RENMIN ROAD SHANGHAI CHINA

TEL：021－65788811　　销　售　合　同　书　　S/C NO.：20050339
FAX：021－65788812　　　SALES CONTRACT　　　DATE：Feb. 10, 2011

To Messrs：
　　FUJI TRADING CORPORATION
　　3-1YAMATOLI, OSAKA JAPAN

敬启者：下列签字双方同意按下列条款达成协议：
Dear Sirs，
　　The undersigned sellers and buyers have agreed to close the following transaction as per terms and conditions Stipulated below：

品名与规格 Commodity and Specification	数量 Quantity	单价 Unit price	金额 Amount
STEAL FILE ART No. 31 ART No. 32 AS PER SAMPLE No. 121	6 000 SETS 6 000 SETS	CIF OSAKA USD 6.50 USD 6.50	USD39 000.00 USD39 000.00

包装 PACKING:每套装入一个塑料袋,50套装入一只出口纸箱/ EACH SET IN A POLYBAG 50 SETS INTO AN EXPORT CARTON.

唛头 MARKS:主唛内容包括 FUJI、销售合同号、目的港和箱数/ SHIPPING MARK INCLUDES FUJI S/C NO. ,PORT OF DESTINATION, AND CARTON NO.

装运港 LOADING PORT:上海/SHANGHAI.

目的港 DESTINATION:大阪/ OSAKA.

装运期限 TIME OF SHIPMENT:2011年7月15日前/ BEFORE JUL. 15, 2011

分批装运 PARTIAL SHIPMENT:不允许/ NOT ALLOWED.

转船 TRANSHIPMENT:不允许/ NOT ALLOWED.

保险 INSURANCE:一切险/ ALL RISKS.

付款条件 TERMS OF PAYMENT:即期信用证/ L/C AT SIGHT.

买方须于2011年5月20日前开出本批交易的信用证,否则,售方有权不经过通知取消本合同书,或向买方提出索赔。The Buyer shall establish the covering Letter of Credit before May. 20, 2011, falling which the Seller reserves the right to rescind without further notice, or to accept whole or any part of this Sales Contract-fulfilled by the Buyer, or, to lodge claim for direct losses sustained, if any.

凡以 CIF 条件成交的业务,保额为发票价的110%,投保险别以售货合同书中所开列的为限,买方如果要求增加保额或保险范围,应于装船前经卖方同意,因此而增加的保险费由买方负责。For transactions conclude on C. I. F basis, it is understood that the insurance amount will be for 110% of the invoice value against the risks specified in Sales Confirmation. If additional insurance amount or coverage is required, the buyer must have consent of the Seller before Shipment, and the additional premium is to be borne by the Buyer.

品质/数量异议:如买方提出索赔,凡属品质异议须于货到目的口岸之 60 日内提出,凡属数量异议须于货到目的口岸之 30 日内提出,对所装货物所提任何异议属于保险公司、轮船公司等其他有关运输或邮递机构,卖方不负任何责任。QUALITY /QUANTITY DISCREPANCY: In case of quality discrepancy, claim should be filed by the Buyer within 60 days after the arrival of the goods at port of destination; while for quantity discrepancy, claim should be filed by the Buyer within 30 days after the arrival of the goods at port of destination. It is understood that the seller shall not be liable for any discrepancy of the goods shipped due to causes for which the Insurance Company, Shipped Company other transportation organization/or Post Office are liable.

本合同书内所述全部或部分商品,如因人力不可抗拒的原因,以致不能履约或延迟交货,卖方概不负责。The Seller shall not be held liable for failure of delay in delivery of the entire lot or a portion of the goods under this Sales Contract consequence of any Force Majeure incidents.

买方在开给卖方的信用证上请填注本合同书号码。The Buyer is requested always to quote THE NUMBER OF THIS SALES CONTRACT in the letter of Credit to be opened in favour of the Seller.

买方收到本售货合同书后请立即签回一份,如买方对本合同书有异议,应于收到后五天内提出,否则认为买方已同意接受本合同书所规定的各项条款。The buyer is requested to sign and return one copy of the Sales Contract immediately after the receipt of same, Objection, if any, should be raised by the Buyer within five days after the receipt of this Sales Contract, in the absence of which it is understood that the Buyer has accepted the terms and condition of the sales Contract.

FUJI TRADE CORPORATION

买方：
THE BUYER：山本

上海在野岛进出口公司
合同专用章

卖方：
THE SELLER：王祥

体验活动

一、活动背景

上海三井进出口公司根据与德国 HEIDE Trading Co. Ltd 磋商达成的一致意见拟订销售合同书一式两份，将双方的权利、义务等明文规定下来。为此，团队各成员进行分工，有的负责搜集资料，有的负责条款的拟订，有的负责审核，形成有效的互助。销售合同书全部拟订好后，经夏青经理审核并签章。然后，安排队员联系快递公司，将销售合同书寄给 HEIDE Trading Co. Ltd 会签。公司办公室当收到 HEIDE Trading Co. Ltd 回寄的已签章的销售合同书后，交给夏青经理，并通知相关部门。拟订销售合同书在实训室的"业务洽谈室"进行，体验合同订立的工作经历。

二、活动准备

拟订销售合同书的相关资料如下：
合同号：7C3091201
出口商名称：上海三井进出口公司
地址：上海市浦东新区浦东路1号（邮编 200021）
电话：021－58056676　传真：021－58056677
进口商名称：HEIDE TRADING CO. LTD
进口商地址：47 OSBLANCH HAMBURG, GERMANY
商品名称：锤子（HAMMER）
单价：每套 USD 8.00 CIF HAMBURG
规格数量：ART NO. 121 为 2 275 套、ART NO. 122 为 2 275 套
包装：每套装入一个塑料袋，50 套装入一只出口纸箱
装运港：上海
目的地港：汉堡
装运期限：不迟于 2011 年 7 月 15 日
支付方式：即期信用证
开证时间：不迟于 2011 年 5 月 25 日

三、活动开展

团队每个队员根据上述资料拟订合同条款填入下列空白合同书内。

售货合同　　　　　　　　　编号
NO. _____

SALES CONTRACT

日期
DATE _____

THE SELLER:　　　　　　　　　　THE BUYER:

双方签字同意按下列条款达成协议

The undersigned sellers and buyers have agreed to close the following transaction as per terms and conditions Stipulated below:

品名与规格 Commodity and specification	数量 Quantity	单价 Unit price	金额 Amount

总值　　　　　　　　　　　　　　　目的地
Total value:　　　　　　　　　　　Destination:

装运期限:　　　　　　　　　　　　保险
shipment:　　　　　　　　　　　　Insurance: CIF To be effected by the sellers at

付款方式　　　　　　　　　　　　　110% of invoice value covering all
Payment:　　　　　　　　　　　　　risks as per China Insurance Clauses

买方须于____年___月___日前开出本批交易的信用证，否则，售方有权不经过通知取消本合同书，或向买方提出索赔。The Buyer shall establish the covering Letter of Credit before _____, falling which the Seller reserves the right to rescind without further notice, or to accept whole or any part of this Sales Contract-fulfilled by the Buyer, or, to lodge claim for direct losses sustained, if any.

凡以CIF条件成交的业务，保额为发票价的110%，投保险别以售货合同书中所开列的为限，买方如果要求增加保额或保险范围，应于装船前经卖方同意，因此而增加的保险费由买方负责。For transactions conclude on C.I.F basis, it is understood that the insurance amount will be for 110% of the invoice value against the risks specified in Sales Contract. If additional insurance amount or coverage is required, the buyer must have consent of the Seller before Shipment, and the additional premium is to be borne by the Buyer.

品质/数量异议：如买方提出索赔，凡属品质异议须于货到目的口岸之_____日内提出，凡属数量异议须于货到目的口岸之_____日内提出，对所装货物所提任何异议属于保险公司、轮船公司等其他有关运输或邮递机构，卖方不负任何责任。QUALITY /QUANTITY DISCREPANCY: In case of quality discrepancy, claim should be filed by the Buyer within _____ days after the arrival of the goods at port of destination; while for quantity discrepancy, claim should be filed by the Buyer within _____ days after the arrival of the goods at port of destination. It is understood that the seller shall not be liable for any discrepancy of the goods shipped due to causes for which the Insurance Company, Shipped Company other transportation organization/or Post Office are liable.

本合同书内所述全部或部分商品，如因人力不可抗拒的原因，以致不能履约或延迟交货，卖方概不负责。The Seller shall not be held liable for failure of delay in delivery of the entire lot or a portion of the goods under this Sales Contract consequence of any Force Majeure incidents.

买方在开给卖方的信用证上请填注本合同书号码。The Buyer is requested always to quote THE NUMBER OF THIS SALES CONTRACT in the letter of Credit to be opened in favour of the Seller.

买方收到本售货合同书后请立即签回一份，如买方对本合同书有异议，应于收到后五天内提出，否则认为买方已同意接受本合同书所规定的各项条款。The buyer is requested to sign and return one copy of the Sales Contract immediately after the receipt of same, Objection, if any, should be raised by the Buyer within five days after the receipt of this Sales Contract, in the absence of which it is understood that the Buyer has accepted the terms and condition of the sales Contract.

买方：　　　　　　　　　　　　　　　　　　　　　　　　　　　卖方：
THE BUYER　　　　　　　　　　　　　　　　　　　　　　　　　THE SELLER

任务四　审核信用证

操作指南

采用信用证为支付条件，进口商必须根据合同规定的开证时间及时开出信用证。出口商收到通知行的信用证通知书后，持有关身份证件与证明凭通知书领取信用证。出口商应根据销售合同书进行审证，如果发现信用证有不符点或不能接受的信用证条款，应向进口商提出改正。

一、信用证业务流程

信用证业务流程如图1-2-1所示：

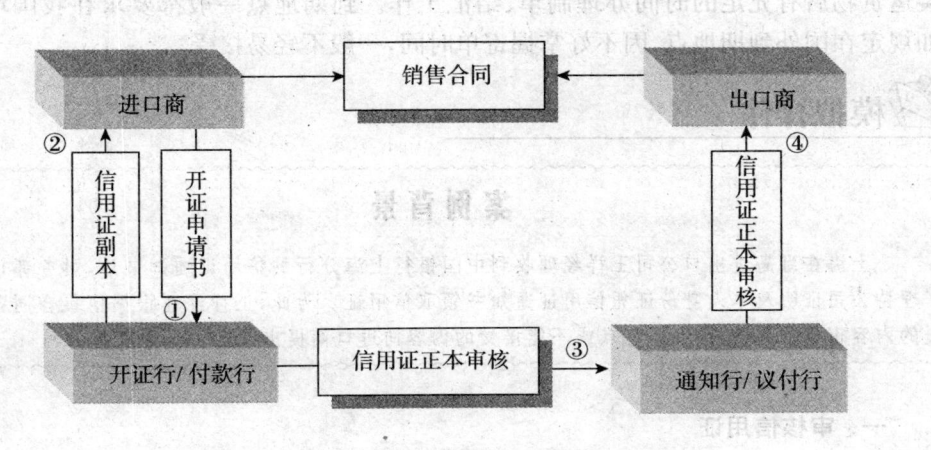

图1-2-1 信用证业务流程

二、审证的主要内容

出口商审核信用证要点如下：

1. 品质、数量、包装

信用证中对商品名称、品质、数量、包装的规定须与合同一致，如发现与合同规定不符，我方又不能接受的，应要求买方改证。

2. 受益人、开证申请人的名称和地址

信用证中的受益人和开证申请人的名称和地址应与合同的有关内容相一致。

3. 金额、货币

信用证的金额与货币应与合同金额一致，如合同订有溢短装条款，信用证金额亦有相应的增减。

4. 运输条款

审核信用证规定的装运港、目的港、装运期、分批装运和转运是否与合同的规定相符。

5. 单据条款

对信用证中所要求提供的单据种类、填写内容、文字说明、文件份数、填写方法等都要认真审核，凡是信用证要求的单据与我国政策相抵触或根本办不到的，应及时与对方联系修改。

6. 信用证有效期、到期地点、装运期

装运期必须与合同规定的时间相一致。如因来证太晚或发生意外情况而不能按时装运,应及时电请买方展延装运期限;如来证仅规定有效期而未规定装运期时,信用证的有效期可视为装运期或有效期与装运期是同一个时期,这需依据我方装运情况决定是否修改,通常信用证的有效期与装运期都有一定合理的时间间隔,以便装运货物后有充足的时间办理制单、结汇工作。到期地点一般都要求在我国境内,如规定在国外到期地点,因不好掌握寄单时间,一般不轻易接受。

模拟操作

案例背景

上海在野岛进出口公司王祥经理收到中国银行上海分行的信用证通知书后,财务部门经理持公司证明及本人身份证凭信用证通知书领取信用证。为此,王祥经理根据销售合同条款的内容审核信用证,如有不符点或不能接受的内容向进口商提出改正。

一、审核信用证

```
27:SEQUENCE OF TOTAL
   1/1
40A:FORM OF DOC,CREDIT
    IRREVOCABLE
20:DOC. CREDIT NUMBER
   11052011
31C:DATE OF ISSUE
    110520
40E:APPLICABLE RULES
    UCP LATEST VERSION
31D:DATE AND PLACE OF EXPIRY
    DATE 110720 AT BENEFICIARY'S CONTRY
50:APPLICANT
   FUJI TRADING CORPORATION
   3-1YAMATOLI,OSAKA JAPAN
59:BENEFICIARY
   SHANGHAI ZYD IMP. & EXP. CORPORATION
   No. 1 RENMIN ROAD SHANGHAI CHINA
32B:AMOUNT
    CURRENCY USD AMOUNT 78 000.00
39A:PERCENTAGE CREDIT AMOUNT TOLERANCE
    05/05
41D:AVAILABLE WITH / BY
    BANK OF CHINA SHANGHAI BRANCH BY NEGOTIATION
```

42C:DRAFTS AT …
　　DRAFTS AT SIGHT FOR FULL INVOICE COST
42A:DRAWEE
　　BKCHCNBJ300
　　RENEIVER'S NAME:BANK OF OSAKA
　　RENEIVER'S ADDRESS:205 QUEENWAY, OSAKA JAPAN
43P:PARTIAL SHIPMENTS
　　ALLOWED
43T:TRANSSHIPMENT
　　ALLOWED
44 E:PORT OF LOADING/ AIRPORT OF DEPARTURE
　　SHANGHAI PORT
44 F:PORT OF DISCHARGE/AIRPORT OF DESTINATION
　　OSAKA. PORT
44C:LATEST DATE OF SHIPMENT
　　110705
45A:DESCRIPTION OF GOODS AND/OR SERVICES
　　STEAL FILE CIF OSAKA AS CONTRACT NO. 20050339
　　SHIPPING MARK:FUJ/CONTRACT NO. 20050339/ OSAKA /C/NO.
46A:DOCUMENTS REQUIRED
+ THREE ORIGINALS AND THREE COPIES OF CLEAN ON BOARD OCEAN BILLS OF LADING ISSUED BY CARRIER MARKED " FREIGHT PREPAID "MADE OUT TO ORDER OF SHIPPER AND BLANK ENDORSED AND NOTIFIED FUJI TRADING CORPORATION. TEL:21-20-432156,FAX:21-20-432157
+ THREE ORIGINALS AND THREE COPIES OF SIGNED COMMERCIAL INVOICE, INDICATING CONTRACT NUMBER, SHIPPING MARK,NAME OF CARRYING VESSEL.
+ THREE ORIGINALS AND THREE COPIES OF PACKING LIST, INDICATING CONTRACT NUMBER, SHIPPING MARK,MEASUREMENT, GROSS AND NET WEIGHTS OF EACH PACKAGE.
+ ONE ORIGINALS AND ONE COPY OF NEGOTIABLE INSURANCE POLICY OR CERTIFICATE BLANK ENDORSED FOR 110 PCT OF THE INVOICE VALUE COVERING OCEAN MARINE ALL RISKS AND WAR RISK.
+ GSP CERTIFICATE OF ORIGIN FORM A IN ONE ORIGINAL ONE COPY AND EEC, ISSUED BY THE CHAMBER OF COMMERCE OR OTHER AUTHORITY DULY ENTITLED FOR THIS PURPOSE.
48:PERIOD FOR PRESENTATION
　　DOCUMENTS MUST BE PRESENTED WITHIN 15 DAYS AFTER THE DATE OF SHIPMENT BUT WITHIN THE VALIDITY OF THE CREDIT.
49:CONTRACTINSTRUCTIONS
　　WITHOUT

二、改正信用证

王祥经理经对信用证审核后发现如下问题,并提出改证意见:
1. 39A 05/05 是不符点,应删除该条款
2. 43P 是不符点,应改为 NOT ALLOWED
3. 43T 是不符点,应改为 NOT ALLOWED
4. 44C 是不符点,应改为 110715
5. 46A ALL RISKS AND WAR RISK 是不符点,应改为 ALL RISKS
6. 49 是不符点,应删除 WITHOUT

体验活动

一、活动背景

上海三井进出口公司夏青经理收到中国银行上海分行的信用证通知书后,财务部门经理持公司证明及本人身份证凭信用证通知书领取信用证。为此,夏青经理要求团队各成员根据销售合同条款的内容审核信用证,发现不符点或不能接受的内容须书面写出,经汇总研究后向进口商提出改正。审核信用证业务在实训室的"业务洽谈室"进行,体验审证的工作经历。

二、活动准备

审核信用证的相关资料如下:
销售合同:编号为 7C3091201
信用证:编号为 F—5201

三、活动开展

团队各成员根据销售合同条款的内容审核信用证,经汇总研究后向进口商提出改正。

1. 销售合同

售货合同书
SALES CONTRACT

编号 NO. ___7C3091201___

日期 DATE ___Mar. 20, 2011___

THE SELLER:
SHANGHAI SJ IMP. & EXP. CORPORATION
NO. 1 PUDONG ROAD SHANGHAI CHINA
TEL:21—58056676 FAX:21—58056677

THE BUYER:
HEIDE TRADING CO. LTD
47 OSBLANCH HAMBURG, GERMANY
TEL:28—5833—1234 FAX:28—5833—1235

双方签字同意按下列条款达成协议

  The undersigned sellers and buyers have agreed to close the following transaction as per terms and conditions Stipulated below:

品名与规格 Commodity and Specification	数量 Quantity	单价 unit prices	金额 Amount
HAMMER ART No. 121 ART No. 121 AS PER ORDER NO. 7C3091201 PACKING: EACH SET IN A POLYBAG 50 SETS INTO AN EXPORT CARTON.	2 275 SETS 2 275 SETS	CIF HAMBURG USD8.00 USD8.00	USD18 200.00 USD18 200.00

总值/Total value:SAY US DOLLARS THIRTY SIX THOUSAND FOUR HUNDRED ONLY
装运期限/Shipment:LATEST JULY 15,2011
目的地/Destination:HAMBURG FROM SHANGHAI TO HAMBURG BY SEA
付款方式/Payment:BY 100% CONFIRMED & IRREVOCABLE L/C TO BE AVAILABLE BY SIGHT DRAFT, REACHING THE SELLERS DAYS BEFORE THE MONTH OF SHIPMENT, REMAINING VALID FOR NEGOTIATION IN CHINA FOR FURTHER 21 DAYS AFTER THE PRESCRIBED TIME OF SHIPMENT ALLOWING TRANSSHIPMENT & PARTIAL SHIPMENTS.
保险/Insurance:CIF TO BE EFFECTED BY THE SELLERS AT 110% OF INVOICE VALUE COVERING ALL RISKS AND WAR RISK AS PER CHINA INSURANCE CLAUSES

买方须于 2011 年 5 月 15 日前开出本批交易的信用证,否则,售方有权不经过通知取消本合同书,或向买方提出索赔。The Buyer shall establish the covering Letter of Credit before may 15,2011, falling which the Seller reserves the right to rescind without further notice, or to accept whole or any part of this Sales Contract non-fulfilled by the Buyer, or, to lodge claim for direct losses sustained, if any.

凡以 CIF 条件成交的业务,保额为发票价的 110%,投保险别以售货合同书中所开列的为限,买方如果要求增加保额或保险范围,应于装船前经卖方同意,因此而增加的保险费由买方负责。For transactions conclude on C.I.F basis, it is understood that the insurance amount will be for 110% of the invoice value against the risks specified in Sales Contract. If additional insurance amount or coverage is required, the buyer must have consent of the Seller before Shipment, and the additional premium is to be borne by the Buyer.

品质/数量异议:如买方提出索赔,凡属品质异议须于货到目的口岸之_____日内提出,凡属数量异议须于货到目的口岸之_____日内提出,对所装货物所提任何异议属于保险公司、轮船公司等其他有关运输或邮递机构,卖方不负任何责任。QUALITY/QUANTITY DISCREPANCY: In case of quality discrepancy, claim should be filed by the Buyer within _____ days after the arrival of the goods at port of destination; while for quantity discrepancy claim should be filed by the Buyer within _____ days after the arrival of the goods at port of destination. It is understood that the seller shall not be liable for any discrepancy of the goods shipped due to causes for which the Insurance Company, Shipped Company other transportation organization/or Post Office are liable.

本合同书内所述全部或部分商品,如因人力不可抗拒的原因,以致不能履行或延迟交货,卖方概不负责。The Seller shall not be held liable for failure of delay in delivery of the entire lot or a portion of the goods under this Sales Contract in consequence of any Force Majeur incidents.

买方在开给卖方的信用证上请填注本合同书号码。The Buyer is requested always to quote THE NUMBER OF THIS SALES CONTRACT in the letter of Credit to be opened in favour of the Seller

买方收到本售货合同书后请立即签回一份,如买方对本合同书有异议 应于收到后五天内提出,否则认为买方已同意接受本合同书所规定的各项条款。The buyer is requested to sign and return one copy of the Sales Contract immediately after the receipt of same, Objection, if any, should be raised by the Buyer within five days after the receipt of this Sales Contract, in the absence of which it is understood that the Buyer has accepted the terms and condition of the sales Contract.

HEIDE TRADING CO. LTD	上海三丰进出口公司 合司专用章
买方:WITER THE BUYER	卖方:夏青 THE SELLER

2. 信用证

```
27:SEQUENCE OF TOTAL
   1/1
40A:FORM OF DOC,CREDIT
   IRREVOCABLE
20:DOC. CREDIT NUMBER
   F-5201
31C:DATE OF ISSUE
   110520
40E:APPLICABLE RULES
   UCP LATEST VERSION
31D:DATE AND PLACE OF EXPIRY
   DATE 110720 IN CHINA
50:APPLICANT
   HEIDE TRADING CO. LTD
   47 OSBLANCH HAMBURG,GERMANY
59:BENEFICIARY
   SHANGHAI SJ IMP. & EXP. CORPORATION
   No. 1PUDONG ROAD SHANGHAI CHINA
32B:AMOUNT
   CURRENCY USD AMOUNT 78 000.00
39A:PERCENTAGE CREDIT AMOUNT TOLERANCE
   05/05
41D:AVAILABLE WITH / BY
   BANK OF CHINA SHANGHAI BRANCH BY NEGOTIATION
42C:DRAFTS AT …
   DRAFTS AT SIGHT FOR FULL INVOICE COST
42A:DRAWEE
   BKCHCNBJ312
   RENEIVER'S NAME:BANK OF HAMBURG
   RENEIVER'S ADDRESS:5 QUEENWAY, HAMBURG,GERMANY
43P:PARTIAL SHIPMENTS
   ALLOWED
43T:TRANSSHIPMENT
   ALLOWED
44E:PORT OF LOADING/ AIRPORT OF DEPARTURE
   SHANGHAI PORT
44F:PORT OF DISCHARGE/AIRPORT OF DESTINATION
   HAMBURG PORT
```

44C: LATEST DATE OF SHIPMENT
　　110705
45A: DESCRIPTION OF GOODS AND/OR SERVICES
　　HAMMER CIF HAMBURG AS PER CONTRACT NO. 20050339
　　SHIPPING MARK: HEIDE /CONTRACT NO. 20050339/ HAMBURG /C/NO.
46A: DOCUMENTS REQUIRED
+ THREE ORIGINALS AND THREE COPIES OF CLEAN ON BOARD OCEAN BILLS OF LADING ISSUED BY CARRIER MARKED " FREIGHT PREPAID "MADE OUT TO ORDER OF SHIPPER AND BLANK ENDORSED AND NOTIFIED HEIDE TRADING CO. LTD. TEL:28—5833—1234 FAX:28—5833—1235
+ THREE ORIGINALS AND THREE COPIES OF SIGNED COMMERCIAL INVOICE, INDICATING CONTRACT NUMBER, SHIPPING MARK.
+ THREE ORIGINALS AND THREE COPIES OF PACKING LIST, INDICATING CONTRACT NUMBER, SHIPPING MARK, MEASUREMENT, GROSS AND NET WEIGHTS OF EACH PACKAGE.
+ ONE ORIGINALS AND ONE COPY OF NEGOTIABLE INSURANCE POLICY OR CERTIFICATE BLANK ENDORSED FOR 110 PCT OF THE INVOICE VALUE COVERING OCEAN MARINE ALL RISKS AND WAR RISK.
+ GSP CERTIFICATE OF ORIGIN FORM A IN ONE ORIGINAL ONE COPY, ISSUED BY THE CHAMBER OF COMMERCE OR OTHER AUTHORITY DULY ENTITLED FOR THIS PURPOSE.
48: PERIOD FOR PRESENTATION
　　DOCUMENTS MUST BE PRESENTED WITHIN 15 DAYS AFTER THE DATE OF SHIPMENT BUT WITHIN THE VALIDITY OF THE CREDIT.
49: CONTRACTINSTRUCTIONS
　　WITHOUT

3. 改证意见

夏青经理与团队商议后提出下列改证意见：

活动评价

团队成员活动测评表

测评内容	评判标准	总分	自我评价
出口贸易磋商的环节	错1个环节扣2分	10	
发盘函的拟定	错1个内容扣1分	10	
样品分类的含义	错1个环节扣1分	10	
制板通知单、确认鉴定表、封样单的填写	错1个环节扣1分	30	
合同条款的拟定	错1个环节扣1分	20	
信用证审核	错1个环节扣1分	20	
合　计		100	

团队活动测评表

测评内容	评判标准	总分	自我评价
团队合作质量	较好达到目标	20	
	基本达到目标	15	
	未完成目标	15	
团队合作精神	互助精神较好	20	
	互助精神一般	15	
	互助精神较差	15	
合　计		100	

教学方案设计与建议

模拟教学环节——体验活动二	教学组织	教学手段	课时
开展交易——销售合同书的商订	形式： 以小组为单位扮演出口商角色 内容： 每组独立拟订发盘与合同条款内容、填写有关表格或单据 要求： 条款内容正确、无误	地点： 专业实训室或机房 设备： 计算机、服务器 资料： 电子操作资料与合同	6
累计：			12

职业技能训练

一、业务操作流程

根据出口贸易磋商的基本程序及内容填写下表:

基本程序	主要内容及要求

二、仿真业务操作

1. 业务操作背景

上海创业进出口公司成立后,建立了公司网站。近日,收到英国 MANDARS IMPORTS CO. LTD 经理 Smith 的邮电,对网站上货号为 ART. 991 女裙感兴趣并要求报价。于是,上海创业进出口公司团队经研究后拟定发盘条件。MANDARS IMPORTS CO. LTD 收到发盘后,立刻表示接受。对此,川野经理带领本团队成员一起拟订销售合同,由双方签章。MANDARS IMPORTS CO. LTD 在合同规定的开证时间内,开出信用证。上海创业进出口公司收到信用证后需要审证。为此,上海创业进出口公司团队成员分工合作,有的拟订发盘函,有的拟订合同条款,有的搜集资料,有的担任审证工作,体验相关的工作经历。

2. 业务操作资料

出口商:上海创业进出口公司
地址邮编:上海市黄浦区北京路 30 号(邮编 200002)
电话:021—64043030 传真:021—64043031
进口商:MANDARS IMPORTS CO. LTD
地址:38 QUEENSWAY,2008 UK
商品:全棉弹力女裙 数量:18 000 条
商品价格:每件 7.00 美元 CIF LONDON
合同号:CY201109
包装方式:每条装入一胶袋,18 条不同尺码与颜色装入一出口纸箱
装运时间:不迟于 2011 年 12 月 10 日装运
分批装运与转船:不允许
唛头:由卖方指定

支付方式：即期信用证，买方须于 2011 年 9 月 30 日前开证
货运保险：投保一切险和战争险
议付单据：全套清洁已装船空白抬头空白背书提单并注明运费已付；商业发票与装箱单一式 5 份；保险单正本 2 份；中国商会签发的原产地证明书正本 1 份
异议索赔：买方因品质异议提出索赔须在货到目的口岸后 60 日内，属数量异议为 30 日内

3. 业务操作要求

根据上述信息拟订发盘函和销售合同书各一份，并根据销售合同书进行审证，在实训室的"业务洽谈室"进行操作。

(1) 拟订发盘函

(2) 拟订销售合同书

上海创业进出口公司
SHANGHAI CY IMP. & EXP. CO.
30WEST BEIJIN ROAD SHANGHAI20002,CHINA

售 货 合 同 书
SALES CONTRACT

S/C NO：_____
DATE：_____

TEL：021－64043030
FAX：021－64043031
To Messrs：

敬启者：兹确认售予你方下列货品，其成交条款如下：
Dear Sirs, We hereby confirm having sold to you the following goods on terms and conditions as

specified below:

唛 头 Shipping Mark	商品名称、规格及包装 Nane of Commodity and Specifications, Packing	数 量 Quantity	单 价 Unit Price	总值 Total Amount

装运港/LOADING PORT:

目的港/DESTINATION:

装运期限/TIME OF SHIPMENT:

分批装运/PARTIAL SHIPMENT:

转船/TRANSHIPMENT:

保险/INSURANCE:

付款条件/TERMS OF PAYMENT:

　　唛头/Shipping mark:□由卖方指定。□由买方指定,须在信用证开出前____天提出并经卖方同意,否则由卖方指定。□To be designated by the sellers. □In case the buyers desire to designate their own shipping mark, the buyers shall advise the sellers ____ days before opening L/C. and the sellers' consent must be obtained. otherwise the shipping mark will be designated by the sellers.

　　买方须于____年____月____日前开出本批交易的信用证,否则,售方有权不经过通知取消本合同书,或向买方提出索赔。The Buyer shall establish the covering Letter of Credit before _____, falling which the Seller reserves the right to rescind without further notice, or to accept whole or any part of this Sales Contract-fulfilled by the Buyer, or, to lodge claim for direct losses sustained, if any.

　　凡以 CIF 条件成交的业务,保额为发票价的110%,投保险别以售货合同书中所列的为限,买方如果要求增加保额或保险范围,应于装船前经卖方同意,因此而增加的保险费由买方负责。For transactions conclude on C. I. F. basis, it is understood that the insurance amount will be for 110% of the invoice value against the risks specified in Sales Confirmation. If additional insurance amount or coverage is required, the buyer must have consent of the Seller before Shipment, and the additional premium is to be borne by the Buyer.

　　装运单据:卖方应向议付行提供下列单据:Shipping documents:The sellers shall present the following documents to the negotiating bank for payment:

　　(1) 全套清洁已装船空白抬头空白背书提单,注明运费已付。Full set clean on board of shipped Bills of Lading made out to order and blank endorsed, mark "Freight Prepaid".

　　(2) 商业发票____份。Commercial invoice in ____ copies.

（3）装箱单或重量单____份。The packing list or weight list in ____ copies.

（4）可转让的保险单或保险凭证正本____份。____ duplicate original of the transferable insurance policy or insurance certificate.

（5）中国商会签发的原产地证明书正本____份。One original of the Certificate of origin issued by The Chamber Of Commerce Or Other Authority Duly Entitled For This Purpose.

品质/数量异议：如买方提出索赔，凡属品质异议须于货到目的口岸之后_____日内提出，凡属数量异议须于货到目的口岸之后_____日内提出，对所装货物所提任何异议属于保险公司、轮船公司等其他有关运输或邮递机构，卖方不负任何责任。QUALITY /QUANTITY DISCREPANCY：In case of quality discrepancy, claim should be filed by the Buyer within ____ days after the arrival of the goods at port of destination; while for quantity discrepancy, claim should be filed by the Buyer within ____ days after the arrival of the goods at port of destination. It is understood that the seller shall not be liable for any discrepancy of the goods shipped due to causes for which the Insurance Company, Shipped Company other transportation organization/or Post Office are liable.

本合同书内所述全部或部分商品，如因人力不可抗拒的原因，以致不能履约或延迟交货，卖方概不负责。The Seller shall not be held liable for failure of delay in delivery of the entire lot or a portion of the goods under this Sales Contract consequence of any Force Majeure incidents.

买方在开给卖方的信用证上请填注本合同书号码。The Buyer is requested always to quote The Number Of This Sales Contract the letter of Credit to be opened in favour of the Seller.

买方收到本售货合同书后请立即签回一份，如买方对本合同书有异议，应于收到后五天内提出，否则认为买方已同意接受本合同书所规定的各项条款。The buyer is requested to sign and return one copy of the Sales Contract immediately after the receipt of same, Objection, if any, should be raised by the Buyer within five days after the receipt of this Sales Contract, in the absence of which it is understood that the Buyer has accepted the terms and condition of the sales Contract.

买方：　　　　　　　　　　　　　　　　卖方：
THE BUYER：　　　　　　　　　　　　THE SELLER：

（3）审核信用证并写出不符点

```
27:SEQUENCE OF TOTAL
   1/1
40A:FORM OF DOC,CREDIT
    IRREVOCABLE
20:DOC. CREDIT NUMBER
   XT370
31C:DATE OF ISSUE
    110920
40E:APPLICABLE RULES
    UCP LATEST VERSION
```

31D:DATE AND PLACE OF EXPIRY
   DATE 111231 IN CHINA
50:APPLICANT
   MANDARS IMPORTS CO. LTD.
   38 QUEENSWAY,2008 UK
59:BENEFICIARY
   SHANGHAI CY IMP. & EXP. CORPORATION
   NO. 30 BEIJIN ROAD SHANGHAI CHINA
32B:AMOUNT
   CURRENCY USD AMOUNT 126 000.00
41D:AVAILABLE WITH / BY
   BANK OF CHINA SHANGHAI BRANCH BY NEGOTIATION
42C:DRAFTS AT …
   DRAFTS AT SIGHT FOR FULL INVOICE COST
42A:DRAWEE
   BKCHCNBJ312
   RENEIVER'S NAME:BANK OF LONDON
   RENEIVER'S ADDRESS:5 QUEENWAY, LONDON, UK
43P:PARTIAL SHIPMENTS
   ALLOWED
43T:TRANSSHIPMENT
   ALLOWED
44E:PORT OF LOADING/ AIRPORT OF DEPARTURE
   SHANGHAI PORT
44F:PORT OF DISCHARGE/AIRPORT OF DESTINATION
   LONDON PORT
44C:LATEST DATE OF SHIPMENT
   111210
45A:DESCRIPTION OF GOODS AND/OR SERVICES
   LADIES DENIM SKIRT CIF LONDON AS PER CONTRACT NO. CY201109
46A:DOCUMENTS REQUIRED
+ THREE ORIGINALS OF CLEAN ON BOARD OCEAN BILLS OF LADING ISSUED BY CARRIER MARKED " FREIGHT PREPAID "MADE OUT TO ORDER OF SHIPPER AND BLANK ENDORSED AND NOTIFIED.
+ THREE ORIGINALS AND TWO COPIES OF SIGNED COMMERCIAL INVOICE, INDICATING CONTRACT NUMBER, SHIPPING MARK.
+ THREE ORIGINALS AND TWO COPIES OF PACKING LIST, INDICATING CONTRACT NUMBER, SHIPPING MARK, MEASUREMENT, GROSS AND NET WEIGHTS OF EACH PACKAGE.
+ ONE ORIGINALS AND ONE COPY OF NEGOTIABLE INSURANCE POLICY OR CERTIFICATE BLANK ENDORSED FOR 110 PCT OF THE INVOICE VALUE COVERING OCEAN MARINE ALL RISKS AND WAR RISK.

续

+ GSP CERTIFICATE OF ORIGIN FORM A IN ONE ORIGINAL ONE COPY, ISSUED BY THE CHAMBER OF COMMERCE OR OTHER AUTHORITY DULY ENTITLED FOR THIS PURPOSE.
48:PERIOD FOR PRESENTATION
   DOCUMENTS MUST BE PRESENTED WITHIN 15 DAYS AFTER THE DATE OF SHIPMENT BUT WITHIN THE VALIDITY OF THE CREDIT.
49:CONTRACTINSTRUCTIONS
   WITHOUT

体验活动三　申请证明——出口许可证、产地证的申请

学习与考证目标

- 了解出口商品许可证管理商品目录的范围
- 明确申请原产地证书的主要流程
- 熟悉申请签发出口货物许可证、原产地证书的程序
- 掌握缮制发票、许可证申请表、原产地证书申请书、原产地证书的方法

学习与操作指南
——申请的范围、程序、内容及要求

在信用证条件下,出口商在对信用证审核无误后,如果出口商品属于我国《出口商品许可证管理商品目录》内的,按其规定必须向当地的商务委员会申请签发出口货物许可证,提交发票、出口货物许可证申请表等有关材料。如果信用证规定,出口商需要提交原产地证书作为议付单据,出口商还必须向当地的中国贸易促进委员会分会主管部门申请签发原产地证书,提交发票、一般原产地证书申请书、一般原产地证书。

任务一　申请出口货物许可证

操作指南

发放许可证是我国政府限制进出口商品的有效管理形式。根据我国《出口商品许可证管理商品目录》的规定,凡属于出口货物许可证管理范围内的商品都必须向商务部主管部门配额许可证事务局及其驻各口岸特派员办事处,或商务部授权的直辖市、省、自治区的商务主管部门申请签发出口货物许可证。出口货物许可证原则上实行"一批一证"制度,如果是非"一批一证"的商品,可在有效期内使用12次。为此,跟单员必须熟悉出口货物许可证管理的范围、许可证申领的程序及有关的要求。

一、申请出口货物许可证业务流程

出口货物许可证书申请业务流程如图1-3-1所示:

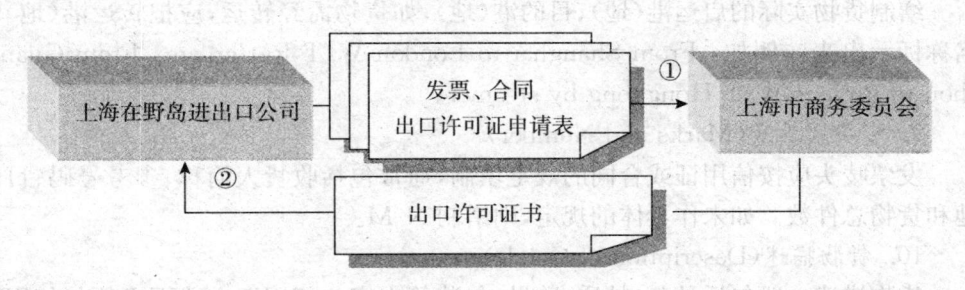

图1-3-1　申请出口许可证书业务流程

二、商业发票的缮制方法

商业发票(Commercial Invoice)是卖方向买方签发的载明货物的品质、数量、包装和价格,并凭以索取货物的凭证。商业发票通常一式四联(存根联、发票联、记账联、退税联),由出口企业自行拟制,无统一格式,但必须在税务机构指定的印刷厂进行印刷。其基本内容和缮制方法如下:

1. 出票的名称、地址与税务登记号(Exporter's Name, Address and No.)

出票人的名称、地址应与合同的卖方或信用证的收益人的名称、地址相同,税务登记号与出口企业的税务登记证编号一致,其事先印刷在空白发票的正上方。

2. 发票名称(Name of Document)

发票名称应用英文粗体标出"Commercial Invoice"或"Invoice"字样。

3. 发票代码(No.)

发票代码由税务机关提供流水号,事先印在空白发票的右上方。

4. 发票编号、日期(No.、Date)

发票编号由出口公司根据本公司的实际情况自行编制,是全套结汇单据的中心编号。

5. 信用证编号(L/C No.)

信用证项下的发票必须填入信用证号码,其他支付方式可不填。

6. 合同编号(Contract No.)

合同编号应与信用证列明的一致,信用证未规定合同编号,可不填。其他支付方式下,必须填入。

7. 收货人(Messrs)

信用证方式下须按信用证规定的填制,一般是开证申请人。托收方式下,通常是买方。二者缮制时,名称地址不应同行放置,应分行表明。

8. 航线(from…to…)

缮制货物实际的启运港(地)、目的港(地),如货物需经转运,应把转运港(地)的名称标示出来。例如：From Shanghai to London W/T Rotterdam. From Guangzhou to Piraeus W/T Hongkong by steamer。

9. 唛头及件号(Marks and Number)

发票唛头应按信用证或合同的规定填制,通常包括收货人简称、参考号码、目的地和货物总件数。如未作具体的规定,则缮制 N/M。

10. 货物描述(Description of Goods)

货物描述一般包括品名、品质、数量、包装等内容。信用证方式下必须与信用证的描述不相矛盾。如为其他支付方式,应与合同规定的内容相符。

11. 单价及价格术语(Unit Price and Trade Terms)

完整的单价应包括计价货币、单位价格、计量单位和贸易术语四部分内容。例如：USD100 Per DOZ CIF London。

12. 总值(Total Amount)

发票总额不能超过合同或信用证金额,对于佣金和折扣应按合同或信用证规定的处理。如果来证要求分别列出运费、保险费和 FOB 价格,必须照办。

13. 声明文句及其他内容(Declaration and Other Contents)

根据信用证的规定或特别需要在发票上注明的内容。

14. 出票人签章(Signature)

通常出票人签章,是在发票的右下角打上出口公司的名称,并由经办人签名或盖章。

三、出口许可证申请表的缮制方法

出口货物许可证申请表（Export License Application）由出口商填制，其主要内容与缮制方法如下：

1. 出口商及编码

填写出口商全称，注明在海关注册的企业代码及领证人姓名。

2. 发货人及编码

按信用证或合同规定缮制，并与运输单据中显示的托运人相符。

3. 出口许可证号

此栏留空，由签证机关填制。

4. 出口许可证有效截止日期

"一批一证"制的商品为3个月，其他情况下的商品为6个月，应根据装运实际需要缮制。

5. 贸易方式

根据实际方式缮制，如一般贸易、进料加工、来料加工等。

6. 合同号

填入该批出口合同编号，长度不超过20个字节。

7. 报关口岸

即实际装运口岸，注明全称。

8. 进口国（地区）

应缮制目的港（地）国家的全称。

9. 付款方式

按合同支付条款的规定缮制，如L/C、T/T等。

10. 运输方式

应与合同规定的一致，如海运、空运等。

11. 商品名称及商品编码

根据《中华人民共和国海关统计商品目录》规定的商品标准名称和统一编码缮制。

12. 规格、型号

缮制实际规格，不同规格应分行表示，计量单位按H.S.编码规则缮制。

13. 单位

缮制与合同规定一致的计量单位名称。

14. 数量

必须缮制实际出运的数量，并与发票的相关内容一致。

15. 单价

按合同成交的单价填制，并与发票的相关内容一致。

16. 总值

按合同成交的总额缮制，并与发票总金额相同。

17. 总值折美元

按外汇牌价折算为美元记入。

18. 总计

各栏的合计数分别填入本栏内。

19. 备注

如有特别要求或说明，在此栏注明。

20. 签证机构审批（初审）

发证机关审核无误后盖章，由授权人签名，并注明签证日期。

模拟操作

案例背景

上海在野岛进出口公司向日本客商 FUJIYAMA TRADING CORPORATION 出口的钢锉刀（STEAL FILE）属于出口货物许可证管理范围内的商品。于是，王祥经理向上海市商务委员会配额许可证事务局申请签发出口许可证，并提供商业发票和出口货物许可证申请表。为此，王祥经理需要缮制这两份单证。

一、缮制商业发票

样例1—3—1

上海在野岛进出口公司
SHANGHAI ZYD IMPORT & EXPORT CORPORATION.
No. 1 RENMIN ROAD SHANGHAI CHINA
TEL:021—65788511   FAX:021—65788812
税务登记号:310683771943453

出口专用

COMMERCIAL INVOICE

TO:M/S
FUJI TRADING CORPORATION
3—1YAMATOLI,OSAKA JAPAN

发票代码:1310008204222
INV NO.:TX0743
DATE: Jul. 05,2011
S/C NO.:20050339
L/C NO.:11052011

FROM 　SHANGHAI PORT　　　　TO　　　OSAKA PORT

MARKS & NO.	DESCRIPTIONS OF GOODS	QUANTITY	U/ PRICE	AMOUNT
FUJI 20050339 OSAKA C/NO. 1－240	STEAL FILE ART No. 31 ART No. 32 AS PER SAMPLE NO. 121 EACH SET IN A POLYBAG 50 SETS INTO AN EXPORT CARTON	6 000SETS 6 000SETS	CFR OSAKA USD6.50 USD6.50 TOTAL	USD39 000.00 USD39 000.00 USD78 000.00

第二联：发票联

TOTAL AMOUNT:SAY US DOLLARS SEVENTYEIGHT THOUSAND ONLY.

WE HEREBY CERTIFY THAT THE CONTENTS OF INVOICE HEREIN ARE TRUE AND CORRECT.

SHANGHAI ZYD IMPORT & EXPORT CORPORATION

上海在野岛进出口公司
310683771943453
发票专用章

王祥

二、缮制出口许可证申请表

样例 1－3－2

中华人民共和国出口货物许可证申请表

1. 出口商:编码 上海在野岛进出口公司 电话:65788811　　联系人:王祥	3 1 0 2 0 1 1 0 9 2	3. 出口许可证号：
2. 发货单位： 电话:65788812　　联系人:王祥	3 1 0 2 0 1 1 0 9 2	4. 许可证有效截止期 　　至　年　月　日止
5. 贸易方式:一般贸易		8. 进口国(地区):日本
6. 合同号:20050339		9. 支付方式:信用证
7. 报关口岸:上海吴淞海关		10. 运输方式:江海运输

续表

11. 商品名称:锉刀					商品编码:	8 2 0 3 . 1 0 0 0	
12. 规格、型号	13. 单位	14. 数量	15. 单价(USD)		16. 总值(USD)		17. 总值折美元
ART No. 31	SET	6 000	6.50		39 000.00		39 000.00
ART No. 32	SET	6 000	6.50		39 000.00		39 000.00
18. 总 计	SET	12 000			78 000.00		78 000.00
初审意见:		经办人:		19. 备注: 上海在野岛进出口公司 许可证申请专用章 申请日期:2011年7月5日			
处领导意见:							

商务部监制　　　　　　　　　　　　　本证不得涂改,不得转让

三、主管部门签发出口货物许可证

样例 1—3—3

中华人民共和国出口货物许可证
EXPORT LICENSE THE PEOPLE'S REPUBLIC OF CHINA

1. 出口商: Export 上海在野岛进出口公司	3. 出口许可证编号: Export license No. 06AB122433
2. 发货单位: Consignor 上海在野岛进出口公司	4. 出口许可证有效截止期: Export license expiry date 2011—08—5
5. 贸易方式: Terms of trade 一般贸易	8. 输往国家(地区) Country /Region of purchase 日本
6. 合同号: Contract No. 20050339	9. 收款方式: Terms of payment 信用证

续表

7. 报关口岸： Port of shipment　吴淞海关				10. 运输方式： Means of transport　江海运输		
11. 商品名称：锉刀 Description of goods				商品编码：8203.1000 Code of goods		
12. 规格、型号 Specification	13. 单位 Unit	14. 数量 Quantity	15. 单价（USD） Unit price	16. 总值（USD） Amount		17. 总值折美元 Amount in USD
ART No. 31	SET	6 000	6.50	39 000.00		39 000.00
ART No. 32	SET	6 000	6.50	39 000.00		39 000.00
18. 总　计	SET	12 000		78 000.00		78 000.00
19. 备注 Supplementary details				20. 发证机关盖章 Issuing authority's stamp & signature		
				发证日期 License date　2011年7月6日		

商务部监制　　　　　　　　　　　　　　　本证不得涂改，不得转让

（上海市商务委员会许可证事务管理局 出口许可证专用章）

体验活动

一、活动背景

　　上海三井进出口公司出口的锤子属于出口货物许可证管理范围内的商品。为此，夏青经理应向上海市商务委员会配额许可证事务局办理出口许可证的申请签发手续，于是要求团队成员一起缮制商业发票和出口货物许可证申请表，在实训室的"商务委员会柜台"体验办理出口货物许可证件。

二、活动准备

　　申请出口许可证的有关信息如下：

合同号:7C3091201
进口商名称:HEIDE TRADING CO. LTD
进口商地址:47 OSBLANCH HAMBURG,GERMANY
发票代码:1315465368
发票号码:SW110705
信用证号:F－5201
商品名称:锤子(HAMMER)
商品编码:8205.2000
单价:每套 USD 8.00 CIF HAMBURG
规格数量:ART No.121 为 2 275 套、ART No.122 为 2 275 套
包装:每套装入一个塑料袋,50 套装入一只出口纸箱
出口商编码:2011070511

三、活动开展

1. 缮制商业发票

上海三井进出口公司
SHANGHAI SJ IMPORT & EXPORT CORPORATION
No. 1PUDONG ROAD SHANGHAI CHINA
TEL:021－58056676 FAX:021－58056677
税务登记号:310987654321453

COMMERCIAL INVOICE

出口专用

发票代码:_____
TO:M/S   INV NO. :_____
                                          DATE:_____
                                          S/C NO. :_____
                                          L/C NO. :_____

FROM _____ TO _____

MARKS & NO.	DESCRIPTIONS OF GOODS	QUANTITY	U/ PRICE	AMOUNT

第二联:发票联

TOTAL AMOUNT:
WE HEREBY CERTIFY THAT THE CONTENTS OF INVOICE HEREIN ARE TRUE AND CORRECT.

2. 缮制出口许可证申请表

中华人民共和国出口货物许可证申请表

1. 出口商:编码		3. 出口许可证号:
电话: 联系人:		
2. 发货单位:		4. 许可证有效截止期 　　至　年　月　日止
电话: 联系人:		
5. 贸易方式:		8. 进口国(地区):
6. 合同号:		9. 支付方式:
7. 报关口岸:		10. 运输方式:

11. 商品名称:	商品编码

12. 规格、型号	13. 单位	14. 数量	15. 单价(　)	16. 总值(　)	17. 总值折美元
18. 总　计					

初审意见: 　　　　经办人: 处领导意见:	19. 备注: 申请日期:

商务部监制　　　　　　　　　本证不得涂改,不得转让

任务二 申请原产地证书

操作指南

中华人民共和国原产地证书,简称一般原产地证书,是证明本批出口商品的生产地,并符合《中华人民共和国出口货物原产地规则》的一种文件。申请单位必须持有关批件等文件在检验检疫机构申请办理注册登记手续,并获得核发的《中华人民共和国普遍优惠制原产地证明书注册登记证书》申请签发原产地证书。出口商最迟在货物装运前三天向中国贸易促进委员会分会(简称"贸促会")申请签发,申请时需要提供已缮制的商业发票、一般原产地证书申请书和一般原产地证书。

一、申请一般原产地证书流程

一般原产地证明书流程如图1-3-2所示。

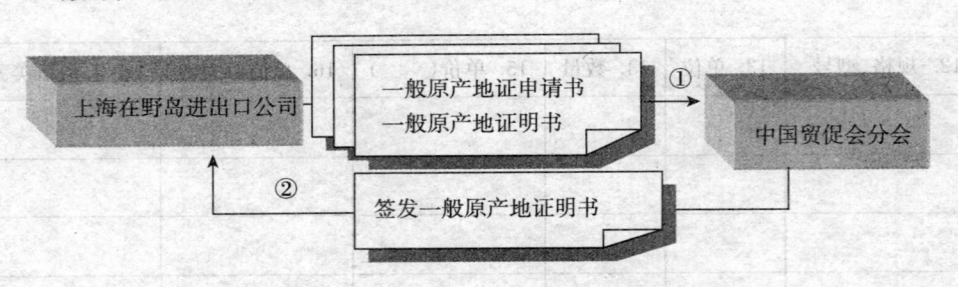

图1-3-2 申请一般原产地证书流程

二、一般原产地证书缮制方法

1. 一般原产地证书申请书缮制方法

(1) 商品名称

填入出口货物名称,并与发票同项内容一致。

(2) H.S. 编码

H.S. 是海关合作理事会《商品名称及编码协调制度》的英文缩写。商务部和海关总署根据 H.S. 分类编制了《中华人民共和国进出口商品的目录对照表》,规定了商品名称和编码。本栏应填入该商品的 H.S. 编码前八位数。

(3) 商品生产、制造、加工单位、地点

填入出口货物的生产或加工单位的名称和地点。

(4) 含进口成分产品主要制造加工工序

出口货物如含有进口成分,此栏注明主要制造或加工工序。

(5) 商品 FOB 总值

填入出口货物 FOB 总额,如为 CFR 条件成交,要减去运费额。

(6) 最终目的地国家/地区

填入出口货物到达的最终目的地国家或地区。

(7) 拟出运日期

填入出口货物拟出运日期,必须在合同或信用证规定的装运期内。

(8) 转口国(地区)

出口货物如有转口,则填入该国或地区的名称。

(9) 包装数量或毛重或其他数量

填入出口货物总包装件数,或总毛重数量。

(10) 贸易方式和企业性质

根据实际情况填入相应的贸易方式和企业性质。

2. 原产地证书缮制方法

原产地证明书共有 12 项内容,除按检验检疫局指定的号码填入证书编号(Certificate No.)以外,就其各栏目内容和缮制要点逐项介绍如下:

(1) Exporter(出口商)

填写出口商的全称和地址。信用证项下的证书,一般为信用证受益人,托收项下的是卖方。若经其他国家或地区转口需要填写转口商时,应在出口商后面加填英文 VIA,然后再填写转口商名称。

(2) Consignee(收货人)

填写本批货物最终目的地的收货人全称和地址。如果信用证规定不显示收货人,则填写"TO ORDER"或"TO WHOM IT MAY CONCERN"。有转口商的,在收货人后面加填英文 VIA,然后再填写转口商名称。

(3) Means of transport and route(运输方式和路线)

填写装运港和卸货港的名称,并说明运输方式。例如,From Shanghai to London by sea,如要转运,须注明转运地。例如,By s. s. from Shanghai to London W/T Hongkong。因船运或空运等客观原因造成的第(2)、第(3)内容不一致,可以接受。

(4) Country/Region of Destination Port（目的国家或地区）

填写最终收货人的国家或地区的名称，与最终目的港的国别一致。

(5) For certifying authority use only（供签证机构使用）

本栏供检验检疫局根据需要加注说明，如补发或后发证书等事项。

(6) Marks and numbers of packages（唛头及包装件数）

填写合同或信用证中规定的内容，且与发票和提单的同项一致。包装无唛头，应填写"N/M"或者"NO MARK"，此栏不得留空，内容多可用附页。

(7) Description of goods, number and kind of packages（商品名称、包装件数及种类）

第一行填写具体的商品名称，发票上多种品名应尽量合并，除非信用证有这方面的要求。第二行按具体单位填写包装件数和种类，在英文表述后注明阿拉伯数字，散装货物用"In bulk"表示。此栏填写完后，用"*"符号打成横线表示结束。

(8) H.S. code（H.S.编码）

填写该票商品的 H.S. 编码数，如有几种商品，都要列明。

(9) Quantity or weight（数量及重量）

填写该票货物的总毛重，并与其他单据的内容相同。如为净重，应注明 N.W.。

(10) Number and date of invoices（发票号码及日期）

按发票实际号码和日期填写，月份应用英文缩写表示，此栏不得留空。

(11) Declaration by the exporter（出口商声明）

出口商声明已事先印就。内容为："下列签署人声明，以上各项及其陈述是正确的，全部货物均在中国生产，完全符合中华人民共和国原产地规则。"该栏仅填入申报地点和日期，加盖申请单位中英文印章，并由申领员签字。

(12) Certification（签证机构证明）

签证机构证明事先已印制，内容为："兹证明出口商声明是正确的。"签证机构在此注明签证日期和地点，并由授权人签名，加盖签证机构印章。

模拟操作

案例背景

上海在野岛进出口公司获得出口货物许可证后，立即向中国贸易促进委员会上海分会申请签发中华人民共和国原产地证书。根据我国原产地证书申请签发的管理办法，王祥缮制一般原产地证明书申请书、一般原产地证明书，并随附商业发票向签证机构申请原产地证明书。

一、缮制一般原产地证明书申请书

样例 1—3—4

中国贸促会上海分会
中国国际商会上海分会
一般原产地证明书/加工装配证明书
申　请　书

申请单位注册号：__66742O__　　证书号：_____

申请人郑重申明：　　发票号：__TX0743__

全部国产填上 P	
含进口成分填上 W	P

本人被正式授权代表本企业办理和签署本申请书。

本申请书及一般原产地证明书/加工装配证明书所列内容正确无误，如发现弄虚作假，冒充证书所列货物，擅改证书，愿按《中华人民共和国出口货物原产地规则》有关规定受惩处并承担法律责任。现将有关情况申报如下：

商品名称	锉刀	H. S. 编码（八位数）	8203.1000
商品生产、制造、加工单位、地点		上海锉刀有限公司 上海市人民路 12 号	
含进口成分产品主要制造加工工序		—	
商品 FOB 总值（以美元计）	76 500 美元	最终目的地国家/地区	日本
拟出运日期	2011 年 7 月 15 日	转口国（地区）	—
包装数量或毛重或其他数量	240 箱		
贸易方式和企业性质			
贸易方式		企业性质	
一般贸易		国有企业	

现提交中国出口货物商业发票副本一份，报关单一份或合同/信用证影印件，一般原产地证明书/加工装配证明书一正三副，以及其他附件　份，请予审核签证。

申请单位盖章：　上海在野岛进出口公司 产地证申请专用章

申领人（签名）：王祥

电话：

日期：2011 年 7 月 5 日

二、缮制一般原产地证明书

样例 1－3－5

1. Exporter (full name and addr-ess) SHANGHAI ZYD IMPORT & E-XPORT CORPORATION. NO. 1 RENMIN ROAD SHANGH-AI CHINA			CERTIFICATE NO.：500511266 **CERTIFICATE OF ORIGIN** **OF** **THE PEOPLE'S REPUBLIC OF CHINA**	
2. Consignee (full name, address, country) FUJI TRADING CORPORATION 3－1YAMATOLI, OSAKA JAPAN					
3. Means of transport and route FROM SHANGHAI TO OSAKA BY SEA			5. For certifying authority use only	
4. Country/Region of Destination JAPAN				
6. Marks and numbers of packages 20050339 OSAKA C/NO. 1－240	7. Description of goods; number and kind of packages STEAL FILE SAY TOTAL TWO HUNDRED AND FORTY (240) CARTONS ONLY	8. H. S. Code 8 203. 1 000	9. Quantity or weight 12 000SETS	10. Number and date of invoice TX0743 Jul. 05, 2011
11. Declaration by the exporter The undersigned hereby declares that the above details and statements are correct; that all the goods were produced in China and that they comply with the Rules of Origin of the People's Republic of China. SHANGHAI JUL.　　　　　王祥 Place and date. signature and stamp of authorized signatory				12. Certification It is hereby certified that the declaration by the exporter is correct. Place and date. signature and stamp of certi-fying authority

三、签发一般原产地证明书

样例 1—3—6

1. Exporter (full name and addr-ess) SHANGHAI ZYD IMPORT & EXPORT CORPORATION. NO. 1 RENMIN ROAD SHANGH-AI CHINA	CERTIFICATE NO. :500511266 **CERTIFICATE OF ORIGIN** **OF** **THE PEOPLE'S REPUBLIC OF CHINA**			
2. Consignee (full name, address, country) FUJI TRADING CORPORATION 3—1YAMATOLI, OSAKA JAPAN				
3. Means of transport and route FROM SHANGHAI TO OSAKA BY SEA	5. For certifying authority use only			
4. Country/Region of Destination JAPAN				
6. Marks and numbers of packages 20050339 OSAKA C/NO. 1—240	7. Description of goods; number and kind of packages STEAL FILE SAY TOTAL TWO HUNDRED AND FORTY (240) CARTONS ONLY	8. H. S. Code 8 203. 1 000	9. Quantity or weight 12 000SETS	10. Number and date of invo-ice TX0743 Jul. 05, 2011
11. Declaration by the exporter 　　The undersigned hereby declares that the above details and statements are correct; that all the goods were produced in China and that they comply with the Rules of Origin of the People's Republic of China. SHANGHAI JUL. 5　　王祥 Place and date. signature and stamp of authorized signatory	12. Certification 　　It is hereby certified that the declaration by the exporter is correct. SHANGHAI JUL. 6, 2011　　丁毅 Place and date. signature and stamp of certi-fying authority			

体验活动

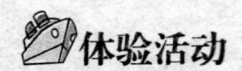

一、活动背景

上海三井进出口公司获得出口货物许可证后，立即向中国贸易促进委员会上海分会申请签发中华人民共和国原产地证书。夏青经理根据我国原产地证书申请签发的管理办法，要求团队成员一起缮制一般原产地证明书申请书、一般原产地证明书，并随附商业发票，在实训室"中国贸促会柜台"体验签发原产地证明书的工作经历。

二、活动准备

签发原产地证书的信息如下：
申请单位注册号：742Q
发票号：SW110705
原产地标志：无进口成分
海洋运费：600 美元
保险费：400 美元
生产单位：上海工具有限公司（上海市南汇路 12 号）
商品编码：8205.2000

三、活动开展

1. 上海三井进出口公司缮制一般原产地证明书申请书

中国贸促会上海分会
中国国际商会上海分会
一般原产地证明书/加工装配证明书
申 请 书

申请单位注册号：_____	证书号：_____	全部国产填上 P
申请人郑重申明：	发票号：_____	含进口成分填上 W

本人被正式授权代表本企业办理和签署本申请书。

本申请书及一般原产地证明书/加工装配证明书所列内容正确无误，如发现弄虚作假，冒充证书所列货物，擅改证书，愿按《中华人民共和国出口货物原产地规则》有关规定受惩处并承担法律责任。现将有关情况申报如下：

商品名称		H.S.编码（八位数）	
商品生产、制造、加工单位、地点			
含进口成分产品主要制造加工工序			
商品 FOB 总值（以美元计）		最终目的地国家/地区	
拟出运日期		转口国（地区）	
包装数量或毛重或其他数量			
贸易方式和企业性质			
贸易方式		企业性质	
一般贸易		国有企业	

现提交中国出口货物商业发票副本一份，报关单一份或合同/信用证影印件，一般原产地证明书/加工装配证明书一正三副，以及其他附件　份，请予审核签证。

申领人（签名）
电话：
日期：

申请单位盖章：

2. 上海三井进出口公司缮制一般原产地证明书

1. Exporter（full name and address）	CERTIFICATE NO.：500511266
2. Consignee（full name, address, country）	**CERTIFICATE OF ORIGIN** **OF** **THE PEOPLE'S REPUBLIC OF CHINA**
3. Means of transport and route	
4. Country/Region of Destination	5. For certifying authority use only

续表

6. Marks and numbers of packages	7. Description of goods; number and kind of packages	8. H. S. Code	9. Quantity or weight	10. Number and date of invoice

11. Declaration by the exporter 　　The undersigned hereby declares that the above details and statements are correct; that all the goods were produced in China and that they comply with the Rules of Origin of the People's Republic of China. Place and date. signature and stamp of authorized signatory	12. Certification 　　It is hereby certified that the declaration by the exporter is correct. Place and date. signature and stamp of certifying authority

活动评价

团队成员活动测评表

测评内容	评判标准	总分	自我评价
申请签发出口货物许可证业务环节	错1个环节扣1分	10	
申请签发一般原产地证书业务环节	错1个内容扣1分	10	
商业发票的内容及缮制方法		20	
出口许可证申请表的内容及缮制方法		20	
一般原产地证书申请书的内容及缮制方法		20	
一般原产地证书的内容及缮制方法		20	
合　计		100	

团队活动测评表

测评内容	评判标准	总分	自我评价
团队合作质量	较好达到目标	20	
	基本达到目标	15	
	未完成目标	15	
团队合作精神	互助精神较好	20	
	互助精神一般	15	
	互助精神较差	15	
合 计			

教学方案设计与建议

模拟教学环节——体验活动三	教学组织	教学手段	课时
申请证明——出口许可证、产地证的申请	形式： 以小组为单位扮演出口商角色 方法： 每组独立缮制发票，填写有关单据 要求： 内容正确、无误	地点： 专业实训室 设备： 计算机、服务器 资料： 电子操作资料与单据	6
累计：			18

职业技能训练

一、业务操作流程

根据申请签发出口许可证业务流程填写下表：

基本程序	主要内容及要求

二、仿真业务操作

1. 业务操作背景

上海创业进出口公司在审证后，按照我国监管法规的有关规定向上海市商务委员会申请签发输欧盟纺织品许可证，提交发票、中华人民共和国纺织品临时出口许可证申请表等有关材料。获取许可证后，根据合同和信用证的规定，还要向中国贸易促进委员会上海分会主管部门申请签发原产地证书，提交发票、一般原产地证书申请书、一般原产地证书。为此，上海创业进出口公司团队成员分工合作，有的缮制发票，有的填写申请表，有的搜集资料，有的担任审核工作，体验申请签发许可证和原产地证书的工作经历。

2. 业务操作资料

出口商：上海创业进出口公司(代码 3100729039727)
地址邮编：上海市黄浦区北京路 30 号(邮编 200002)
电话：021－64043030　　传真：021－64043031　　注册号：894Q
货名款号：全棉弹力女裙(ART.991)　数量编码：18 000 条　商品编码：63025900
合同号：CY201109　发票号码：CY111104
商品价格：每件 7.00 美元 CIF LONDON
类别号：27　　贸易方式：一般贸易　　原产地标准：无进口成分
运费保费：海洋运费 1 800 美元、保险费 1 200 美元　　目的国：英国
生产厂家：上海南汇服装有限公司(上海市沪南公路 3211 号)

3. 业务操作要求

根据上述信息缮制发票、填写纺织品临时出口许可证申请表、一般原产地证书申请书、一般原产地证书各一份，并在实训室的"商委柜台"、"贸促会柜台"办理出口许可证、原产地证书的申请签发手续。

(1) 缮制发票

上海创业进出口公司
SHANGHAI CY IMP. & EXP. CO.
30 WEST BEIJIN ROAD SHANGHAI, 20002, CHINA
TEL: 021－64043030　　FAX: 021－664043031
税务登记号：310987456

COMMERCIAL INVOICE

发票代码： 312478874

TO: M/S　　　　　　　　　　　　　　　INV NO:_____
　　　　　　　　　　　　　　　　　　　DATE:_____
　　　　　　　　　　　　　　　　　　　S/C NO.:_____
　　　　　　　　　　　　　　　　　　　L/C NO.:_____

FROM _____ TO _____

MARKS & NO.	DESCRIPTIONS OF GOODS	QUANTITY	U/ PRICE	AMOUNT

第二联：发票联

TOTAL AMOUNT:

WE HEREBY CERTIFY THAT THE CONTENTS OF INVOICE HEREIN ARE TRUE AND CORRECT.

（2）填写纺织品临时出口许可证申请表

中华人民共和国纺织品临时出口许可证申请表

1. 出口商名称　　　　代码		3. 临时出口许可证号： 输欧盟或输美许可证号 类别号
领证人姓名　　　电话：		
2. 发货人　　　　　代码		4. 临时出口许可证有效截止日期 　　　年　　月　　日
5. 贸易方式：		8. 出口最终目的国（地区）：
6. 合同号： TXT200710		9. 付款方式：
7. 报关口岸：		10. 运输方式：
11. 商品名称		商品编码

12. 规格、等级	13. 单位	14. 数量	15. 单价(币别)	16. 总值(币别)	17. 总值折美元
18. 总　计					

19. 出口商盖章	20. 发证机构审核 　　　　　年　　月　　日

中华人民共和国商务部监制

(3) 一般原产地证书申请书

中国贸促会上海分会
中国国际商会上海分会

一般原产地证明书/加工装配证明书

申 请 书

申请单位注册号：_____　　证书号：_____　　| 全部国产填上 P
申请人郑重申明：　　　　　　 发票号：_____　　| 含进口成分填上 W

本人被正式授权代表本企业办理和签署本申请书。

本申请书及一般原产地证明书/加工装配证明书所列内容正确无误，如发现弄虚作假，冒充证书所列货物，擅改证书，愿按《中华人民共和国出口货物原产地规则》有关规定接受惩处并承担法律责任。现将有关情况申报如下：

商品名称		H.S. 编码（八位数）	
商品生产、制造、加工单位、地点			
含进口成分产品主要制造加工工序			
商品 FOB 总值（以美元计）		最终目的地国家/地区	
拟出运日期		转口国（地区）	
包装数量或毛重或其他数量			
贸易方式和企业性质			
贸易方式		企业性质	
一般贸易		国有企业	

现提交中国出口货物商业发票副本一份，报关单一份或合同/信用证影印件，一般原产地证明书/加工装配证明书一正三副，以及其他附件　份，请予审核签证。

申领人（签名）
电话：
申请单位盖章：　　　　　　　　　　　　　　　　日期：

（4）一般原产地证书

1. Exporter (full name and addr-ess)	CERTIFICATE NO.:
2. Consignee (full name, address, country)	**CERTIFICATE OF ORIGIN OF THE PEOPLE'S REPUBLIC OF CHINA**
3. Means of transport and route	
4. Country/Region of Destination	5. For certifying authority use only

6. Marks and numbers of packages	7. Description of goods; number and kind of packages	8. H.S. Code	9. Quantity or weight	10. Number and date of invoice

11. Declaration by the exporter 　　The undersigned hereby declares that the above details and statements are correct; that all the goods were produced in China and that they comply with the Rules of Origin of the People's Republic of China.	12. Certification 　　It is hereby certified that the declaration by the exporter is correct.
Place and date. signature and stamp of authorized signatory	Place and date. signature and stamp of certi-fying authority

体验活动四　货物出境——产品出运手续的办理

学习与考证目标

- 了解托运、代理报检、代理报关和投保的业务流程
- 明确代理报检与报关的主要规定
- 熟悉订舱委托书、装箱单、报检委托书、报关委托书和投保单的缮制方法
- 掌握订舱委托书、装箱单、报检委托书、报关委托书和投保单的缮制技能

学习与操作指南
——出口货物托运、监管、保险程序与要求

　　凡是以 CIF、CFR 贸易术语成交,出口商应根据合同的规定提供有关的单据,办理出口货物托运、报检和报关手续,在 CIF 贸易术语条件下还要办理投保手续。托运、报检、报关、投保可以由出口商自行办理,也可委托国际货运代理公司代办。

任务一　办理出口货物托运

操作指南

在 CIF 和 CFR 条件下，出口商应在合同和信用证规定的装运时间内，缮制商业发票、装箱单和订舱委托书，委托货代公司向船务公司办理订舱手续。货代公司接收托运业务后缮制托运单（十联）向船务公司代办订舱，船务公司进行舱位登记。货代公司将订舱信息告知出口商，通知其装货时间。

一、出口货物托运业务程序

出口货物托运业务流程如图 1-4-1 所示：

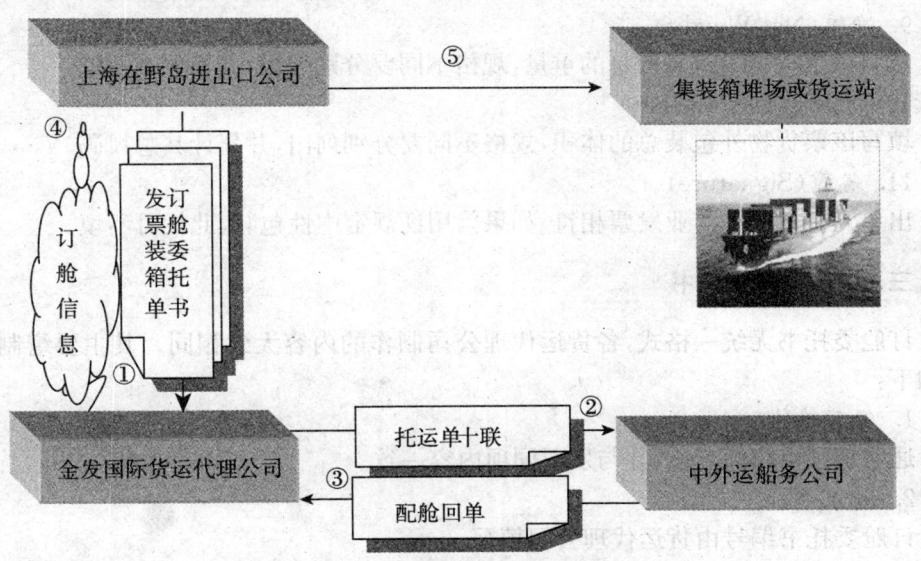

图 1-4-1　出口货物托运业务流程

二、缮制装箱单

装箱单（Packing List）是用以说明货物包装细节的清单，便于进口商和海关等对货物的核准。装箱单无统一格式，各出口企业制作的装箱单大致相同。其主要内容和缮制方法主要如下：

1. 出口企业名称和地址（Exporter's Name and Address）

填写出口商的名称、地址应与发票同项内容一致。

2. 单据名称(Name of Document)

通常用英文 Packing List (Note)粗体标出。

3. 装箱单编号(NO.)

一般填写发票号码,也可填合同号。

4. 出单日期(Date)

一般填写发票的出单日期。

5. 唛头(Shipping Mark)

根据合同或信用证的规定制作,与发票的唛头相一致。

6. 品名和规格(Name of Commodity and Specifications)

根据合同或信用证的描述填写,规格包括商品规格和包装规格。

7. 数量(Quantity)

填写该票货物的实际件数,不同品质规格应分别列出,并累计其总数。

8. 毛重(Gross Weight)

填写该票货物外包装总的重量,规格不同要分别列出,并累计其总量。

9. 净重(Net Weight)

填写该票货物内包装的总的重量,规格不同要分别列出,并累计其总量。

10. 尺码(Measurement)

填写该票货物外包装总的体积,规格不同要分别列出,并累计其总尺码。

11. 签章(Signature)

出单人签章应与商业发票相符,如果信用证规定中性包装,此栏可不填。

三、缮制订舱委托书

订舱委托书无统一格式,各货运代理公司制作的内容大致相同。其主要缮制方法如下:

1. 经营单位

通常填写出口商名称,并与发票同项内容一致。

2. 编号

订舱委托书编号由货运代理公司填写。

3. 发货人

填写实际发货人的名称。

4. 收货人

应根据信用证的规定缮制。

5. 通知人

通常填写进口商名称,并注明地址和通讯号码。

6. 海洋运费

CIF 和 CFR 选择预付,FOB 选择到付。

7. 毛重

填写本批货物总的毛重数量。

8. 尺码

填写本批货物总的体积数。

模拟操作

案例背景

上海在野岛进出口公司王祥经理根据销售合同和信用证规定的装运时间,缮制装箱单和订舱委托书,并随附商业发票向金发国际货运代理公司办理出口货物托运手续。订舱委托书是托运人委托货运代理公司办理订舱协议书,是货运代理公司向船公司办理订舱和缮制运输单据的依据。

一、缮制装箱单

样例 1-4-1

出口专用

上海在野岛进出口公司
SHANGHAI ZYD IMPORT & EXPORT CORPORATION
NO. 1 RENMIN ROAD SHANGHAI CHINA
TEL:021-65788811 FAX:021-65788812

PACKING LIST

TO: M/S
　　FUJI TRADING CORPORATION
　　3-1YAMATOLI, OSAKA JAPAN

INV NO.: TX0743
DATE: JUL. 05, 2011
S/C NO.: 20050339
L/C NO.: 11052011

FROM ___SHANGHAI PORT___ TO ___OSAKA PORT___

C/NOS	GOODS DESCRIPTION & PACKING	QUTY (SETS)	G.W. (KGS)	N.W. (KGS)	MEAS (CBM)
1-120 121-240	STEAL FILE ART No. 31 ART No. 32 AS PER SAMPLE NO. 121 EACH SET IN A POLYBAG 50 SETS INTO AN EXPORT CARTON	6 000 6 000	2 160 2 160	1 800 1 800	120 120
TOTAL		12 000	4 320	3 600	240

MARKS & NOS　　　SAY TOTAL TWO HUNDRED AND FORTY CARTONS ONLY
　　FUJI
20050339
OSAKA
C/NO. 1-240

SHANGHAI ZYD IMPORT & EXPORT CORPORATION
王祥

二、缮制订舱委托书

样例 1－4－2

金发货运订舱委托书

经营单位（托运人）	上海在野岛进出口公司	金发编号	JF0388811		
提单 B/L 项目要求	发货人：上海在野岛进出口公司 Shipper：上海市人民路1号				
^	收货人：TO ORDER OF SHIPPER Consignee：				
^	被通知人：FUJI TRADING CORPORATION Notify Party：3－1YAMATOLI，OSAKA JAPAN 　　　　　TEL：21－20－432156，FAX：21－20－432157				
海洋运费(✓) Sea freight	预付(✓)或( )到付 Prepaid or Collect	提单份数	3	提单寄送地址	上海市人民路1号
起运港	SHANGHAI	目的港	MELBOURNE	可否转船 不允许	可否分批 不允许
集装箱预配数	20′×2　40′×		装运期限 2011.7.15	有效期限 2011.7.15	
标记唛码	包装件数	中英文货号 Description of goods	毛重 （千克）	尺码 （立方米）	成交条件 （总价）
FUJI 20050339 OSAKA C/NO.1－240	240箱	STEAL FILE 锉刀	4 320	24	USD78 000.00
^	^	^	特种货物 □冷藏货 □危险品		重　件：每件重量
内装箱(CFS)地址	上海市逸仙路2960号三号门 电话：6820682－215			大　件 （长×宽×高）	
^	^	特种集装箱：(　　　　　)		
门对门装箱地址	上海市人民路1号	物资备妥日期		2011年7月5日
^	^	物资进栈：自送( )或金发派送(✓)			
外币结算账号	THY6684321337	人民币结算单位账号		SZR80066686
声明事项		托运人签章		上海在野岛进出口公司 合同专用章
^	^	电话		65788811
^	^	传真		65788812
^	^	联系人		王祥
^	^	地址		上海市人民路1号
^	^	制单日期：2011年7月5日			

体验活动

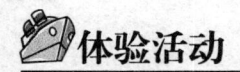

一、活动背景

上海三井进出口公司根据销售合同规定的装运时间,缮制装箱单和订舱委托书,并随附商业发票向金发国际货运代理公司办理出口货物托运手续。为此,夏青经理要求团队成员一起缮制装箱单和订舱委托书,在实训室"货代公司柜台"体验办理出口货物托运业务的工作经历。

二、活动准备

办理出口货物托运手续的有关信息如下:
进口商名称:HEIDE TRADING CO. LTD
进口商地址:47 OSBLANCH HAMBURG,GERMANY
　　　　　TEL:28—5833—1234　　FAX:28—5833—1235
商品名称:锤子(HAMMER)
包装:每套装入一个塑料袋,50套装入一只出口纸箱
重量体积:每箱毛重 20 千克;每箱净重 17 千克;每箱体积 0.1CBN
收货人:TO THE ORDER OF SHIPPER
提单寄送地址:上海市浦东路 1 号
提单份数:3 份
物资备妥日期:2011 年 7 月 5 日
人民币结算单位账号:RM2345678
外币结算账号:MY98765783

三、活动开展

1. 上海三井进出口公司缮制装箱单

上海三井进出口公司
SHANGHAI SJ IMPORT & EXPORT CORPORATION
NO. 1 PUDONG ROAD SHANGHAI CHINA
TEL:021-58056676 FAX:021-58056677

出口专用

PACKING LIST

TO: M/S   INV NO. : _____
                                     DATE: _____
                                     S/C NO. : _____
                                     L/C NO. : _____

FROM _____ TO _____

C/NOS	GOODS DESCRIPTION & PACKING	QUTY (PCS)	G. W. (KGS)	N. W. (KGS)	MEAS (CBM)
TOTAL					

MARKS & NO.   _____

2. 上海三井进出口公司缮制订舱委托书

货运订舱委托书

经营单位 （托运人）				编号		
提单项目要求	发货人： Shipper:					
	收货人： Consignee:					
	通知人： Notify Party:					
海洋运费(√) Sea freight	预付(√)或( )到付 Prepaid or Collect		提单 份数		提单寄送 地　址	
起运港		目的港		可否转船		可否分批
集装箱预配数		20′× 　40′×		装运期限		有效期限
标记唛码	包装 件数	中英文货号 Description of goods		毛重 （千克）	尺码 （立方米）	成交条件 （总价）
				特种货物 □冷藏货 □危险品	重件：每件重量 大件 （长×宽×高）	
内装箱 (CFS)地址	上海市逸仙路 2960 号三号门 电话:6820682－215			特种集装箱：(　　　)		
门对门装箱地址	上海市逸仙路 29 号三号门 电话:6820682－215			物资备妥日期		
				物资进栈：自送( )或派送( )		
外币结算账号				人民币结算单位账号		
声明事项				托运人签章		
				电话		
				传真		
				联系人		
				地址		
				制单日期		

任务二　委托出口货物报检

操作指南

出口商应按我国检验检疫法律法规的有关规定,在货物装运前办理报检手续,也可委托国际货运代理公司代办。代理报检需要提供报检委托书、合同、商业发票、装箱单等单据。货运代理公司凭其向出入境检验检疫局办理报检手续,检验检疫合格后向当地的海关办理出口货物报关手续。

一、出口货物报检、报关业务程序

出口货物代理报检业务程序如图1-4-2所示:

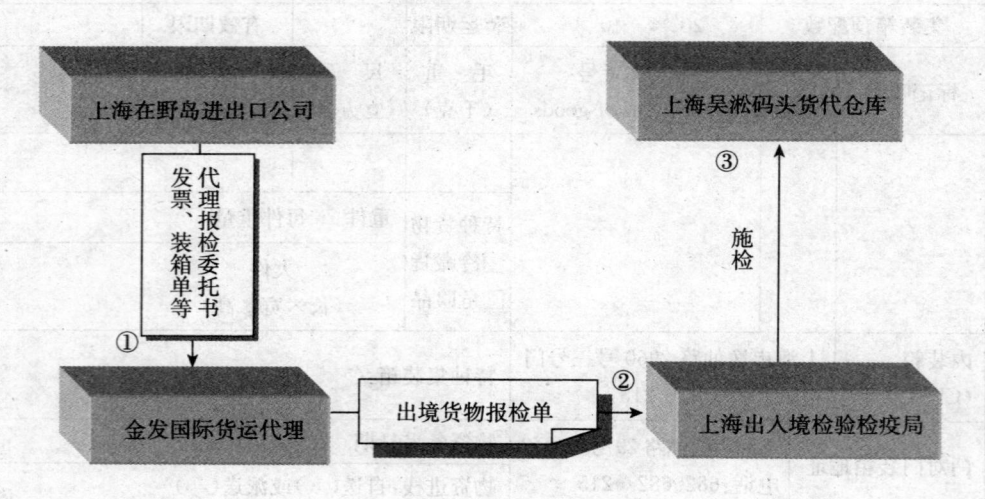

图1-4-2　出口货物代理报检业务程序

二、报检委托书的缮制方法

报检委托书是委托人与受托人进行代理报检业务的协议。报检单位是指经检验检疫机构注册登记,依法接受有关关系人委托,为有关关系人办理报检/申报业务,在工商行政管理部门注册登记的境内企业法人。其主要有专业代理报检单位、国际货物运输代理报检单位、国际船务运输代理报检单位。报检委托书的内容与缮制方法如下:

1. 出入境检验检疫局名称

缮制出境口岸出入境检验检疫局的名称。

2. 出口货物时间

缮制该票货物的出口日期。

3. 品名

缮制该票货物的名称,并与发票上货名一致。

4. H. S. 编码

按海关规定的商品分类编码规则缮制该出口货物的商品编号。

5. 数(重)量

缮制该票货物的数量或重量,并与其他单据同项内容一致。

6. 合同号

缮制该票货物的编号。

7. 信用证号

缮制该票货物的信用证编号。

8. 审批文件

根据有关法律法规的规定,将该出口货物报检必须提供的文件名称填入此栏。

9. 其他特殊要求

委托人在报检中必须达到的要求,在此注明。

10. 受托单位

缮制受理该报检业务单位的名称。

11. 代理内容

选择代理报检业务事宜,在相关事宜前的"□"内打"√"。

12. 委托人签章

委托人签名盖章,并注明日期。

13. 受托人签章

受托人签名盖章,并注明日期。

相关连接　　　**代理报检单位的义务**

1. 代理报检单位在代理报检业务时,须遵守出入境检验检疫法律、法规和规定,对代理报检的内容和提交的有关文件的真实性、合法性负责,并承担相应的法律责任。

2. 代理报检单位从事代理报检业务时,须提交委托人的《报检委托书》,载明委托人与代理报检单位的名称、地址、联系电话、代理事项,以及双方责任、权利和代理期限等内容,由法定代表签字,并加盖双方公章。

续

> 3. 代理报检单位应按规定填制报检申请单,加盖代理报检单位的合法印章,并提供检验检疫机构要求的必要单证,在规定的期限、地点办理报检手续。
>
> 4. 代理报检单位应切实履行代理报检职责,负责与委托人联系,协助检验检疫机构落实检验检疫的时间、地点,配合检验检疫机构实施检验检疫,并提供必要的工作条件。对已完成检验检疫工作的,应及时领取检验检疫证单和通关证明。
>
> 5. 代理报检单位应积极配合检验检疫机构对其所代理报检业务有关事宜的调查和处理。
>
> 6. 代理报检单位应按检验检疫机构的要求聘用报检员,对其进行管理,并对其报检行为承担法律责任。如果报检员被解聘或不再从事报检工作或离开本单位,代理报检单位应及时申请办理注销手续,否则,承担由此产生的法律责任。

模拟操作

案例背景

上海在野岛进出口公司王祥经理根据我国相关法律法规的有关规定,在货物装运前委托金发国际货运代理公司代理报检,为此需要提供报检委托书、合同、商业发票、装箱单等材料。金发国际货运代理公司凭其向上海出入境检验检疫局办理报检手续,检验合格后获取出境货物通关单。

一、缮制报检委托书

样例 1—4—3

报 检 委 托 书

___上海市___ 出入境检验检疫局:

本委托人郑重声明,保证遵守出入境检验检疫法律、法规的规定。如有违法行为,自愿接受检验检疫机构的处罚并负法律责任。

本委托人委托受委托人向检验检疫机构提交"报检申请单"和各种随附单据。具体委托情况如下:

本单位将于___2011___年___7___月间出口如下货物:

品名	锉刀	H.S. 编码	8203.1000
数(重)量	240 箱	合同号	20050339
信用证号	11052011	审批文件	
其他特殊要求			

特委托___金发国际货运代理公司___(单位/注册登记号),代理本公司办理下列出入境检验检疫事宜:

☑1. 办理代理报检手续；
☑2. 代缴检验检疫费；
☑3. 负责与检验检疫机构联系和验货；
☑4. 领取检验检疫证书；
☐5. 其他与报检有关的相关事宜。
请贵局按有关法律法规规定予以办理。

|上海在野岛进出口公司
业务专用章| |金发国际货运代理公司
代理报检专用章|

委托人（公章）：
　　王祥
2011 年 7 月 5 日

受委托人（公章）：
　　李昧
2011 年 7 月 5 日

二、获取通关单

样例 1—4—4

中华人民共和国出入境检验检疫
出境货物通关单

编号：1160688

1. 收货人　FUJI TRADING CORPORATION			5. 标记及唛码 FUJI 20050339 OSAKA C/NO. 1—240
2. 发货人　上海在野岛进出口公司			
3. 合同/提(运)单号 20050339		4. 输出国家或地区 日本	
6. 运输工具名称及号码 PUDONG V. 503		7. 目的地 大阪	8. 集装箱规格及数量 20′×2
9. 货物名称及规格 STEAL FILE	10. H. S. 编码 8203.1000	11. 申报总值 78 000.00 美元	12. 数/重量、包装数量及种类 4 320 千克 240 箱

13. 证明
　　　上述货物业已报检/申报，请海关予以放行。
　　　本通关单有效期至 2011 年 7 月 30 日

　　签字：丁鸣　　　　　　　　日期：2009 年 7 月 10 日

14. 备注

体验活动

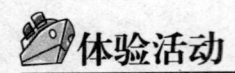

一、活动背景

上海三井进出口公司根据我国检验检疫法律法规的有关规定,在货物装运前委托金发国际货运代理公司代理报检,为此需要提供报检委托书、合同、商业发票、装箱单等材料。为此,夏青经理要求团队成员一起缮制报检委托书,打印商业发票、装箱单等资料,在实训室"货代公司柜台"体验委托代理报检业务的工作经历。

二、活动准备

委托代理报检报关手续的有关信息如下:
合同号:7C3091201
代理报检事宜:第1至第5条
受托人:金发国际货运代理公司
商品名称:锤子(HAMMER)
商品编码:8205.2000
包装:每套装入一个塑料袋,50套装入一只出口纸箱

三、活动开展

1. 上海三井进出口公司缮制报检委托书

报 检 委 托 书

_____ 出入境检验检疫局:

本委托人郑重声明,保证遵守出入境检验检疫法律、法规的规定。如有违法行为,自愿接受检验检疫机构的处罚并负法律责任。

本委托人委托受委托人向检验检疫机构提交"报检申请单"和各种随附单据。具体委托情况如下:

本单位将于_____年_____月间出口如下货物:

品名		H.S. 编码	
数(重)量		合同号	
信用证号		审批文件	
其他特殊要求			

特委托_____(单位/注册登记号),代理本公司办理下列出入境检验检疫事宜:

☐1. 办理代理报检手续;
☐2. 代缴检验检疫费;
☐3. 负责与检验检疫机构联系和验货;
☐4. 领取检验检疫证书;
☐5. 其他与报检有关的相关事宜。
请贵局按有关法律法规的规定予以办理。

委托人(公章):　　　　　　　　　受委托人(公章):

2. 上海三井进出口公司获取通关单

中华人民共和国出入境检验检疫
出境货物通关单

编号:1160699

1. 收货人　HEIDE TRADING CO. LTD			5. 标记及唛码 HEIDE 7C3091201 HAMBURG C/NO.1—92
2. 发货人　上海三井进出口公司			
3. 合同/提(运)单号 7C3091201		4. 输出国家或地区 德国	
6. 运输工具名称及号码 PUDONG V. 113		7. 目的地 汉堡	8. 集装箱规格及数量 20′×1
9. 货物名称及规格 HAMMER	10. H.S. 编码 8205.2000	11. 申报总值 36 400.00 美元	12. 数/重量、包装数量及种类 1 840 千克 92 箱

13. 证明
　　　上述货物业已报检/申报,请海关予以放行。
　　　本通关单有效期至 2011 年 7 月 30 日

　　签字:丁鸣　　　　　　　　　　日期:2009 年 7 月 10 日

14. 备注

任务三　委托出口货物报关

操作指南

出口商应按我国海关法的有关规定，在货物报检后办理报关手续，也可委托国际货运代理公司代办。货运代理公司在出口货物检验检疫合格后向当地的海关办理出口货物报关手续，提供委托人提供的代理报关委托与委托报关协议、合同、商业发票、装箱单、核销单等有关单据。海关核准无误后，收讫关税，在报关单和装货单上盖放行章，港口凭盖有放行章的装货单进行装船。

一、出口货物报检、报关业务程序

出口货物代理报关业务程序如图1-4-3所示：

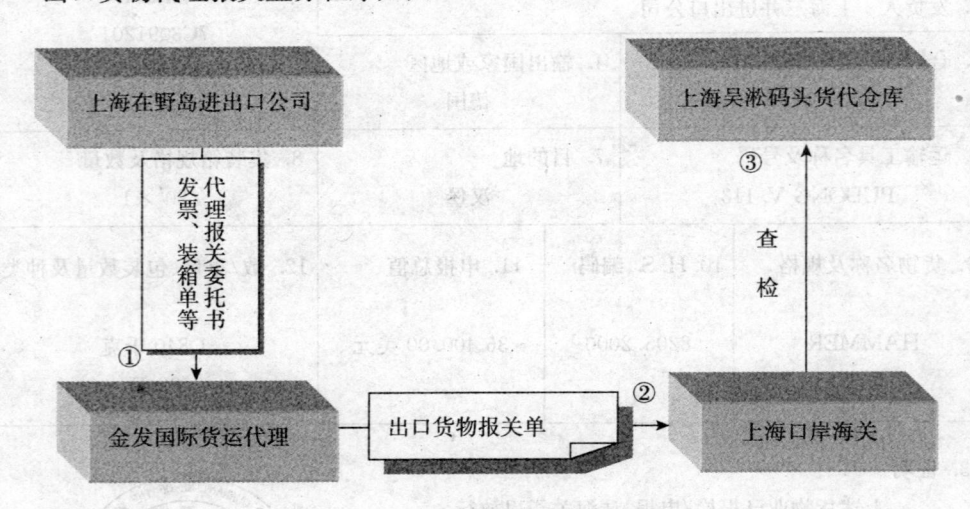

图1-4-3　出口货物代理报关业务程序

二、代理报关委托书与委托报关协议的缮制方法

《代理报关委托书/委托报关协议》明确了委托双方法律地位和各自责任，其由中国报关协会负责向企业提供。其主要缮制方法如下：

1. 代理报关委托书编号

编号事先已印制。

2. 委托对象

由委托方在＿＿＿＿＿＿＿中填写受理该业务的报关公司或国际货运代理公司的名称。

3. 委托方式

由委托方根据本公司业务情况选择逐票或长期委托，在空白处注明方式。

4. 委托内容

由委托方根据业务在 A、B、C、D、E、F、G、H 中选择委托代理报关项目，并在空白处注明。

5. 委托书有效期

由委托方根据逐票或长期的委托方式进行决定。

6. 委托方(盖章)

由委托方法定代表或其授权人签字盖章，并注明日期。

7. 委托方

由委托方填写经营单位的名称。

8. 主要货物名称

由委托方填写该票货物的名称，并与发票上的货名一致。

9. H.S. 编码

由委托方按海关规定的商品分类编码规则填写该出口货物的商品编号。

10. 货物总价

由委托方填写该票货物的总额，并与发票上的总金额一致。

11. 出口日期

由委托方填写该票货物的出口日期。

12. 提单号

由委托方填写该票货物的提单编号，即配舱回单的编号。

13. 贸易方式

由委托方根据实际情况填写相应的贸易方式，通常为一般贸易。

14. 原产地/货源地

由委托方填写该票货物的实际生产地名称，如"上海"。

15. 其他要求

委托方如对代理业务有其他要求，可在此注明。

16. 委托方业务签章

由委托方在此栏盖公司法人章。

17. 经办人签章

由委托方的具体经办人在此签章。

18. 被委托方

由被委托方填写受理该代理业务的报关公司或国际货运代理公司的名称。

19. 报关单编码

此栏留空。

20. 收到单证日期

由被委托方缮制具体收到单证的日期。

21. 收到单证情况

由被委托方根据收到单据的名称，在其前的"□"内打"√"。

22. 报关收费

由被委托方按约定费用填写。

23. 承诺说明

由被委托方在此栏签下保证文句。

24. 被委托方业务签章

由被委托方在此栏盖公司法人章。

25. 经办报关员签章

由被委托方的报关员在此栏签章。

相关连接

委托报关协议通用条款

委托方责任

委托方应及时提供报关报检所需的全部单证，并对单证的真实性、准确性和完整性负责。

委托方负责在报关企业办结海关手续后，及时履约支付代理报关费用，支付垫支费用，以及因委托方责任产生的滞报金、滞纳金和海关等执法单位依法处以各种罚款。

负责按照海关要求将货物运抵指定场所。

负责与被委托方报关员一同协助海关进行查验，回答海关的询问，配合相关调查，并承担产生的相关费用。

在被委托方无法做到报关前提取货样的情况下，承担单货相符的责任。

被委托方责任

负责解答委托方有关向海关申报的疑问。

负责对委托方提供的货物情况和单证的真实性、完整性进行"合理审查"。审查内容包括：(1)证明进出口货物实际情况的资料，包括进出口货物的品名、规格、用途、产地、贸易方式等；(2)有关进出口货物的合同、发票、运输单据、装箱单等商业单据；(3)进出口所需的许可证件及

续

随附单证;(4)海关要求的加工贸易(纸质或电子数据的)及其他进出口单证。

因确定货物的品名、归类等原因,经海关批准,可以看货或提取货样。

在接到委托方交付齐备的随附单证后,负责依据委托方提供的单证,按照《中华人民共和国海关进出口报关单填制规范》认真填制报关单,承担"单单相符"的责任,在海关规定和本委托报关协议中约定的时间内报关,办理海关手续。

负责及时通知委托方共同协助海关进行查验,并配合海关开展相关调查。

负责支付因报关企业的责任给委托方造成的直接经济损失,所产生的滞报金、滞纳金和海关等执法单位依法负责在本委托书约定的时间内将办结海关手续的有关委托内容的单证、文件交还委托方或其指定的人员(详见《委托报关协议》"其他要求"栏)。

赔偿原则:被委托方不承担因不可抗力给委托方造成损失的责任。因其他过失造成的损失,由双方自行约定或按国家有关法律法规的规定办理。由此造成的风险,委托方可以投保方式自行规避。

不承担的责任:签约双方各自不承担因另一方原因造成的直接经济损失,以及滞报金、滞纳金和相关罚款。

收费原则:一般货物报关收费原则上按当地《报关行业收费指导价格》规定执行。特殊商品可由双方另行商定。

法律强制:本《委托报关协议》的任一条款与《海关法》及有关法律、法规不一致时,应以法律、法规为准。但不影响《委托报关协议》其他条款的有效性。

协商解决事项:变更、中止本协议或双方发生争议时,按照《中华人民共和国合同法》有关规定及程序处理。因签约双方以外的原因产生的问题或报关业务需要修改协议条款,应协商订立补充协议。双方可以在法律、行政法规准许的范围内另行签署补充条款,但补充条款不得与本协议的内容相抵触。

三、出口收汇核销单的缮制方法

出口收汇核销单是由国家外汇管理局统一印制,由出口企业和银行分别缮制,海关凭其受理报关,各级外汇管理部门将其作为核销外汇的凭证。它由核销单存根、出口收汇核销单及其出口退税专用三联构成。其内容和缮制的要点如下:

1. 核销单存根联的缮制方法

核销单存根联的填制应以本套结汇单据的发票和出口报关单为依据,在出口报关后交当地外汇管理局备案。

(1)编号

编号事先已由国家外汇管理局统一印制。

(2)出口单位名称

注明合同的出口方全称,并加盖公章,应与出口货物报关单、发票同项内容一致。

(3) 单位代码

此栏填写出口单位的税务登记9位数代码。

(4) 出口币种总价

按收汇的原币种填入该批货物的应收总额,通常与商业发票总金额相同。

(5) 收汇方式

根据合同的规定填制收汇方式。如L/C、D/D、D/A或T/T等。

(6) 预计收款日期

根据具体的收汇方式,推算出可能收汇的日期填入此栏。具体的推算方法有:即期信用证或托收项下的货款,属近洋地区为寄单日后第25天,如远洋地区则为35天;远期信用证或托收项下的货款,属近洋地区为付款日后第35天,如远洋地区则45天;自寄单据项下的货款,自报关日起50天内结算。

(7) 报关日期

按海关放行日期填写。

(8) 备注

填写收汇方面需要说明的事项。如,委托代理方式下,代理出口企业必须注明委托单位名称,并加盖代理出口企业的公章;属联合对外出口,应注明其他单位名称及其出口金额,并加盖报关单位公章;原出口商品如发生变更,要填写原核销单的编号等。

(9) 此单报关有效期截止到

通常填写出口货物的装运日期。

2. 核销单的缮制方法

核销单的内容除与存根联同项内容以外,还有下列栏目:

(1) 银行签注栏

由银行填写商品的类别号、货币名称和金额,注明日期,并加盖公章。

(2) 海关签注栏

此栏由海关批注有关内容,并加盖公章。

(3) 外汇局签注栏

由外汇管理局在本栏批注有关内容,填制日期,并加盖公章。

3. 核销单出口退税专用联的缮制方法

出口收汇核销单出口退税专用联的栏目与上述二联相同以外,还有如下内容:

(1) 货物名称

填写实际出口货物名称,并与发票、出口货物报关单的品名一致。

(2) 数量

按包装方式的件数填写,应与报关单同项内容相符。

(3) 币种总价

按发票或报关单的总金额和币种填写。

(4) 报关单编号

按出口货物报关单的实际编号填写。

模拟操作

案例背景

上海在野岛进出口公司王祥经理根据我国相关法律法规的有关规定,在货物装运前委托金发国际货运代理公司代理报关手续,为此需要提供代理报关委托与委托报关协议、合同、商业发票、装箱单、核销单等材料。金发国际货运代理公司在获取出境货物通关单后向吴淞海关办理出口货物报关手续。海关核准无误后在报关单和装货单上盖放行章,港口依据其装船。

一、缮制代理报关委托书

样例1—4—5

代理报关委托书

编号:123454510

<u>金发国际货运代理公司</u>:

我单位现<u>　A　</u>(A. 逐票　B. 长期)委托贵公司代理<u>　A、E　</u>等通关事宜(A. 报关查验　B. 垫缴税款　C. 办理海关证明联　D. 审批手册　E. 核销手册　F. 申办减免税手续　G. 其他),详见《委托报关协议》。

我单位保证遵守《海关法》和国家有关法规,保证所提供的情况真实、完整、单货相符。否则,愿承担相关法律责任。

本委托书有效期自签字之日起至2011年7月30日止。

委托方(签章):

法定代表或其授权签署《代理报关委托书》的人(签字):王祥

2011年7月5日

[上海在野岛进出口公司业务专用章]

二、缮制委托报关协议

样例1—4—6

委 托 报 关 协 议

为明确委托报关具体事项和各自责任,双方经平等协商达成协议如下:

140 出口业务模拟实训操作

委托方	上海在野岛进出口公司	被委托人	金发国际货运代理公司	
主要货物名称	锉刀	*报关单编号	NO.	
H.S. 编码	8203.1000	收到单证日期	2011年7月5日	
进出口日期	2011年7月15日	收到单证情况	合同 ☑	发票 ☑
提单号			装箱清单 ☑	提(运)单 ☑
贸易方式	一般贸易		加工贸易手册 ☐	许可证件 ☑
原产地/货源地	上海		其他	
传真号码	65788811	报关收费	人民币	元
其他要求:		承诺说明:		
背面所列通用条款是本协议不可分割的一部分，对本协议的签署构成了对背面条款的同意。		背面所列通用条款是本协议不可分割的一部分，对本协议的签署构成了对背面条款的同意。		
委托方业务签章:		被委托方业务签章: 金发国际货运代理公司 代理报检专用章		
经办人签章:王祥 2011年7月11日 联系电话:65788811		经办报关员签章:王莉 2011年7月11日 联系电话:56987452		

(白联:海关留存,黄联:被委托方留存,红联:委托方留存)　　　　中国报关协会监制

三、缮制出口收汇核销单

样例 1—4—7

出口收汇核销单 存根	出口收汇核销单	出口收汇核销单 出口退税专用
(沪)编号:325623454	(沪)编号:325623454	(沪)编号:325623454

出口单位: 上海在野岛进出口公司 单位编号:3146541	出 口 单 位 盖 章	出口单位: 上海在野岛进出口公司章 14654984	银行签注栏	类别 锉刀	币种金额 78 000 美元	盖章	出 口 单 位 盖 章	出口单位: 上海司博进出口公司章 14654984	货物名称 锉刀	数量 12 000 套	币种总价 78 000 美元
出口币种总价: USD78 000.00											
收汇方式:L/C											
预计收款日期:											
报关日期:							海 关 盖 章	报关单编号:			
备注:		海关签注栏: 该票货物已于 结汇									
此单报关有效截止到		外汇局签注栏: 年 月 日(盖章)						外汇局签注栏: 年 月 日(盖章)			

体验活动

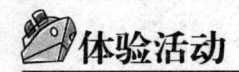

一、活动背景

上海三井进出口公司根据我国海关法的有关规定,在货物装运前委托金发国际货运代理公司代理报关手续,为此需要提供代理报关委托与委托报关协议、合同、商业发票、装箱单等材料。为此,夏青经理要求团队成员一起缮制代理报关委托与委托报关协议,打印商业发票、装箱单等资料,在实训室的"货代公司柜台"体验代理报关业务的工作经历。

二、活动准备

委托代理报关手续的有关信息如下:
报关委托号:21234045101
委托方式:逐票
收到单证日期:2011年7月6日
收到单证情况:合同、发票、装箱单
货物名称:锤子
出口数量:4 550套
币种总价:USD36 400
收汇方式:信用证
提单日期:2011年7月15日
报关日期:2011年7月13日
寄单日期:2011年7月20日
报关单编号:3102345678

三、活动开展

1. 上海三井进出口公司缮制代理报关委托书

代理报关委托书

编号:

_____:

　　我单位现_____(A. 逐票 B. 长期)委托贵公司代理__A、C__等通关事宜(A. 报关查验 B. 垫缴税款　C. 办理海关证明联　D. 审批手册　E. 核销手册　F. 申办减免税手续　G. 其他)。详见《委托报关协议》。

　　我单位保证遵守《海关法》和国家有关法规,保证所提供的情况真实、完整、单货相符。否则,愿承担相关法律责任。

　　本委托书有效期自签字之日起至　　年　　月　　日止。

委托方(签章):

法定代表或其授权签署《代理报关委托书》的人(签字):

年　　月　　日

142 出口业务模拟实训操作

2. 上海三井进出口公司缮制委托报关协议

委 托 报 关 协 议

为明确委托报关具体事项和各自责任,双方经平等协议商定协议如下:

委托方		被委托人		
主要货物名称		*报关单编号	NO.	
H.S. 编码		收到单证日期		
进出口日期		收到单证情况	合同 □	发票 □
提单号			装箱清单 □	提(运)单 □
贸易方式			加工贸易手册 □	许可证件 □
原产地/货源地			其他	
传真号码		报关收费	人民币	元
其他要求:		承诺说明:		
背面所列通用条款是本协议不可分割的一部分,对本协议的签署构成了对背面条款的同意。		背面所列通用条款是本协议不可分割的一部分,对本协议的签署构成了对背面条款的同意。		
委托方业务签章:		被委托方业务签章:		
经办人签章:		经办报关员签章:		
联系电话:		联系电话:		

(白联:海关留存,黄联:被委托方留存,红联:委托方留存)   中国报关协会监制

3. 上海三井进出口公司缮制出口收汇核销单

出口收汇核销单　　　　**出口收汇核销单**　　　　**出口收汇核销单**
　　存根　　　　　　　　　　　　　　　　　　　　　　　　出口退税专用
(沪)编号:312345456　　　(沪)编号:312345456　　　(沪)编号:312345456

出口单位:上海三井进出口公司	出 位 盖 章	出口单位:上海三井进出口公司	出 位 盖 章 海 关 盖 章	出口单位:上海三井进出口公司
单位编号:310123~~上海三井进出口公司章~~10123456			上海三井进出口公司章	10123456
出口币种总价: || 银行签注栏	类别	币种金额	盖章 || 货物名称	数量	币种总价
收汇方式:				
约计收款日期:				
报关日期:				
备注:		海关签注栏:		报关单编号:
此单报关有效截止到		外汇局签注栏: 　　　年　　月　　日(盖章)		外汇局签注栏: 　　　年　　月　　日(盖章)

任务四　办理出口货物运输保险

操作指南

在 CIF 或 CIP 条件下,由出口商根据合同、信用证的规定或委托代理在本国保险公司办理出口货物运输保险。出口商按规定填写投保单,确定保险金额,并随附发票、装箱单向当地保险公司办理保险手续。保险公司按约定的保险费率收讫保险费后,依据投保单出具保险单并交至出口商。保险单是保险人与被保险人之间订立保险合同的法定文件,是保险公司出具的承保证明,也是被保险人凭以向保险公司索赔的法定依据。出口商在议付时,需要在保险单上作背书转让。

一、出口货物运输保险业务程序

出口货物运输保险业务程序如图 1-4-4 所示:

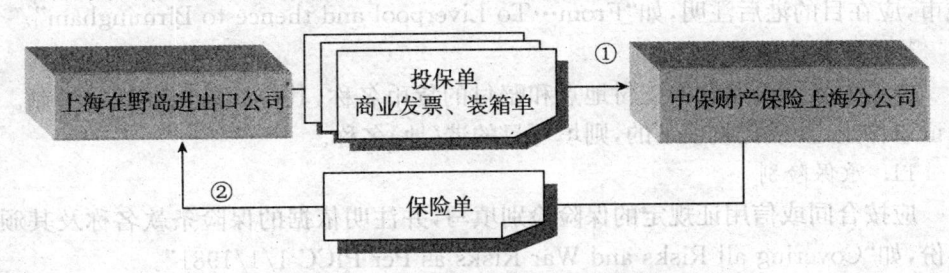

图 1-4-4　出口货物运输保险业务程序

二、投保单的缮制方法

投保单由各保险公司事先已印制好,其内容与缮制方法如下:

1. 被保险人

托收项下的保险单应填写出口商名称。信用证项下的按信用证要求填制:如信用证规定"To order",此栏转录,受益人要在保险单背面作空白背书;信用证要求"To order of … 或 in favor of …",此栏应写成 To order of 加上被保险人名称,并作记名背书;信用证对此无具体规定,受益人应视为被保险人,并作空白背书。

2. 发票号码

填写本票业务发票的号码。

3. 包装数量

填写最大包装件数，并与发票、装箱单同项内容一致。散装货填"IN BULK"。

4. 保险货物项目

填写发票品名，如发票品种名称繁多，可填写其统称。

5. 保险金额

按 CIF 发票总值 110% 的金额填写，保险金额小数点后的尾数应进位取整。

6. 装载运输工具

海运填写船名，中途转船应在一程船名后加填二程船名，如"By S.S DONG FANG/TOKYO V. 108"。空运填写航班名称。

7. 航次、航班或车号

海运填写航次号，空运填写航班号。

8. 开航日期

一般填写本批货物运输单据的签发日期，如海运可填写"As per B/L"。

9. 起讫地点

在 From 后填写装运港（地）名称，To 后填写目的港（地）名称，转运时应在目的港（地）后加注 W/T at…（转运港/地名称）。如果海运至目的港，而保险承保到内陆城市，应在目的港后注明，如"From…To Liverpool and thence to Birmingham"。

10. 赔款偿付地点

本栏包括保险赔款的支付地点和赔付的货币名称，其应按信用证规定缮制。如来证未作规定，或托收项下的，则填写目的港（地）名称。

11. 承保险别

应按合同或信用证规定的保险险别填写，并注明依据的保险条款名称及其颁布年份，如"Covering all Risks and War Risks as Per PICC 1/1/1981"。

12. 投保单位签章

填写出口商全称、地址和电话，由经办人签名并注明日期。

模拟操作

案例背景

上海在野岛进出口公司与 FUJIYAMA TRADING CORPORATION 签订销售确认书规定：CIF 成交；投保一切险。为此，由出口商王祥经理填写投保单，随附商业发票等有关资料向中国财产保险公司上海分公司办理投保手续。保险公司受理该保险业务后，收取保险费，并向投保人签发保险单。

一、缮制投保单

样例 1－4－8

中保财产保险有限公司上海市分公司
The People's Insurance (Property) Company of China, Ltd. Shanghai Branch

进出口货物运输保险投保单
Application From form I/E Marine Cargo Insurance

被保险人：SHANGHAI ZYD IMP. & EXP. CORPORATION Assured's Name			
发票号码（出口用）或合同号码（进口用） Invoice No. or Contract No.	包装数量 Quantity	保险货物项目 Description of Goods	保险金额 Amount Insured
AS PER INVOICE NO. TX0743	240CARTONS	STEAL FILE	USD85 800.00
装载运输工具 __PUDONG__ 航次、航班或车号 __V.503__ 开航日期 __JUL.15,2011__ Per Conveyance　　　　　Voy. No.　　　　　Slg. Date 自 __SHANGHAI__ 至 __OSAKA__ 转运地 _____ 赔款地 __OSAKA__ From　　　　To　　　　W/Tat　　　　　　Claim Payable at			
承保险别：FOR 110% OF THE INVOICE VALUE COVERING ALL RISKS Condition &/or Special Coverage　　投保人签章及公司名称、电话、地址： 　　　　　　　　Applicant's Signature and Co.'s Name, Add. And Tel. No. 　　　　　　　　SHANGHAI ZYD IMPORT & EXPORT CORPORATIONT 　　　　　　　　No. 1 RENMIN ROAD SHANGHAI CHINA 　　　　　　　　TEL:021－65788811　FAX:021－65788812			
备注： Remarks	投保日期:2011.7.12 Date		

保险公司填写：　　　　　　　保单号：　　　　　　　费率：

二、签发保险单

样例 1—4—9

中保财产保险有限公司
The People's Insurance (Property) Company of China, Ltd.

发票号码　　　　　　　　　　　　　　　　　　　　保险单号次
Invoice No. NB05111　　　　　　　　　　　　　　Policy No. SH043101984

海洋货物运输保险单
MARINE CARGO TRANSPORTATION INSURANCE POLICY

被保险人
Insured: SHANGHAI ZYD IMPORT & EXPORT CORPORATION

中保财产保险有限公司(以下简称本公司)根据被保险人的要求,及其所缴付约定的保险费,按照本保险单承担的险别和背面所载条款与下列特别条款承保下列货物运输保险,特签发本保险单。

This policy of Insurance witnesses that The People's Insurance (Property) Company of China, Ltd. (hereinafter called "The Company"), at the request of the Insured and consideration of the premium paid by the Insures, undertakes to insure the under-mentioned goods in transportation subject to the condition of this Policy as per the Clauses printed overleaf and other special clauses attached hereon.

保险货物项目 Descriptions of Goods	包装　单位　数量 Parking　Unit Quantity	保险金额 Amount Insured
STEAL FILE	240 CARTONS	USD85 800.00

承保险别　　　　　　　　　　　　　　　　　货物标记
Condition FOR 110% OF THE INVOICE VALUE　Marks of Goods AS PER INVOICE NO. TX0743
　　　　　COVERING ALL RISKS

总保险金额:
Total Amount Insured: SAY US DOLLARS EIGHT - FIVE THOUSAND EIGHT HUNDRED ONLY

保费　　　As arranged　　　　运输工具　　　　　　　开航日期:
Premium　　　Per conveyance S. S　PUDONG V. 503　Slg. On or abt　JUL. 15, 2011

起运港　　　　　　　　　　　　　　　目的港
From　SHANGHAI　　　　　　　　　To　OSAKA

所保货物,如发生本保险单项下可能引起索赔的损失或损坏,应立即通知本公司下述代理人查勘。如有索赔,应向本公司提交保险单正本(本保险单共有 2 份正本)及有关文件。如一份正本已用于索赔,其余正本则自动失效。

In the event of loss or damage which may result in a claim under this Policy, immediate notice must be given to the Company's Agent as mentioned hereunder. Claims, if any, one of the Original Policy which has been issued in TWO Original (s) together with other documents shall be surrendered to the Company, If one of the Original Policy has been used is to be void.

THE PEOPLE'S INSURANCE (PROPERTY) COMPANY OF CHINA
98 LSKL MACHPSAKA JAPANA
TEL:56-543657

(印章:The People's Insurance (Property) Company of China, Ltd)

THE PEOPLE'S INSURANCE (PROPERTY) COMPANY OF CHINA, LTD.

赔款偿付地点
Claim payable at　OSAKA IN USD

日期　　　　　　　　　　　在
Date　JUL. 12, 2011　at　SHANGHAI　General Manager: 凡玲

地址:
Address:

体验活动

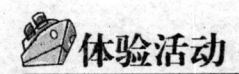

一、活动背景

上海三井进出口公司与 HEIDE TRADING CO. LTD 签订销售确认书规定：CIF 成交；投保一切险和战争险。为此，夏青经理要求团队成员一起填写投保单，随附商业发票等有关资料，在实训室的"中国财产保险公司柜台"体验办理投保业务的工作经历。

二、活动准备

投保手续的有关信息如下：
船名航次：PUDONG V. 113
投保险别：按发票金额110%投保一切险和战争险
装运港：上海
目的港：汉堡

三、活动开展

1. 上海三井进出口公司缮制投保单

中保财产保险有限公司上海市分公司
The People's Insurance (Property) Company of China, Ltd. Shanghai Branch
进出口货物运输保险投保单
Application From form I/E Marine Cargo Insurance

被保险人： Assured's Name			
发票号码(出口用)或合同号码(进口用) Invoice No. or Contract No.	包装数量 Quantity	保险货物项目 Description of Goods	保险金额 Amount Insured
装载运输工具_____ Per Conveyance 自 SHANGHAI 至_____ From To 承保险别： Condition & / or Special Coverage 备注： Remarks	航次、航班或车号_____ Voy. No. 转运地_____ W/Tat 投保人签章及公司名称、电话、地址： Applicant's Signature and Co.'s Name, Add. And Tel. No. 投保日期： Date	开航日期_____ Slg. Date 赔款地_____ Claim Payable at	

保险公司填写： 保单号： 费率：

2. 上海三井进出口公司获取投保单

中保财产保险有限公司
The People's Insurance (Property) Company of China, Ltd.

发票号码　　　　　　　　　　　　　　　　　　　　　　　保险单号次
Invoice No.　　　　　　　　　　　　　　　　　　　　　　Policy No.

海洋货物运输保险单
MARINE CARGO TRANSPORTATION INSURANCE POLICY

被保险人
Insured:

中保财产保险有限公司(以下简称本公司)根据被保险人的要求,及其所缴付约定的保险费,按照本保险单承担的险别和背面所载条款与下列特别条款承保下列货物运输保险,特签发本保险单。

This policy of Insurance witnesses that The People's Insurance (Property) Company of China, Ltd. (hereinafter called "The Company"), at the request of the Insured and consideration of the premium paid by the Insures, undertakes to insure the under-mentioned goods in transportation subject to the condition of this Policy as per the Clauses printed overleaf and other special clauses attached hereon.

保险货物项目 Descriptions of Goods	包装　单位　数量 Parking　Unit　Quantity	保险金额 Amount Insured

承保险别　　　　　　　　　　　　　　　　货物标记
Condition　　　　　　　　　　　　　　　 Marks of Goods

总保险金额：
Total Amount Insured:

保费　　As arranged　　　运输工具　　　　　　　　　　开航日期
Premium　　　　　　　　　Per conveyance S. S　　　　 Slg. On or abt

起运港　　　　　　　　　　　　　　　　　　　　　　　目的港
From　　　　　　　　　　　　　　　　　　　　　　　 To

所保货物,如发生本保险单项下可能引起索赔的损失或损坏,应立即通知本公司下述代理人查勘。如有索赔,应向本公司提交保险单正本(本保险单共有____份正本)及有关文件。如一份正本已用于索赔,其余正本则自动失效。

In the event of loss or damage which may result in a claim under this Policy, immediate notice must be given to the Company's Agent as mentioned hereunder. Claims, if any, one of the Original Policy which has been issued in ____ Original (s) together with the relevant documents shall be surrendered to the Company, If one of the Original Policy has been accomplished, the others to be void.

　　　　　　　　　　　　　　　　　　　　　　　　　　　中保财产保险有限公司
　　　　THE PEOPLE'S INSURANCE (PROPERTY) COMPANY OF CHINA, LTD.

赔款偿付地点
Claim payable at

日期　　　　　　　　　　　　在
Date　　　　　　　　　　　　at　　　　　　　　　　　General Manager:

地址：
Address:

活动评价

团队成员活动测评表

测评内容	评判标准	总分	自我评价
出口货物托运业务流程	错1个环节扣1分	10	
出口货物代理报检报关业务流程	错1个环节扣1分	10	
装箱单的内容及缮制方法	错1个环节扣2分	22	
出口货物订舱委托书的内容及缮制方法	错1个环节扣2分	30	
报检委托书的内容及缮制方法	错1个环节扣2分	14	
报关委托书的内容及缮制方法	错1个环节扣2分	14	
合　计		100	

团队活动测评表

测评内容	评判标准	总分	自我评价
团队合作质量	较好达到目标	20	
	基本达到目标	15	
	未完成目标	15	
团队合作精神	互助精神较好	20	
	互助精神一般	15	
	互助精神较差	15	
合　计		100	

教学方案设计与建议

模拟教学环节——体验活动四	教学组织	教学手段	课时
货物出境——产品出运手续的办理	形式： 以小组为单位扮演出口商角色 方法： 每组独立缮制装箱单，填写有关单据 要求： 内容正确、无误	地点： 专业实训室 设备： 计算机、服务器 资料： 电子操作资料与单据	4
累计：			22

职业技能训练

一、业务操作流程

根据出口货物托运、报检和报关的一般流程填写下表：

运输、报检、报关业务流程	工作内容及要求	相关单据
办理订舱手续		
办理报检手续		
办理报关手续		

二、仿真业务操作

1. 业务操作背景

上海创业进出口公司获取许可证与原产地证书后，根据合同和信用证的规定向金友国际货代公司办理托运手续，并委托其代办报检、报关手续。由于本笔业务采用 CIF 贸易术语，所以上海创业进出口公司还需要向中国财产保险公司上海分公司进行投保。为此，上海创业进出口公司团队成员分工合作，有的缮制装箱单，有的填写订舱委托书、报检委托书、报关委托书和投保单，有的搜集资料，有的担任审核工作，体验订舱、报检报关和投保业务的工作经历。

2. 业务操作资料

出口商：上海创业进出口公司（代码 3100729039727）
地址邮编：上海市黄浦区北京路 30 号（邮编 200002）
电话：021－64043030 传真：021－64043031
货名款号：全棉弹力女裙（ART.991）
数量编码：18 000 条 商品编码 63025900
包装方式：每条装入一胶袋，45 条不同尺码与颜色装入一出口纸箱
重量体积：每箱毛重 25 千克，净重 22 千克，体积 0.2CBM
商品价格：每件 7.00 美元 CIF LONDON
合同号：CY201109
贸易方式：一般贸易
发票号码：CY111104
装运时间：不迟于 2011 年 12 月 10 日装运

分批装运与转船：不允许
唛头：由卖方指定
支付方式：即期信用证
提单日期：2011 年 12 月 10 日
报关日期：2011 年 12 月 7 日
寄单日期：2011 年 12 月 12 日
报关单编号：31098765432

3. 业务操作要求

根据上述信息缮制装箱单，填写订舱委托书、报检委托书、报关委托书和投保单，并在实训室的"货代公司柜台"、"保险公司柜台"办理订舱、代理报检报关和投保手续。

(1) 装箱单

上海创业进出口公司
SHANGHAI CY IMP. & EXP. CO.
30 WEST BEIJIN ROAD SHANGHAI 20002, CHINA
TEL：21－64043030　FAX：21－664043031

PACKING LIST

TO: M/S

DATE:_____
S/C NO.:_____
L/C NO.:_____

FROM _____ TO _____

C/NOS	GOODS DESCRIPTION & PACKING	QUTY (PCS)	G.W. (KGS)	N.W. (KGS)	MEAS (CBM)
TOTAL					

(2) 订舱委托书

货 运 订 舱 委 托 书

经营单位 (托运人)					编号		
提单项目要求	发货人： Shipper：						
	收货人： Consignee：						
	通知人： Notify Party：						
海洋运费(√) Sea freight	预付(√)或( )到付 Prepaid or Collect		提单 份数		提单寄送 地　　址		
起运港		目的港		可否转船		可否分批	
集装箱预配数		20′×　　40′×		装运期限		有效期限	
标记唛码	包装 件数	中英文货号 Description of goods		毛　重 (千克)	尺　码 (立方米)	成 交 条 件 (总价)	
				特种货物 □冷藏货 □危险品	重件：每件重量		
					大　件 (长×宽×高)		
内装箱 (CFS)地址	上海市逸仙路2960号三号门 电话：6820682×215			特种集装箱：			
门对门装箱地址	南京市中山路1321号			物资备妥日期			
				物资进栈：自送( )或派送( )			
外币结算账号				人民币结算单位账号			
声明事项				托运人签章			
				电话			
				传真			
				联系人			
				地址			
				制单日期：			

(3) 报检委托书

报 检 委 托 书

_____出入境检验检疫局：

  本委托人郑重声明，保证遵守出入境检验检疫法律、法规的规定。如有违法行为，自愿接受检验检疫机构的处罚并负法律责任。

  本委托人委托受委托人向检验检疫机构提交"报检申请单"和各种随附单据。具体委托情况如下：

  本单位将于_____年_____月间进口/出口如下货物：

品名		H.S. 编码	
数（重）量		合同号	
信用证号		审批文件	
其他特殊要求			

  特委托_____（单位/注册登记号），代理本公司办理下列出入境检验检疫事宜：

□1. 办理代理报检手续；
□2. 代缴检验检疫费；
□3. 负责与检验检疫机构联系和验货；
□4. 领取检验检疫证书；
□5. 其他与报检有关的相关事宜。

请贵局按有关法律法规规定予以办理。

委托人（公章）：   受委托人（公章）：
   年 月 日   年 月 日

本委托书有效期至_____年_____月_____日

(4) 报关委托书

代 理 报 关 委 托 书

编号：_____

_____：

  我单位现_____（A. 逐票 B. 长期）委托贵公司代理_____等通关事宜（A. 报关查验 B. 垫缴税款 C. 办理海关证明联 D. 审批手册 E. 核销手册 F. 申办减免税手续 G. 其他）。详见《委托报关协议》。

  我单位保证遵守《海关法》和国家有关法规，保证所提供的情况真实、完整、单货相符。否则，愿承担相关法律责任。

  本委托书有效期自签字之日起至 年 月 日止。

                委托方（签章）：

法定代表或其授权签署《代理报关委托书》的人（签字）：

                年 月 日

委托报关协议

为明确委托报关具体事项和各自责任,双方经平等协议商定协议如下:

委托方		被委托人			
主要货物名称		*报关单编号	NO.		
H.S.编码		收到单证日期			
进出口日期		收到单证情况	合同 □	发票 □	
提单号			装箱清单 □	提(运)单 □	
贸易方式			加工贸易手册 □	许可证件 □	
原产地/货源地			其他		
传真号码		报关收费	人民币:		元
其他要求:		承诺说明:			
背面所列通用条款是本协议不可分割的一部分,对本协议的签署构成了对背面条款的同意。		背面所列通用条款是本协议不可分割的一部分,对本协议的签署构成了对背面条款的同意。			
委托方业务签章:		被委托方业务签章:			
经办人签章:　　年　月　日		经办报关员签章:　　年　月　日			
联系电话:		联系电话:			

（白联:海关留存,黄联:被委托方留存,红联:委托方留存）　　　中国报关协会监制

（5）出口收汇核销单

出口收汇核销单
　　存根
（沪）编号:310888781

出口单位: 上海创业进出口公司
单位编码:310123999
出口币种总价:
收汇方式:信用证
约计收款日期:
报关日期:
备注:
此单报关有效期截止到

出口收汇核销单

（沪）编号:310888781

出口单位:上海创业进出口公司			
单位编码:310123999			
银行签注栏	类别	币种金额	盖章
海关签注栏:			
外汇局签注栏: 　　年　月　日(盖章)			

出口
单
位
盖
章

出口收汇核销单
　　出口退税专用
（沪）编号:310888781

出口单位:上海创业进出口公司		
单位编码:310123999		
货物名称	数量	币种总价
报关单编号:		
外汇局签注栏: 　　年　月　日(盖章)		

海
关
盖
章

(6) 投保单

中保财产保险有限公司上海市分公司
The People's Insurance (Property) Company of China, Ltd. Shanghai Branch

进出口货物运输保险投保单
Application From form I/E Marine Cargo Insurance

被保险人 Assured's Name			
发票号码(出口用)或合同号码(进口用) Invoice No. or Contract No.	包装数量 Quantity	保险货物项目 Description of Goods	保险金额 Amount Insured

装载运输工具_____ 航次、航班或车号_____ 开航日期_____
Per Conveyance   Voy. No.   Slg. Date

自 SHANGHAI 至_____ 转运地_____ 赔款地_____
From   To   W/Tat   Claim Payable at

承保险别:
Condition & / or   投保人签章及公司名称、电话、地址:
Special Coverage   Applicant's Signature and Co.'s Name, Add. And Tel. No.

备注: 投保日期:
Remarks   Date

保险公司填写: 保单号: 费率:

体验活动五 结算货款——出口结汇核销退税的办理

学习与考证目标

- 了解出口结汇、收汇核销与出口退税的业务流程
- 明确单证在结汇中的主要作用
- 熟悉商业汇票、核销单的缮制方法
- 掌握商业汇票、核销单的缮制技能

学习与操作指南
——出口结汇、核销、退税的程序与要求

货物出运后,出口商在合同或信用证规定有效期和交单期限内向指定银行提交符合信用证条款规定的单据。银行审核无误后办理出口结汇,并按当日外汇买入价购入,结算成人民币支付给出口商。然后,出口商到银行领取"中国银行进账单"的"收账通知"联和出口收汇核销专用"回单联",办理出口收汇核销手续。核销后,在国家税务局办理出口退税。

任务一 办理货款的结算

操作指南

出口货物的货款结算是在货物装船后，出口商根据合同与信用证单据条款的规定制作商业汇票和全套结汇单据，在信用证有效和交单期限内向中国银行上海分行办理议付手续。银行按照信用证条款的规定对单据进行审核，确认无误后在收到单据次日起不超过5个银行工作日办理出口结汇，并按当日外汇买入价购入，结算成人民币支付给出口商。

一、出口结汇业务的流程

出口结汇业务流程如图1-5-1所示：

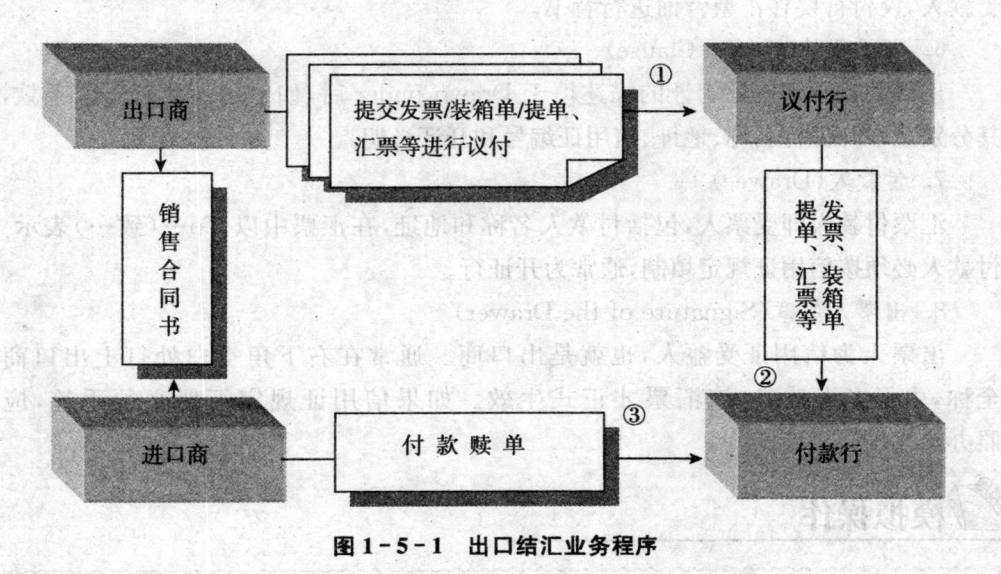

图1-5-1 出口结汇业务程序

二、商业汇票的缮制方法

汇票是一种代替现金的支付工具，一般有两张正本，具有同等效力，付款人付一不付二，付二不付一，先到先付，后到无效。信用证项下汇票的主要缮制方法如下：

1. 编号（No.）

汇票编号填写本套单据的发票号码。

2. 出票日期与地点(Date and Place of Issue)

信用证项下的出票日期是议付日期,出票地点是议付地或出票人所在地,通常出口商多委托议付行在办理议付时代填。

3. 汇票金额(Amount)

汇票金额用数字小写和英文大写分别表明。小写金额位于 Exchange for 后,可保留 2 位小数,由货币名称缩写和阿拉伯数词组成,例如 USD1 450.80。大写金额位于 The sum of 后,习惯上句首加"SAY",意指"计",句尾由"ONLY"示意为"整"。

4. 付款期限(Tenor)

必须按信用证的规定填写。即期付款在 At 与 Sight 之间填上"*"符号,变成 At *** Sight,表示见票即付。远期付款,如信用证规定见票后 90 天付款,在 at 与 sight 之间填入 90 days after,意为从承兑日后第 90 天为付款期。

5. 受款人(Payee)

汇票受款人又称抬头人或收款人,在我国实际业务中多以中国银行等议付行为受款人,议付行要在汇票背面进行背书。

6. 出票条款(Drawn Clause)

出票条款必须按信用证的描述填于 Drawn under 后,如信用证没有出票条款,其分别填写开证行名称、地址、信用证编号和开证日期。

7. 付款人(Drawee)

汇票付款人即受票人,包括付款人名称和地址,在汇票中以 To…(致…)表示。付款人必须按信用证规定填制,通常为开证行。

8. 出票人签章(Signature of the Drawer)

出票人为信用证受益人,也就是出口商。通常在右下角空白处打上出口商全称,由经办人签名,该汇票才正式生效。如果信用证规定汇票必须手签,应照办。

模拟操作

案例背景

上海在野岛进出口公司根据合同和信用证规定的交单结汇时间,缮制商业汇票并随附全套结汇单据向中国银行上海分行办理议付。出口结汇单证必须做到单证一致、单单一致和单同一致,议付行才给予议付,如有不符点必须修正。

一、缮制商业汇票

样例 1-5-1

BILL OF EXCHANGE

凭
Drawn under　　　BANK OF AUSTRALIA　　　　不可撤销信用证
　　　　　　　　　　　　　　　　　　　　　Irrevocable L/C No. 11052011

Date　MAY, 20. 2011　支取 Payable With interest @　　%　按　　息　　付款

号码　　　汇票金额　　　　　　　　上海
No.　TX0743　Exchange for　USD78 000.00　Shanghai　JUL. 16, 2011

见票　　　　　　日后(本汇票之副本未付)付交　　　　　　金额
AT　*　*　*.　*　*　sight of this FIRST of Exchange (Second of Exchange being unpaid)
Pay to the order of　　BANK OF CHINA SHANGHAI BRANCH　　the sum of
SAY U.S. DOLLARS SEVENTYEIGHT THOUSAND ONLY.

款已收讫
Value received

此致
To　　BANK OF OSAKA
　　　205 QUEENWAY, OSAKA JAPAN

　　　　　　　　　　　　　　　　　　　　SHANGHAI ZYD IMPORT &
　　　　　　　　　　　　　　　　　　　　EXPORT CORPORATION

　　　　　　　　　　　　SHANGHA ZYD IMPORT & EXPORT CORPORATION
　　　　　　　　　　　　　　　　　　　　　王祥

二、办理出口结汇

上海在野岛进出口公司根据信用证单据条款制作商业发票、装箱单、装运通知，并随附提单等全套结汇单据，在信用证有效和交单期限内向中国银行上海分行办理议付手续。

体验活动

一、活动背景

上海三井进出口公司根据合同和信用证规定的结汇时间向银行办理议付。为此，夏青经理要求团队成员缮制商业汇票，打印商业汇票、装箱单、装运通知，随附销售合同、信用证、原产地证书、检验检疫证书、提单和核销单等结汇单据，在实训室的"中国银行柜台"共同体验办理出口结汇业务的工作经历。

二、活动准备

出口结汇的有关信息如下：
发票号码：SW110705
信用证号：F-5201
开证行名称：BANK OF HAMBURG
开证行地址：5 QUEENWAY, HAMBURG, GERMANY
收款银行：中国银行上海分行

三、活动开展

1. 上海三井进出口公司缮制商业汇票

BILL OF EXCHANGE

凭
Drawn under _____ 不可撤销信用证 Irrevocable L/C No. _____

Date _____ 支取 Payable With interest @ _____ % 按 _____ 息 _____ 付款

号码   汇票金额   上海
No. _____   Exchange for _____   Shanghai _____

见票 _____ 日后(本汇票之副本未付)付交   金额
AT _____ sight of this **FIRST** of Exchange (Second of Exchange being unpaid)
Pay to the order of _____ the sum of
_____

款已收讫
Value received _____

此致
To _____
_____

2. 上海三井进出口公司办理出口结汇手续

夏青经理要求团队成员根据信用证单据条款的规定缮制装运通知，并随附提单等全套结汇单据，在信用证有效和交单期限内向中国银行上海分行办理议付手续。

任务二 办理收汇核销

操作指南

首次办理出口货物报关,需要向国家外汇管理局领取出口收汇核销单并进行备案。当出口货物货款到达银行出口收汇待核查账户后,银行在出口收汇核销结水单或收账通知上注明核销单号返还出口企业。出口企业填写出口收汇说明和支取凭条到指定的银行柜台打印"银行核注明细信息表",领取结算柜台结汇,持经海关签章的收汇核销专用联、结水单或收账通知及报关单到外汇管理局办理核销。

一、收汇核销业务的流程

收汇核销业务程序如图1-5-2所示:

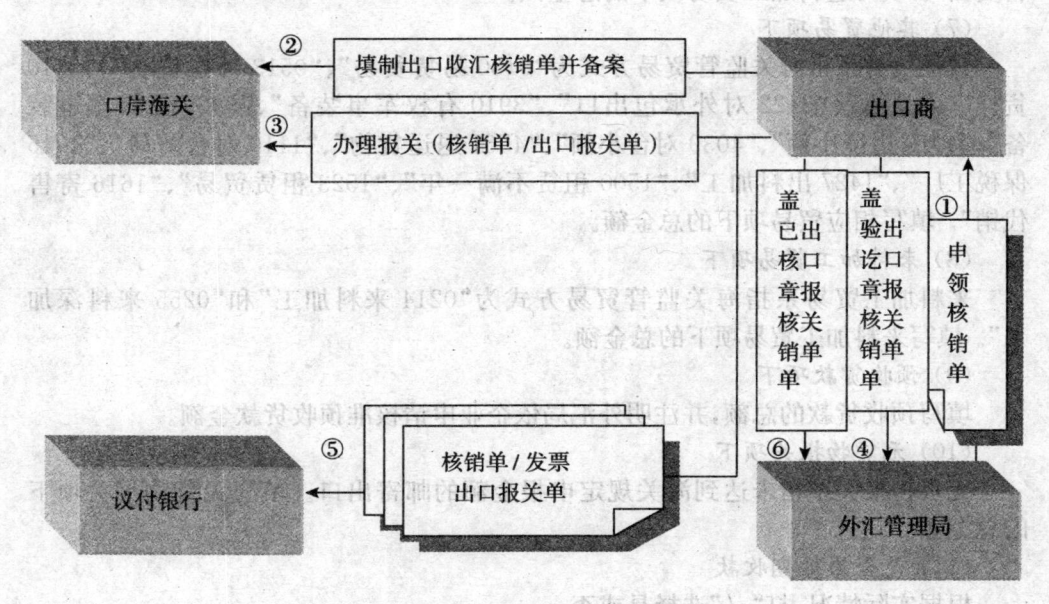

图1-5-2 收汇核销业务流程

二、出口收汇说明的缮制方法

出口企业可以从银行领取出口收汇说明,也可参照银行提供的出口收汇说明进行制作。其无统一的内容与格式,但主要内容和填制方法如下:

(1) 企业名称

填写办理出口收汇核销的出口企业全称。

(2) 企业组织机构代码

填写办理出口收汇核销的出口企业的企业组织机构代码。

(3) 从出口收汇待核查账户　　□结汇　　□划出资金金额合计

根据实际情况,打"√"选择出口收汇待核查账户或结汇,并填写划出资金的总金额。

(4) 划入账户名称、划入账号

填写划入账户的名称和划入的账号。

(5) 一般贸易项下

一般贸易系指海关监管贸易方式为"0110 一般贸易"。填写一般贸易项下的总金额。

(6) 进料加工贸易项下

进料加工贸易系指海关监管贸易方式为"0615 进料对口"、"0654 进料深加工"、"0664 进料料件复出"、"0700 进料料件退换"、"0715 进料非对口"、"0864 进料边角料复出"。填写进料加工贸易项下的总金额。

(7) 其他贸易项下

其他贸易系指海关监管贸易方式为"0130 易货贸易"、"0513 补偿贸易"、"3010 货样广告品 A"、"3422 对外承包出口"、"3910 有权军事装备"、"3939 无权军事装备"、"4019 边境小额"、"4039 对台小额"、"4561 退运货物"、"1110 对台贸易"、"1215 保税工厂"、"1427 出料加工"、"1500 租赁不满一年"、"1523 租赁贸易"、"1616 寄售代销"。填写相应贸易项下的总金额。

(8) 来料加工贸易项下

来料加工贸易系指海关监管贸易方式为"0214 来料加工"和"0255 来料深加工"。填写来料加工贸易项下的总金额。

(9) 预收货款项下

填写预收货款的总额,并注明外汇局依企业申请核准预收货款金额。

(10) 无货物报关项下

无货物报关系指未达到海关规定申报金额的邮寄出口。填写无货物报关项下的总金额。

(11) 是否为延期收款

根据实际情况,打"√"选择是或否。

(12) 是否为关联方交易

关联方系指一方控制、共同控制另一方或对另一方施加重大影响,以及两方或两方以上同受一方控制、共同控制或重大影响的,构成关联方。控制是指有权决定一个企业的财务和经营政策,并能据以从该企业的经营活动中获取利益。共同控制是指按照合同约定对某项经济活动所共有的控制,仅在与该项经济活动相关的重要财务和经营决策需要分享控制权的投资方一致同意时存在。重大影响是指对一个企业的财务和经营政策有参与决策的权力，但并不能够控制或者与其他方一起共同控制这些政策的制定。根据实际情况，打"√"选择是或否。

（13）签章

填报人签名并加盖单位公章，注明日期。

模拟操作

案例背景

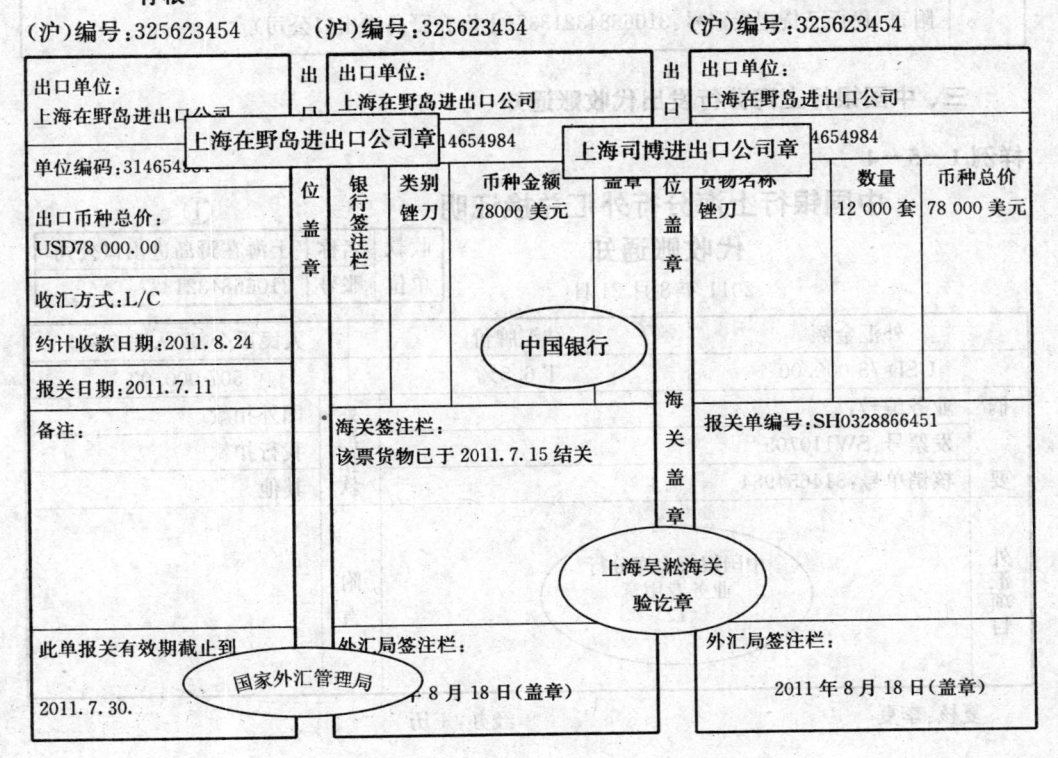

中国银行上海分行办理议付后在出口收汇核销结水单上注明核销单号，返回上海在野岛进出口公司。上海在野岛进出口公司王祥经理持经海关签章的收汇核销专用联、结水单及报关单到外汇管理局办理核销。

一、上海在野岛进出口公司获取出口收汇核销单

样例1—5—2

出口收汇核销单 存根	出口收汇核销单	出口收汇核销单 出口退税专用
（沪）编号：325623454	（沪）编号：325623454	（沪）编号：325623454
出口单位：上海在野岛进出口公司	出口单位：上海在野岛进出口公司	出口单位：上海在野岛进出口公司
单位编码：31465484	单位盖章：上海在野岛进出口公司章 14654984	单位盖章：上海司博进出口公司章 14654984
出口币种总价：USD78 000.00	银行签注栏　类别 锉刀　币种金额 78000美元	货物名称 锉刀　数量 12 000套　币种总价 78 000美元
收汇方式：L/C		
约计收款日期：2011.8.24	中国银行	
报关日期：2011.7.11		
备注：	海关签注栏：该票货物已于2011.7.15 结关	报关单编号：SH0328866451
		上海吴淞海关验讫章
此单报关有效期截止到 2011.7.30.	外汇局签注栏：国家外汇管理局 8月18日(盖章)	外汇局签注栏：2011年8月18日(盖章)

二、中国银行上海分行发出入账通知书

样例 1—5—3

中国银行上海分行
结汇水单/收账通知

入账通知书

2011 年 8 月 24 日

收款人名称：SHANGHAI ZYD IMPORT & EXPORT CORPORATION
收款人账号：3106684321337　　　　　　　　　　　　　　　申报单号：

外汇金额	结汇牌价	入账金额
USD 78 000.00	0.000000	USD 78 000.00
摘要	业务编号： 我行扣费： 国外扣费：手续费　　　邮电费　　　　不符费　　　　偿付费 发报行：FUJI BANK 汇出日期：2011－08－24 汇款人账号：987600287304 汇款人姓名：FUJI TRADING CORPORATION 附言：我行已贷记贵账号：3106684321337（上海在野岛进出口公司）	发票号：SW110705 核销单号：314654984	中国银行上海分行 业务专用章 （92）

三、中国银行上海分行发出代收账通知

样例 1—5—4

中国银行上海分行外汇兑换证明
代收账通知
2011 年 8 月 24 日

①

收款单位	名称	上海在野岛进出口公司
	账号	3106684321337

外汇金额	结汇牌价	人民币金额（入账金额）
USD 78 000.00	T 6.5%	507 000.00
摘要	业务编号： 发票号：SW110705 核销单号：314654984	外汇扣款	国外扣款 我行扣款 其他
外汇项目	中国银行上海分行 业务专用章 （12）	附言	

复核：李夏　　　　　　　　　　　　经办：王历

四、上海在野岛进出口公司填写出口收汇说明

样例 1—5—5

出口收汇说明

企业名称：上海在野岛进出口公司	企业组织机构代码：78358009—8		
从出口收汇待核查账户□　结汇□	划出资金金额合计：USD 78 000.00 划入账户名称：外汇账户 划入账号：3106684321337		
一般贸易项下：(币种、金额)	USD 78 000.00		
进料加工贸易项下：(币种、金额)			
其他贸易项下：(币种、金额) 　其中 2008 年 7 月 13 日前出口但 7 月 14 日后收汇的金额：			
来料加工贸易项下：(币种、金额) 　其中实际收汇比例：			
预收货款项下：(币种、金额) USD 78 000.00 　其中外汇局依企业申请核准预收货款金额：USD 78 000.00			
无货物报关项下：(币种、金额)			
是否为延期收款	□ 是	□ 否	
是否为关联方交易	□ 是	□ 否	
本企业申明：本表所填内容真实无误。如有虚假，视为违反外汇管理规定，将承担相应后果。			
单位公章： 上海在野岛进出口公司章	填报人：方立	2011 年 8 月 24 日	

五、上海在野岛进出口公司填写支取凭条

样例 1—5—6

(借方)　　□ 818 活期外汇存款
　　　　　□ 824 外汇专户活期存款
　　　　　□ 946 其他金融机构往来

支取凭条
DRAWING SLIP

	账号
中国银行 台照 To BANK OF CHINA	Account No　3106684321337
	日期 Date　2011—08—24

请付
Pay　SAY U. S. DOLLARS SEVENTY EIGHT THOUSAND ONLY.

小写金额　　　　　　　　　　　签　章
In figures　USD 780 000.00　　Signature　方欣　　　上海在野岛进出口公司章

主管：李婷　　会计：王毅　　出纳：秦华　　复核：丁坛　　记账：韩东　　核对印签：万伞

六、上海在野岛进出口公司汇集有关单据

1. 商业发票

此略。

2. 出口货物报关单

此略。

3. 打印出口核销专用联(境外收入)

七、打印出口核销专用联(境外收入)

样例 1－5－7

出口核销专用联(境外收入)

核销收汇专用号码		310256234 P18		
收货人名称		上海在野岛进出口公司		
■ 对 公		企业组织机构代码 78358009－8		
■ 对 私				
结算方式		●信用证　○托收　○保函　○电汇　○票汇　○信汇　○其他		
收入款币种及金额		USD 78 000.00	结汇汇率	0.0000000
其中	结汇金额	USD 78 000.00	账号/银行卡号	3106684321337
	现汇金额	0	账号/银行卡号	
	其他金额	0	账号/银行卡号	
国内银行扣费币种及金额		0	国内银行扣费币种及金额	0
付款人名称		FUJI TRADING CORPORATION		
付款人常驻国家(地区)名称及代码		日本	收账/结汇日期	2011－08－24
本笔款为预收货款:				
交易编码		11287103	相应币种及金额	USD 78 000.00
			相应币种及金额	
交易附言			锉刀	
				中国银行上海分行业务专用章（12）
出口收汇核销单号码 314654984				
收汇总金额中用于出口核销的金额			USD 210 000.00	

银行经办人签章　万李　　银行业务章　　银行业务编码 A948311　打印日期 2011－08－24

体验活动

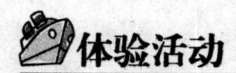

一、活动背景

上海三井进出口公司当收到中国银行上海分行到账通知后,通常办理出口收汇核销手续。为此,夏青经理要求团队成员缮制出口收汇说明和支取凭条,随附经海关签章的收汇核销专用联、结水单及报关单等在实训室的"外汇管理局柜台",体验办理出口收汇核销业务的工作经历。

二、活动准备

出口收汇核销的有关信息如下:
组织机构代码:78358112—4
资金金额:USD36 400
外汇账号:4743—322123241

三、活动开展

1. 上海三井进出口公司填写出口收汇说明

出口收汇说明

企业名称:	企业组织机构代码:		
从出口收汇待核查账户□ 结汇□	划出资金金额合计: 划入账户名称: 划入账号:		
一般贸易项下:(币种、金额)			
进料加工贸易项下:(币种、金额)			
其他贸易项下:(币种、金额) 其中2008年7月13日前出口但7月14日后收汇的金额:			
来料加工贸易项下:(币种、金额) 其中实际收汇比例:			
预收货款项下:(币种、金额) 其中外汇局依企业申请核准预收货款金额:			
无货物报关项下:(币种、金额)			
是否为延期收款	□ 是		□ 否
是否为关联方交易	□ 是		□ 否
本企业申明:本表所填内容真实无误。如有虚假,视为违反外汇管理规定,将承担相应后果。			
单位公章: 填报人:		年 月 日	

2. 上海三井进出口公司填写支取凭条

（借方）
- ☐ 818 活期外汇存款
- ☐ 824 外汇专户活期存款
- ☐ 946 其他金融机构往来

支取凭条
DRAWING SLIP

中国银行台照
To BANK OF CHINA

账号
Account No _____

日期
Date _____

请付
Pay _____

小写金额
In figures _____

签　章
Signature _____

主管：　　　会计：　　　出纳：　　　复核：　　　记账：　　　核对印签：

任务三　办理出口退税

操作指南

出口退税指国家为增强出口商品的竞争，由税务机关将出口离境的货物在国内生产与流通环节中已征的中间税款返还给出口企业，从而使出口商品以不含税价格进入国际市场参与国际竞争的一种政策制度。当出口商办理出口收汇核销后，持该笔出口业务的外销发票、增值税专用发票、出口货物报关单（出口退税专用）、核销单（出口退税专用）等全套出口退税单证及时到国家税务局主管退税机关办理出口退税申报手续。

一、出口退税业务的流程

出口退税程序如图 1-5-3 所示。

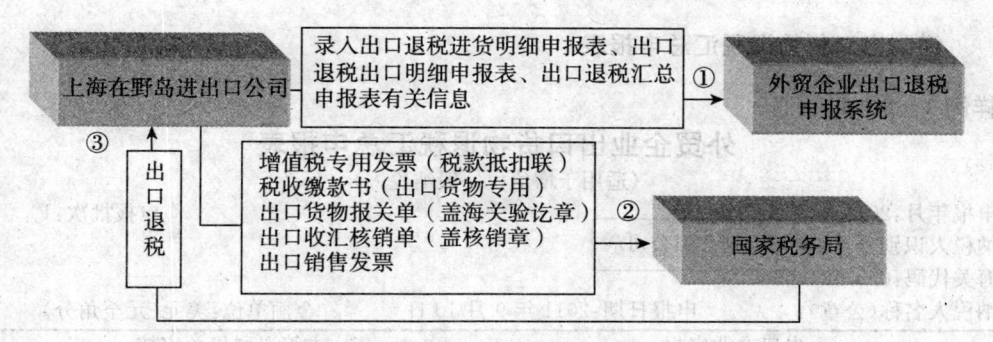

```
┌─────────────────┐      ┌──────────────────────────┐      ┌──────────────┐
│                 │─────▶│ 录入出口退税进货明细申报表、出口 │  ①   │ 外贸企业出口退税 │
│ 上海在野岛进出口公司 │      │ 退税出口明细申报表、出口退税汇总 │─────▶│   申报系统    │
│                 │      │ 申报表有关信息              │      │              │
└─────────────────┘      └──────────────────────────┘      └──────────────┘
    ▲          │         ┌──────────────────────────┐
    │ ③        │ 出     │ 增值税专用发票（税款抵扣联）  │
    │          │ 口     │ 税收缴款书（出口货物专用）   │      ┌──────────────┐
    │          │ 退     │ 出口货物报关单（盖海关验讫章）│  ②   │              │
    │          │ 税     │ 出口收汇核销单（盖核销章）   │─────▶│  国家税务局  │
    │          │        │ 出口销售发票               │      │              │
    │          ▼        └──────────────────────────┘      └──────────────┘
```

图1-5-3 出口退税业务流程

二、出口货物退税汇总申报表缮制方法

根据《中华人民共和国税收征收管理法实施细则》第三十八条及国家税务总局有关规定，出口商要填制外贸企业出口退税汇总申报表。其填制方法如下：

1. 申报年月

填写外贸企业出口退税申报的时间。

2. 申报批次

填写外贸企业出口退税申报所属时间内第几次申报。

3. 纳税人识别号

填写税务登记证号码。

4. 海关代码

填写外贸企业在海关的注册编号。

5. 纳税人名称

填写纳税人单位名称全称，不得填写简称。

6. 申报日期

填写外贸企业向主管退税机关申报退税的日期。

其他表内各栏的内容，根据现行退税审批政策相关规则填写。

模拟操作

案例背景

中国银行上海分行办理议付后在出口收汇核销结水单上注明核销单号，归还司博先生。司博先生持经海关签章的收汇核销专用联、结水单及报关单到外汇管理局办理核销，并向主管出口退税的国税机关申请退税，提交购进出口货物的专用发票（税款抵扣联）、经银行签章的税收（出口货物专用）缴款书、盖有海关验讫章的出口货物报关单、盖有外汇管理机关核销章的出口收汇核销单、出口销售发票和出口货物销售明细账等申报出口退税。

缮制出口货物退税汇总申报表

样例 1-5-8

外贸企业出口货物退税汇总申报表
(适用于增值税一般纳税人)

申报年月:2011 年 9 月　　　　　　　　　　　　　　　申报批次:1
纳税人识别号:　上海司博进出口公司章
海关代码:0387124666
纳税人名称(公章):　　申报日期:2011 年 9 月 10 日　　金额单位:美元(元至角分)

出口企业申报		主管退税机关审核	
出口退税出口明细申报表 1 份,记录 25 条		审单情况	机审情况
出口发票　　1 张,出口额　78 000.00 美元		本次机审通过退增值税额	元
出口报关单　　1 张		其中:上期结转疑点退增值税	元
代理出口货物证明　　　张		本期申报数据退增值税	元
收汇核销单　　1 张,收汇额 78 000.00 美元			
远期收汇证明　　　张,其他凭证　　张		本次机审通过退消费税额	元
出口退税进货明细申报表 1 份,记录 24 条		其中:上期结转疑点退消费税	元
增值税专用发票 1 张,其中非税控专用发票　张		本期申报数据退消费税	元
普通发票　　1 张,专用税票　　张			
其他凭证　　张,总进货金额　　元		本次机审通过退消费税额	元
总进货税额　　401 000.00 元		结余疑点数据退增值税	元
其中:增值税　　68 170 元,消费税　　元		结余疑点数据退消费税	元
本月申报退税额　　68 170 元			
其中:增值税　　68 170 元,消费税　　元			
进料应抵扣税额　　　元		授权人申明	
申请开具单证		(如果你已委托代理申报人,请填写以下资料)	
代理出口货物证明　　份,记录　　条		
代理进口货物证明　　份,记录　　条		为代理出口货物退税申报事宜,现授权为本纳税人的代理申报人,任何与本申报表有关的往来文件都可寄予此人。	
进料加工免税证明　　份,记录　　条		
来料加工免税证明　　份,记录　　条		
出口货物转内销证明　　份,记录　　条		
补办报关单证明　　份,记录　　条		
补办收汇核销单证明　　份,记录　　条		授权人签字(盖章):	
补办代理出口证明　　份,记录　　条		
内销抵扣专用发票　张,其他非税专用发票　　张		审核人:	
申报人声明		审单人:	年　月　日
此表各栏目填写内容是真实、合法的,与实际出口货物情况相符。此次申报的出口业务不属于"四自三不见"等违背正常出口经营程序的出口业务。否则,本企业愿承担由此产生的相关责任。 　企业填表人:司博 　财务负责人:岷山　　(公章)　上海司博进出口公司章 　企业负责人:司博 　　　2011 年 9 月 10 日		签批人: (公章)	年　月　日

受理人:　　　　　　　　受理日期:　　年　月　日
受理税务机关(签章)

体验活动

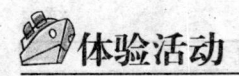

一、活动背景

上海三井进出口公司办理出口收汇核销后,向主管出口退税的国税机关申请退税。为此,夏青经理要求团队成员汇集购进出口货物的专用发票(税款抵扣联)、经银行签章的税收(出口货物专用)缴款书、盖有海关验讫章的出口货物报关单、盖有外汇管理机关核销章的出口收汇核销单、出口销售发票和出口货物销售明细账等,在实训室的"国税局柜台",体验办理出口退税业务的工作经历。

二、活动准备

出口退税的有关信息如下:
申报批次:1批次
纳税人识别号:NS0998765
海关代码:3102011666

三、活动开展

上海三井进出口公司填写外贸企业出口货物退税汇总申报表。

外贸企业出口货物退税汇总申报表
(适用于增值税一般纳税人)

申报年月:　　年　月　　　　　　　　　　　　申报批次:
纳税人识别号:
海关代码:
纳税人名称(公章):　　　申报日期:　年　月　日　　金额单位:

出口企业申报		主管退税机关审核	
出口退税出口明细申报表　份,记录　条		审单情况	机审情况
出口发票　　　张,出口额　　美元		本次机审通过退增值税额	元
出口报关单　　张		其中:上期结转疑点退增值税	元
代理出口货物证明　　张		本期申报数据退增值税	元
收汇核销单　　张,收汇额　　美元			
远期收汇证明　　张,其他凭证　　张			
出口退税进货明细申报表　份,记录　条		本次机审通过退消费税额	元
增值税专用发票　张,其中非税控专用发票　张		其中:上期结转疑点退消费税	元
普通发票　　张,专用税票　　张		本期申报数据退消费税	元
其他凭证　　张,总进货金额　　元			
总进货税额　　元		本次机审通过退消费税额	元
其中:增值税　　元,消费税　　元		结余疑点数据退增值税	元
本月申报退税额　　元		结余疑点数据退消费税	元
其中:增值税			

续表

出口企业申报				主管退税机关审核	
进料应抵扣税额			元	授权人申明	
申请开具单证					(如果你已委托代理申报人,请填写以下资料).
代理出口货物证明		份,记录	条		为代理出口货物退税申报事宜,现授权为本纳税人的代理申报人,任何与本申报表有关的往来文件都可寄予此人。
代理进口货物证明		份,记录	条		
进料加工免税证明		份,记录	条		
来料加工免税证明		份,记录	条		
出口货物转内销证明		份,记录	条		
补办报关单证明		份,记录	条		
补办收汇核销单证明		份,记录	条	授权人签字(盖章):	
补办代理出口证明		份,记录	条		
内销抵扣专用发票 张,其他非退税专用发票 张				审单人:	审核人: 年 月 日
申报人声明					
此表各栏目填报内容是真实、合法的,与实际出口货物情况相符。此次申报的出口业务不属于"四自三不见"等违背正常出口经营程序的出口业务。否则,本企业愿承担由此产生的相关责任。 企业填表人: 财务负责人: (公章) 企业负责人: 　　　　　　　　年　月　日				签批人: (公章) 年　月　日	
受理人:　　　　　　　　受理日期:　年　月　日					
受理税务机关(签章)					

活动评价

团队成员活动测评表

测评内容	评判标准	总分	自我评价
出口结汇业务流程	错1个扣1分	15	
出口收汇核销业务流程	错1个扣1分	15	
出口退税核销业务流程	错1个扣1分	15	
商业汇票的内容及缮制方法	错1个扣5分	30	
出口收汇核销单的内容及缮制方法	错1个扣5分	25	
合　计		100	

团队活动测评表

测评内容	评判标准	总分	自我评价
团队合作质量	较好达到目标	20	
	基本达到目标	15	
	未完成目标	15	
团队合作精神	互助精神较好	20	
	互助精神一般	15	
	互助精神较差	15	
合　计		100	

教学方案设计与建议

模拟教学环节——体验活动五	教学组织	教学手段	课时
结算货款——出口结汇核销退税的办理	形式： 以小组为单位扮演出口商角色 方法： 每组独立缮制装箱单，填写有关单据 要求： 内容正确、无误	地点： 专业实训室 设备： 计算机、服务器 资料： 电子操作资料与单据	4
累计：			26

职业技能训练

一、业务操作流程

根据出口结汇的一般流程填写下表：

出口结汇业务流程	基本内容
第一步	
第二步	
第三步	

二、仿真业务操作

1. 业务操作背景

上海创业进出口公司获取提单后，在合同或信用证规定有效期和交单期限内向中国银行上海分行提交符合信用证条款规定的单据。当上海创业进出口公司收到中国银行上海分行到账通知后，通常办理出口收汇核销手续。为此，上海创业进出口公司团队成员分工合作，有的填写汇票，有的填写出口收汇说明和支取凭条，有的汇集经海关签章的收汇核销专用联、结水单及报关单，有的担任审核工作，体验结汇与核销业务的工作经历。

2. 业务操作资料

开证行名称：BANK OF LONDON（地址 5 QUEENWAY, LONDON, UK）

发票号码：

收款银行：中国银行上海分行

组织机构代码：3107835811

资金金额：USD126 000

外汇账号：4743—322123241

3. 业务操作要求

根据上述信息缮制商业汇票，填写出口收汇说明和支取凭条，并在实训室的"中国银行柜台"、"外汇管理局柜台"办理结汇与核销业务手续。

（1）商业汇票

BILL OF EXCHANGE

凭　　　　　　　　　　　　　　　　不可撤销信用证
Drawn under _____ Irrevocable L/C No. _____

Date _____ 支取 Payable With interest @ _____% 按　　息　　付款

号码　　　　　　汇票金额　　　　　　　　上海
No. _____ Exchange for _____ Shanghai _____

见票　　　　　　　　　　日后（本汇票之副本未付）付交　　　　　金额
AT _____ sight of this **FIRST** of Exchange (Second of Exchange being unpaid)

Pay to the order of _____ the sum of

_____

款已收讫
Value received _____

此致
To _____

_____

(2) 出口收汇说明

出口收汇说明

企业名称：		企业组织机构代码：	
从出口收汇待核查账户□　结汇□		划出资金金额合计： 划入账户名称： 划入账号：	
一般贸易项下：(币种、金额)			
进料加工贸易项下：(币种、金额)			
其他贸易项下：(币种、金额) 　其中 2008 年 7 月 13 日前出口但 7 月 14 日后收汇的金额：			
来料加工贸易项下：(币种、金额) 　其中实际收汇比例：			
预收货款项下：(币种、金额) 　其中外汇局依企业申请核准预收货款金额：			
无货物报关项下：(币种、金额)			
是否为延期收款	□ 是		□ 否
是否为关联方交易	□ 是		□ 否
本企业申明：本表所填内容真实无误。如有虚假，视为违反外汇管理规定，将承担相应后果。			
单位公章：	填报人：		年　　月　　日

(3) 支取凭条

（借方）　　□ 818 活期外汇存款
　　　　　　□ 824 外汇专户活期存款
　　　　　　□ 946 其他金融机构往来

支取凭条
DRAWING SLIP

中国银行台照 To BANK OF CHINA	账号 Account No _____ 日期 Date _____
请付 Pay _____	
小写金额 In figures _____	签　章 Signature _____

主管：　　会计：　　出纳：　　复核：　　记账：　　核对印签：

项目二 自理出口业务模拟操作
——电汇支付方式

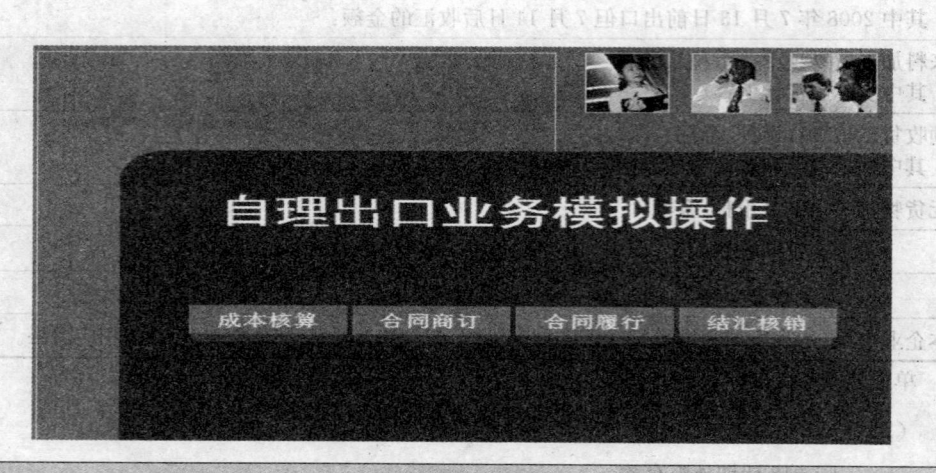

业务情境

李莉毕业于上海工技学校,在老师的支持下决定创业,成立上海宫基进出口公司,从事茶叶等商品的进出口业务。为此,李莉根据我国有关法律法规的规定向工商行政管理局办理工商登记,向税务局办理税务登记,向商务委员会办理外贸经营者备案,向出入境检验检疫局与海关办理报检、报关与原产地证的注册,获得有关职能部门颁发的许可证件后,方可从事进出口贸易业务。

李莉首先创办公司网站,对外发送公司的经营业务和供货信息。日本客商TKAMLA TRADE CORPORATION高田社长对网站上展示的绿茶样品很感兴趣,即与李莉经理进行磋商,达成交易后签订了销售确认书。

合同签订后,上海宫基进出口公司李莉经理与上海茶叶有限公司签订了收购合同,并根据销售确认书的规定委托上海国际货代公司代办订舱、报检和报关手续。货物出运后,及时办理结汇、出口收汇核销和出口退税。

体验活动一 进入业界——自理外贸企业的设立

学习与操作指南
——自理外贸企业的设立程序与注册登记

自理外贸企业的设立必须依法办理各类登记注册等手续,方能从事对外贸易业务,其要求、环节、内容、提供申请资料与代理外贸企业的设立相同。

任务一 设立自理外贸企业的工商登记

操作指南

根据我国《公司法》和《公司登记管理条例》的有关规定,公司设立应依法办理公司登记,领取《企业法人营业执照》。

模拟操作

案例背景

李莉毕业于上海工技学校,在老师的支持下决定创业,成立上海官基进出口公司,从事茶叶等商品的进出口业务。为此,李莉向所在地工商行政管理局职能部门依法办理自理外贸企业的设立。

一、上海宫基进出口公司名称预先核准的申请

1. 网上查名

李莉拟成立的外贸公司的名称为上海宫基进出口公司,于是上网查询是否有重名。

2. 提交公司名称预先核准申请书

网上预查明通过后,李莉填写企业名称预先核准申请书(样例2-1-1),向徐汇区工商行政管理局登记部门提交,申请名称核准。

样例2-1-1

企业名称预先核准申请书

申请企业名称	上海宫基进出口公司		
备选企业名称			
1	上海公纪进出口公司		
2	上海共济进出口公司		
3	上海工记进出口公司		
拟从事的经营范围(只需要填写与企业名称行业表述一致的主要业务项目)			
进出口业务			
注册资本(金)	150万元	(法人企业必须填写)	
企业类型	☑公司制　□非公司制　□个人独资　□合伙		
企业住所(地址)	上海市徐汇区漕河泾街道徐锦路1号		
投资人姓名或名称、证照号码、投资额和投资比例(签字盖章)			
李莉,310106199101012837,60万元,40% 王婷,310106199211042837,30万元,20% 李芳,310106199208012837,30万元,20% 夏挺,310106199201252837,30万元,20%			李莉章 李莉 2011年1月28日

3. 出具企业名称预先核准通知书

徐汇区工商行政管理局登记部门核准后,出具《企业名称预先核准通知书》(样例2—1—2)。

样例2—1—2

企业名称预先核准通知书

(徐)登记内名预核字[110236]第10号

根据《企业名称登记管理规定》、《企业名称登记管理实施办法》等规定,同意预先核准下列4个投资人出资,注册资本(金)150万元(人民币壹佰伍拾万元整),住所设在上海市漕河泾街道徐锦路1号的企业名称为:上海宫基进出口公司

行业及行业代码:

投资人、投资额和投资比例:李莉、60万元、40%

王婷、30万元、20%

李芳、30万元、20%

夏挺、30万元、20%

李莉
章

以上预先核准的企业名称保留期至2012年7月31日。在保留期内,企业名称不得用于经营活动,不得转让。经企业登记机关设立登记,颁发营业执照后企业名称正式生效。

(上海市工商行政管理局徐汇区分局 印章)

上海市工商行政管理局徐汇区分局

核准日期:2011年1月31日

二、上海宫基进出口公司设立登记的申请

上海宫基进出口公司获取《企业名称预先核准通知书》后,向该局办理公司登记,提交公司章程、出资证明书、公司法定代表人任职文件与身份证明、企业名称预先核准通知书和公司住所证明(样例2—1—3)等文件。徐汇区工商行政管理局登记部门对申请文件等材料进行核准后收取设立登记费,并颁发《企业法人营业执照》(样例2—1—4)。

样例 2—1—3

房屋租赁合同

出租方(简称甲方)：上海天华商务公司
承租方(简称乙方)：上海宫基进出口公司

根据《中华人民共和国合同法》及相关法律法规的规定,甲、乙双方在平等、自愿的基础上,就甲方将房屋出租给乙方使用,乙方承租甲方房屋事宜,为明确双方权利义务,经协商一致,订立本合同。

第一条　甲方保证所出租的房屋符合国家对租赁房屋的有关规定。
第二条　房屋的坐落、面积情况
1. 甲方出租给乙方的房屋位于上海市徐锦路1号。
2. 出租房屋面积共35平方米。
第三条　租赁期限、用途
1. 该房屋租赁期自2011年1月31日起至2015年1月31日止。
2. 乙方向甲方承诺,租赁该房屋仅作为办公使用。
乙方如要求续租,则必须在租赁期满1个月之前书面通知甲方,经甲方同意后,重新签订租赁合同。
第四条　租金及支付方式
1. 该房屋每月租金为8 000元(大写捌仟元整)。
2. 房屋租金每6个月支付一次。
第五条　本合同自双方签(章)后生效。
第六条　本合同一式二份,由甲、乙双方各执一份,具有同等法律效力。

甲方：上海天华商务公司　　　　　乙方：上海宫基进出口公司
营业执照：3107771　　　　　　　 身份证号：　　　　　　1012837
电话：65045679　　　　　　　　　电话：5409
房地产经纪机构资质：　　102211
签约代表：桑格　　　　　　　　　签约代表：李莉
签约日期：2011年1月31日　　　　 签约日期：2011年1月31日

样例 2—1—4

企业法人营业执照
（副本）

注册号：3106071002 28888

名　称	上海宫基进出口公司
住　所	上海市徐汇区徐锦路1号
法定代表人姓名	李莉
注册资本	一百五十万元
实收资本	一百五十万元
公司类型	有限责任公司
经营范围	进出口业务
成立日期	2011年2月6日
营业期限至	2016年2月6日

须　知

1.《企业法人营业执照》是企业法人资格和合法的凭证。
2.《企业法人营业执照》分为正本和副本,正本和副本具有同样的法律效力。
3.《企业法人营业执照》正本应放置于住所醒目位置。
4.《企业法人营业执照》不得转借、涂改、出售、转让。
5. 登记情况有所变化,应到登记机关申请变更登记,换取新的《企业法人营业执照》。
6. 每年3月1日至6月30日参加年检。
7.《企业法人营业执照》遗失或损坏,应申明作废并补领。

年度检验情况

2011年2月8日

三、上海宫基进出口公司申办组织机构代码证

上海宫基进出口公司李莉经理填写中华人民共和国组织机构代码证申请表(样例2—1—5),并随附有关文件向上海市质量技术监督局申请申办组织机构代码证。通过审定后,领取中华人民共和国国家质量监督检验检疫总局签章的组织机构代码证(样例2—1—6)。

样例2—1—5

中华人民共和国组织机构代码证申请表

受理项目:新申报☑ 变更☐ 年审☐ 换证☐ 补发☐

申办单位盖章:上海宫基进出口公司章　　　机构代码□□□□□□□□

1	机构名称	上海宫基进出口公司								
2	机构类型	企业法人 ✓ 非法人 2	事业法人 3 非法人 4	社团法人 5 非法人 6	机关法人 7 非法人 8	其他机构民办非企业单位 9 A	个体工会 B 法人 C
3	法定代表人姓名(负责人、投资人)	李莉	身份证号码	310106199208112837
4	经营或业务范围	进出口业务
5	经济行业及代码		6	经济类型及代码	
7	成立日期	2011年2月6日	8	职工人数	6人
9	主管部门名称、代码	
10	注册资金	150万元	11	货币种类	人民币	12	外方投资机构国别(地区)、代码	
13	所在地行政区划	上海市徐汇区
14	机构地址	上海市徐汇区徐锦路1号
15	邮政编码	200004	16	单位电话	54091100	17	批准文号或注册号	
18	登记或批准机构、代码	

续表

19	是否涉密单位	是□ 否☑ 若属涉密单位,请出具主管部门的证明材料。		20	申请电子副本	1本
21	主要产品	1. 五金工具 2._____ 3._____					
22	经办人姓名	李莉	23 身份证号码	3 1 0 1 0 6 1 9 9 2 0 8 1 1 2 8 3 7		
			24 移动电话	13917935888		

以下由代码管理机关填写

办证机构代码□□□□□□

1	证书有效期至	____年____月____日	2	数据变更记录	
3	录入人(签字)	____年____月____日	4	审核(批)人(签字)	____年____月____日

样例 2—1—6

中华人民共和国
组织机构代码证

(副本)

代码:78358123—1

机 构 名 称:上海宫基进出口公司
机 构 类 型:企业法人
法定代表人:李莉
地　　　址:上海市徐汇区徐锦路1号
有 效 期:自 2011 年 2 月 1 日至 2012 年 2 月 1 日
颁发单位:上海市质量技术监督局
登 记 号:组代管 610100—0012347—1

说　明

1. 中华人民共和国组织机构代码是组织机构在中华人民共和国境内唯一的、始终不变的法定代码标识。《中华人民共和国组织机构代码证》是组织机构法定代码的凭证,分正本和副本。

2.《中华人民共和国组织机构代码证》不得出租、出借、冒用、转让、伪造、变造、非法买卖。

3.《中华人民共和国组织机构代码证》登记项目发生变化时,应向发证机关申请变更。

4. 各组织机构应当按有关规定,接受发证机关的年度检验。

5. 组织机构依法注销时,要向原发证机关办理注销登记,并交回全部代码证。

中华人民共和国　国家质量监督检

年检记

NO 2011 1363123

体验活动

一、活动背景

根据自愿组合的原则,将学生按6~8人组成一支创业团队,全班共建4支团队进行创业活动,形成竞争态势。每个团队选出法人代表兼经理,由其带领团队成员给公司命名,设置公司机构和岗位。

二、活动准备

设立外贸企业工商登记相关资料如下:

申请企业名称:上海商贸进出口公司(电子邮箱 SM@sohu.com)

备选企业名称:上海谈云进出口公司、上海方希进出口公司、上海秋敏进出口公司

拟从事的经营范围:进出口业务

注册资本(金):160万元

企业类型:合伙

企业住所(地址):上海市浦东新区浦南路1号(邮编200021)

投资人姓名、证照号码:谈云 310106199408232816、方希 310106199405212816
　　　　　　　　　　 秋敏 310106199407122816

投资额、投资比例:谈云 60万元 37.5%;方希 50万元 31.25%;秋敏 50万元 31.25%

电话:021-58056676　传真:021-58056677

法人代表:谈云(手机 13917933388)

出租方:上海物流商务公司

房屋面积:25平方米

租赁期限:2011年1月10日至2016年1月9日

每月租金:7 500元

主要产品:纺织品

是否涉密单位:不是

职工人数:8人

三、活动开展

1. 上海商贸进出口公司名称预先核准

谈云经理填写公司名称预先核准申请书,并向浦东新区工商行政管理局登记部门提交。

企业名称预先核准申请书

申请企业名称	
备选企业名称	
1	
2	
3	
拟从事的经营范围(只需要填写与企业名称行业表述一致的主要业务项目)	

注册资本(金)	万元	(法人企业必须填写)
企业类型	□公司制　□非公司制　□个人独资　□合伙	
企业住所(地址)		
投资人姓名或名称、证照号码、投资额和投资比(签字盖章)		

　　　　　　　　　　　　　　　　　　　　　　　　　年　　月　　日

2. 上海商贸进出口公司设立登记申请

谈云经理向浦东新区工商行政管理局登记部门提交公司章程、出资证明书、公司法定代表人任职文件与身份证明、企业名称预先核准通知书和公司住所证明等文件，申请设立登记。为此，谈云经理向上海谈云商务公司租赁办公场所，签订房屋租赁合同。

房屋租赁合同

出租方(简称甲方)：_____
承租方(简称乙方)：_____

根据《中华人民共和国合同法》及相关法律法规的规定，甲、乙双方在平等、自愿的基础上，就甲方将房屋出租给乙方使用，乙方承租甲方房屋事宜，为明确双方权利义务，经协商一致，订立本合同。

第一条　甲方保证所出租的房屋符合国家对租赁房屋的有关规定。

第二条　房屋的坐落、面积情况

1. 甲方出租给乙方的房屋位于_____。
2. 出租房屋面积共_____。

第三条　租赁期限、用途

续

1. 该房屋租赁期自_____年___月___日起至_____年___月___日止。
2. 乙方向甲方承诺,租赁该房屋仅作为办公使用。

乙方如要求续租,则必须在租赁期满1个月之前书面通知甲方,经甲方同意后,重新签订租赁合同。

第四条 租金及支付方式
1. 该房屋每月租金为_____(大写_____)。
2. 房屋租金每6个月支付一次。

第五条 本合同自双方签(章)后生效。

第六条 本合同一式二份,由甲、乙双方各执一份,具有同等法律效力。

甲方:_____	乙方:_____
营业执照:310607100228888	身份证号:_____
电话:62045671	电话:_____
房地产经纪机构资质证书号码:310225676	
签约代表:	签约代表:
签约日期: 年 月 日	签约日期:_____

3. 上海商贸进出口公司领取企业法人营业执照

企业法人营业执照
(副本)

注册号:3106071002261123

名　　称	上海商贸进出口公司
住　　所	上海市浦东新区浦南路1号
法定代表人姓名	谈云
注 册 资 本	一百六十万元
共 收 资 本	一百六十万元
公 司 类 型	有限责任公司
经 营 范 围	进出口业务
成 立 日 期	2011年2月10日
营业期限至	2016年2月10日

须　知

1.《企业法人营业执照》是企业法人资格和合法的凭证。
2.《企业法人营业执照》分为正本和副本,正本和副本具有同样的法律效力。
3.《企业法人营业执照》正本应放置于住所醒目位置。
4.《企业法人营业执照》不得转借、涂改、出售、转让。
5. 登记情况有所变化,应到登记机关申请变更登记,换取新的《企业法人营业执照》。
6. 每年3月1日至6月30日参加年检。
7.《企业法人营业执照》遗失或损坏,应申明作废并补领。

年度检验情况

2011年2月10日

4. 上海商贸进出口公司申请组织机构代码证

上海商贸进出口公司谈云经理填写中华人民共和国组织机构代码证申请表,向上海市质量技术监督局申请申办组织机构代码证。

中华人民共和国组织机构代码证申请表

受理项目：新申报□ 变更□ 年审□ 换证□ 补发□

申办单位盖章： 机构代码□□□□□□□□□

1	机构名称											
2	机构类型	企业法人	1	事业法人	3	社团法人	5	机关法人	7	其他机构民办非企业单位	9 A	个体工会法人 B
		非法人	2	非法人	4	非法人	6	非法人	8			C
3	法定代表人姓名（负责人、投资人）				身份证号码							
4	经营或业务范围											
5	经济行业及代码					6	经济类型及代码					
7	成立日期	＿＿＿年＿＿月＿＿日				8	职工人数					
9	主管部门名称、代码											
10	注册资金	万	11	货币种类		12	外方投资机构国别（地区）、代码					
13	所在地行政区划	＿＿＿＿市，＿＿＿＿区、县										
14	机构地址											
15	邮政编码		16	单位电话			17	批准文号或注册号				
18	登记或批准机构、代码											
19	是否涉密单位	是□ 否□ 若属涉密单位，请出具主管部门的证明材料。				20	申请电子副本	＿＿＿本				
21	主要产品	1.＿＿＿＿ 2.＿＿＿＿ 3.＿＿＿＿										
22	经办人姓名	23	身份证号码									
		24	移动电话									

以下由代码管理机关填写

办证机构代码 □□□□□□

1	证书有效期至	___年___月___日	2	数据变更记录	
3	录入人（签字）	___年___月___日	4	审核(批)人（签字）	___年___月___日

5. 上海商贸进出口公司领取组织机构代码证

上海市质量技术监督局对上海商贸进出口公司申请组织机构代码证的材料核准后，通知该公司领取中华人民共和国国家质量监督检验检疫总局签章的组织机构代码证。

```
          中华人民共和国
          组织机构代码证
              （副本）
          代码：78358123—1

机构名称：上海商贸进出口公司
机构类型：企业法人
法定代表人：谈云
地    址：上海市浦东新区浦南路1号
有  效  期：自2011年2月1日至2016年2月1日
颁发单位：上海市质量技术监督局
登  记  号：组代营610100—008447—121
```

说　明

1. 中华人民共和国组织机构代码是组织机构在中华人民共和国境内唯一的、始终不变的法定代码标识。《中华人民共和国组织机构代码证》是组织机构法定代码的凭证，分正本和副本。

2. 《中华人民共和国组织机构代码证》不得出租、出借、冒用、转让、伪造、变造、非法买卖。

3. 《中华人民共和国组织机构代码证》登记项目发生变化时，应向发证机关申请变更。

4. 各组织机构应当按有关规定，接受发证机关的年度检验。

5. 组织机构依法注销时，要向原发证机关办理注销登记，并交回全部代码证。

中华人民共和国　国家质量监督检

年检记录

NO 2011 1363428

任务二　对外贸易经营者的备案登记

操作指南

设立外贸企业在领取组织机构代码证后，在本地区备案登记机关办理备案登记。对外贸易经营者备案登记程序、要求同前所述，故此略。

模拟操作

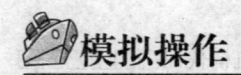

案例背景

上海宫基进出口公司在领取组织机构代码证后,按照对外贸易经营者备案登记办法的规定,持有关材料向上海市商委备案登记机关办理对外贸易经营者备案登记。上海市商委核准无误后,在《对外贸易经营者备案登记表》上加盖备案登记印章,并将其信息和材料建立备案登记档案。

一、上海宫基进出口公司填写《对外贸易经营者备案登记表》

上海宫基进出口公司李莉经理填写《对外贸易经营者备案登记表》(样例2-1-7),随附营业执照复印件、组织机构代码证书复印件和财产公证证明等材料向上海市商委主管部门办理对外贸易经营者备案登记。

样例 2-1-7

对外贸易经营者备案登记表

备案登记表编号: 进出口企业代码:3100843215

经营者中文名称	上海宫基进出口公司		
经营者英文名称	SHANGHAI GJ IMPORT & EXPORT CORPORATION		
组织机构代码	78358123-1	经营者类型 (由备案登记机关填写)	
住 所	上海市徐汇区徐锦路1号		
经营场所(中文)	上海市徐汇区徐锦路1号		
经营场所(英文)	No. 1 XUJIN ROAD SHANGHAI CHINA		
联系电话	021-54091100	联系传真	021-54091101
邮政编码	200004	电子邮箱	GJ@sohu.com
工商登记注册日期	2011年2月1日	工商登记注册号	310607100228888

依法办理工商登记的企业还须填写以下内容

企业法定代表人姓名	李莉	有效证件号	310106199101012837
注册资金	150万元		(折美元) 23.44万美元

依法办理工商登记的外国(地区)企业或个体工商户(独资经营者)还须填写以下内容

企业法定代表人/ 个体工商负责人姓名	李莉	有效证件号	310106199101012837
企业资产/个人财产	150万元		(折美元)23.44万美元
备注:无进口商品分销业务			

填表前请认真阅读背面的条款,并由企业法定代表人或个体工商负责人签字、盖章。

备案登记机关签章:

年　　月　　日

备案登记表背面:

本对外贸易经营者作如下保证:

一、遵守《中华人民共和国对外贸易法》及其配套法规、规章。

二、遵守与进出口贸易相关的海关、外汇、税务、检验检疫、环保、知识产权等中华人民共和国其他法律、法规、规章。

三、遵守中华人民共和国关于核、生物、化学、导弹等各类敏感物项和技术出口管制法规以及其他相关法律、法规、规章,不从事任何危害国家安全和社会公共利益的活动。

四、不伪造、变造、涂改、出租、出借、转让、出卖《对外贸易经营者备案登记表》。

五、在备案登记表中所填写的信息是完整的、准确的、真实的;所提交的所有材料是完整的、准确的、合法的。

六、《对外贸易经营者备案登记表》上填写的任何事项发生变化之日起,30日内到原备案登记机关办理《对外贸易经营者备案登记表》的变更手续。

以上如有违反,将承担一切法律责任。

　　　　　　　　　　　　　　　　　　　上海宫基进出口公司
　　　　　　　　　　　　　　　　　　　　　专用章

对外贸易经营者签字、盖章: 李莉

2011年2月5日

二、备案机关予以备案登记

上海市商委对上海宫基进出口公司提交的备案材料进行审核,核准后在《对外贸易经营者备案登记表》(样例2-1-8)上加盖备案登记印章,并予以备案。

样例 2—1—8

对外贸易经营者备案登记表

备案登记表编号：NO. 8387623　　　　　　　　　　　　进出口企业代码：3100843215

经营者中文名称	上海宫基进出口公司		
经营者英文名称	SHANGHAI GJ IMPORT & EXPORT CORPORATION		
组织机构代码	78358123－1	经营者类型（由备案登记机关填写）	
住　　所	上海市徐汇区徐锦路1号		
经营场所（中文）	上海市徐汇区徐锦路1号		
经营场所（英文）	No. 1XUJIN ROAD SHANGHAI CHINA		
联系电话	021－54091100	联系传真	021－54091101
邮政编码	200004	电子邮箱	GJ@sohu.com
工商登记注册日期	2011年2月1日	工商登记注册号	310607100228888

依法办理工商登记的企业还须填写以下内容

企业法定代表人姓名	李莉	有效证件号	310106199101012837
注册资金	150万元		（折美元）23.44万美元

依法办理工商登记的外国(地区)企业或个体工商户(独资经营者)还须填写以下内容

企业法定代表人/个体工商负责人姓名	李莉	有效证件号	310106199101012837
企业资产/个人财产	150万元		（折美元）23.44万美元

备注：无进口商品分销业务		

填表前请认真阅读背面的条款，并由企业法定代表人或个体工商负　　上海市商务委员会
　　　　　　　　　　　　　　　　备案登记机关签章：　　　　　　　　　备案专用章

2011年2月5日

备案登记表背面:

本对外贸易经营者作如下保证:
　　一、遵守《中华人民共和国对外贸易法》及其配套法规、规章。
　　二、遵守与进出口贸易相关的海关、外汇、税务、检验检疫、环保、知识产权等中华人民共和国其他法律、法规、规章。
　　三、遵守中华人民共和国关于核、生物、化学、导弹等各类敏感物项和技术出口管制法规以及其他相关法律、法规、规章,不从事任何危害国家安全和社会公共利益的活动。
　　四、不伪造、变造、涂改、出租、出借、转让、出卖《对外贸易经营者备案登记表》。
　　五、在备案登记表中所填写的信息是完整的、准确的、真实的;所提交的所有材料是完整的、准确的、合法的。
　　六、《对外贸易经营者备案登记表》上填写的任何事项发生变化之日起,30日内到原备案登记机关办理《对外贸易经营者备案登记表》的变更手续。
　　以上如有违反,将承担一切法律责任。

上海宫基进出口公司
专用章

对外贸易经营者签字、盖章: 李莉
2011年2月5日

体验活动

一、活动背景

以谈云为首的创业团队,根据企业营业执照、组织机构代码证等有关证件填写《对外贸易经营者备案登记表》,随附营业执照复印件、组织机构代码证书复印件等材料向上海市商委主管部门办理对外贸易经营者备案登记。为此,团队各成员进行分工,有的搜集资料,有的负责填表,有的负责审核,有的在现场办理备案登记,形成互助,培养团队合作精神。

二、活动准备

办理对外贸易经营者备案登记相关资料如下:
备案登记表编号:WJ090112
进出口企业代码:QD3188432159

三、活动开展

1. 上海商贸进出口公司填写《对外贸易经营者备案登记表》
谈云经理填写《对外贸易经营者备案登记表》,并随附营业执照复印件、组织机构代码证书复印件等材料向上海市商委主管部门办理对外贸易经营者备案登记。

对外贸易经营者备案登记表

备案登记表编号：　　　　　　　　　　　　　　进出口企业代码：

经营者中文名称			
经营者英文名称			
组织机构代码		经营者类型 （由备案登记机关填写）	
住　　所			
经营场所(中文)			
经营场所(英文)			
联系电话		联系传真	
邮政编码		电子邮箱	
工商登记注册日期		工商登记注册号	

依法办理工商登记的企业还须填写以下内容

企业法定代表人姓名		有效证件号	
注册资金		（折美元）	

依法办理工商登记的外国(地区)企业或个体工商户(独资经营者)还须填写以下内容

企业法定代表人/ 个体工商负责人姓名		有效证件号	
企业资产/个人财产			
备注：			

填表前请认真阅读背面的条款，并由企业法定代表人或个体工商负责人签字、盖章。

备案登记机关签章：

年　　月　　日

备案登记表背面：

本对外贸易经营者作如下保证：

一、遵守《中华人民共和国对外贸易法》及其配套法规、规章。

二、遵守与进出口贸易相关的海关、外汇、税务、检验检疫、环保、知识产权等中华人民共和国其他法律、法规、规章。

三、遵守中华人民共和国关于核、生物、化学、导弹等各类敏感物项和技术出口管制法规以及其他相关法律、法规、规章，不从事任何危害国家安全和社会公共利益的活动。

四、不伪造、变造、涂改、出租、出借、转让、出卖《对外贸易经营者备案登记表》。

五、在备案登记表中所填写的信息是完整的、准确的、真实的；所提交的所有材料是完整的、准确的、合法的。

六、《对外贸易经营者备案登记表》上填写的任何事项发生变化之日起，30日内到原备案登记机关办理《对外贸易经营者备案登记表》的变更手续。

以上如有违反，将承担一切法律责任。

对外贸易经营者签字、盖章：

年　　月　　日

2. 备案机关予以备案登记

对外贸易经营者备案登记表

备案登记表编号：WJ090112　　　　　　　　　　进出口企业代码：QD3188432159

经营者中文名称	上海商贸进出口公司		
经营者英文名称	SHANGHAI SHANGMAO IMPORT & EXPORT CORPORATION		
组织机构代码	78358112—4	经营者类型（由备案登记机关填写）	
住　　所	上海市浦东新区浦南路1号		
经营场所(中文)	上海市浦东新区浦南路1号		
经营场所(英文)	No.1 PUNAN ROAD SHANGHAI CHINA		
联系电话	021—58056676	联系传真	021—58056677
邮政编码	200021	电子邮箱	SM@sohu.com
工商登记注册日期	2011年2月9日	工商登记注册号	3106071002261123

依法办理工商登记的企业还须填写以下内容

企业法定代表人姓名	谈云	有效证件号	310106199408232816
注册资金	160万元		（折美元）25万美元

依法办理工商登记的外国(地区)企业或个体工商户(独资经营者)还须填写以下内容

企业法定代表人/ 个体工商负责人姓名		有效证件号	
企业资产/个人财产			（折美元）
备注：无进口商品分销业务			

填表前请认真阅读背面的条款，并由企业法定代表人或个体工商负责人签字、盖章。

备案登记机关签章： 上海市商务委员会
备案专用章

2011年2月10日

备案登记表背面：

本对外贸易经营者作如下保证：

　　一、遵守《中华人民共和国对外贸易法》及其配套法规、规章。

　　二、遵守与进出口贸易相关的海关、外汇、税务、检验检疫、环保、知识产权等中华人民共和国其他法律、法规、规章。

　　三、遵守中华人民共和国关于核、生物、化学、导弹等各类敏感物项和技术出口管制法规以及其他相关法律、法规、规章，不从事任何危害国家安全和社会公共利益的活动。

　　四、不伪造、变造、涂改、出租、出借、转让、出卖《对外贸易经营者备案登记表》。

　　五、在备案登记表中所填写的信息是完整的、准确的、真实的；所提交的所有材料是完整的、准确的、合法的。

　　六、《对外贸易经营者备案登记表》上填写的任何事项发生变化之日起，30日内到原备案登记机关办《对外贸易经营者备案登记表》的变更手续。

　　以上如有违反，将承担一切法律责任。

上海商贸进出口公司章

对外贸易经营者签字、盖章： 谈云

2011年2月10日

任务三 自理外贸企业的税务登记

操作指南

自理外贸企业应在对外贸易经营者备案登记日之起 30 日内,凭加盖备案登记印章的《对外贸易经营者备案登记表》到当地主管国家税务机关依法办理税务登记。申请外贸企业税务登记的程序、要求同前所述,故此略。

模拟操作

案例背景

上海宫基进出口公司获取加盖备案登记印章的《对外贸易经营者备案登记表》后,即日到上海市徐汇区国家税务局填报《税务登记申请书》,并随附营业执照、银行账号证明、法定代表人居民身份证、组织机构统一代码证书和经营场所的使用证明等有关材料办理税务登记。

一、上海宫基进出口公司填写税务登记表

上海宫基进出口公司李莉经理向税务登记机关领取税务登记表(样例2—1—9),并如实地填写,签字并加盖企业印章送徐汇区国家税务局。

样例 2—1—9

税 务 登 记 表

纳税人名称	上海宫基进出口公司				纳税人识别号			NS08214567
登记注册类型	个体工商				批准设立机构			徐汇区工商行政管理局
组织机构代码	78358123—1				批准设立证明或文件号			
开业(设立)日期	2011.2.1	生产经营期限	5 年	证照名称	营业执照	证照号码	310607100228888
注册地址	徐汇区							
	行政区域码			邮政编码	200004	联系电话	54091100
生产经营地址	区							
	行政区域码			邮政编码		联系电话	

续表

核算方式	请选择对应项目打"√" ☑独立核算　□非独立核算		从业人数		8人　其中外籍人数_____	
单位性质	请选择对应项目打"√" □企业　□事业单位　□社会团体　☑民办非企业单位　□其他					
网址	WWW. GONGJI. COM		国标行业		□□ □□ □□	
适用会计制度	请选择对应项目打"√" ☑企业会计制度　□小企业会计制度　□金融会计制度 □行政事业单位会计制度					
经营范围	五金工具进出口业务		请将法定代表人(负责人)身份证件复印件粘贴在此处			
项目 内容 联系人	姓名	身份证件		固定电话	移动电话	电子邮箱
		种类	号码			
法定代表人 (负责人)	李莉		310106199101012837	54091100	13917935888	GJ@sohu.com
财务负责人	王婷		310106199211042837	54091100	13678987652	GJ@sohu.com
办税人	李芳		310106199208012837	54091100	136712345677	GJ@sohu.com
税务代理人名称		纳税人识别号			联系电话	电子邮箱
注册资本		金　额			币　种	
		150万			人民币	
投资总额		金　额			币　种	
		150万			人民币	
投资方名称	投资方证件号	证件种类	金额	币种	投资比例	投资方经济性质	国籍或地址

续表

自然人投资比例		外资投资比例		国有投资比例	
分支机构名称		注册地址		纳税人识别号	
总机构名称		纳税人识别号			
注册地址		经营范围			
法定代表人名称		联系电话		注册地址邮政编码	
代扣代缴、代收代缴税款业务情况		代扣代缴、代收代缴税款业务内容		代扣代缴、代收代缴税种	
附报资料:					
经办人签章: 2011 年 李莉章 日		法定代表人（负责人）签章: 2011 年 2 李莉章		纳税人公章: 201 上海宫基进出口公司专用章	

以下由税务机关填写:

纳税人所处街乡		隶属关系	
国税主管税务局		国税主管税务所(科)	是否属于国税、
地税主管税务局		地税主管税务所(科)	地税共管户
经办人(签章): 国税经办人:_____ 地税经办人:_____ 受理日期: ___年___月___日	国家税务登记机关 (税务登记专用章): 核准日期: ___年___月___日 国税主管税务机关:		地方税务登记机关 (税务登记专用章): 核准日期: ___年___月___日 地税主管税务机关:
国税核发《税务登记证副本》数量:	本　发证日期:_____年___月___日		
地税核发《税务登记证副本》数量:	本　发证日期:_____年___月___日		

国家税务总局监制

二、税务登记机关颁发税务登记证

徐汇区国家税务局受理后予以审核,经核准后予以登记,并向上海宫基进出口公司发给税务登记证及其副本(样例2—1—10)。

样例2—1—10

税务登记证 （副本） 国税沪字 310683771943453 号 发证机关：（上海市国家税务局印章） 2011年2月25日	纳税人名称　上海宫基进出口公司 法定代表人　李莉 地　　　址 登记注册类型　私营有限责任公司 经营方式　进出口业务 经营范围　茶叶 经营期限 证件有效期限　2011年2月25日 　　　　　　至2016年2月24日

体验活动

一、活动背景

以谈云为首的创业团队获准对外贸易经营者备案登记后,还需办理税务登记。近日,谈云经理到上海市浦东新区国家税务局领取税务登记申请书,按照有关规定填报,并随附营业执照、银行账号证明、法定代表人居民身份证、组织机构统一代码证书和经营场所的使用证明等有关材料办理税务登记手续。为此,团队各成员进行分工,有的搜集资料,有的负责填表,有的负责审核,有的在现场办理税务登记,共同完成本次工作任务。

二、活动准备

办理税务登记相关资料如下：
纳税人识别号：NS0998765
核算方式：独立核算
从业人数：8人
单位性质：民办非企业单位

网址:WWW. SHANGMAO. COM
适用会计制度:企业会计制度
法人代表:谈云　电话:58056676　手机13917933388　邮箱 SM@sohu.com
财务负责人:方希　电话:58056676　手机13917933381　邮箱 SM@sohu.com
办税人:秋敏　电话:58056676　手机13917933382　邮箱 SM@sohu.com

三、活动开展

1. 上海商贸进出口公司填写税务登记表

税 务 登 记 表

纳税人名称			纳税人识别号		
登记注册类型			批准设立机构		
组织机构代码			批准设立证明或文件号		
开业(设立)日期		生产经营期限	证照名称		证照号码
注册地址	区				
	行政区域码		邮政编码		联系电话
生产经营地址	区				
	行政区域码		邮政编码		联系电话
核算方式	请选择对应项目打"√" □独立核算　□非独立核算		从业人数	＿＿＿＿其中外籍人数＿＿＿＿	
单位性质	请选择对应项目打"√" □企业　□事业单位　□社会团体　□民办非企业单位　□其他				
网址			国标行业	□□ □□ □□ □□	
适用会计制度	请选择对应项目打"√" □企业会计制度　□小企业会计制度　□金融会计制度 □行政事业单位会计制度				
经营范围					
	请将法定代表人(负责人)身份证件复印件粘贴在此处				

续表

项目\内容\联系人	姓名	身份证件 种类	身份证件 号码	固定电话	移动电话	电子邮箱
法定代表人（负责人）						
财务负责人						
办税人						

税务代理人名称	纳税人识别号	联系电话	电子邮箱

注册资本	金　额	币　种
		人民币

投资总额	金　额	币　种
		人民币

投资方名称	投资方证件号	证件种类	金额	币种	投资比例	投资方经济性质	国籍或地址

自然人投资比例		外资投资比例		国有投资比例	

分支机构名称	注册地址	纳税人识别号

总机构名称		纳税人识别号	
注册地址		经营范围	
法定代表人名称		联系电话		注册地址邮政编码	

代扣代缴、代收代缴税款业务情况	代扣代缴、代收代缴税款业务内容	代扣代缴、代收代缴税种

附报资料：

经办人签章：	法定代表人（负责人）签章：	纳税人公章：
＿＿＿＿年＿＿月＿＿日	＿＿＿＿年＿＿月＿＿日	＿＿＿＿年＿＿月＿＿日

以下由税务机关填写：

纳税人所处街乡			隶属关系	
国税主管税务局		国税主管税务所(科)	是否属于国税、地税共管户	
地税主管税务局		地税主管税务所(科)		
经办人(签章)： 国税经办人：_____ 地税经办人：_____ 受理日期： _____年___月___日	国家税务登记机关 (税务登记专用章)： 核准日期： _____年___月___日 国税主管税务机关：		地方税务登记机关 (税务登记专用章)： 核准日期： _____年___月___日 地税主管税务机关：	
国税核发《税务登记证副本》数量：	本	发证日期：_____年___月___日		
地税核发《税务登记证副本》数量：	本	发证日期：_____年___月___日		

国家税务总局监制

2. 税务登记机关颁发税务登记证

浦东新区国家税务局受理申请后予以审核，经核准后予以登记，并向上海商贸进出口公司发给税务登记证及其副本。

税务登记证

（副本）

国税沪字　310987654321453 号

发证机关：（上海市国家税务局印章）

2011 年 2 月 26 日

纳税人名称　上海商贸进出口公司
法定代表人　谈云
地　　　址　
登记注册类型　私营有限责任公司
经营方式　进出口业务
经营范围　纺织品

经营期限　
证件有效期限　2011 年 2 月 26 日
　　　　　　　至 2016 年 2 月 26 日

任务四　自理外贸企业的报检备案登记

操作指南

自理报检单位备案登记申请人可直接向其工商注册所在地的检验检疫机构提出申请办理备案登记手续。具体备案登记的程序、要求如同前述，故此略。

模拟操作

案例背景

上海宫基进出口公司根据有关法律法规的规定，填写《自理报检单位备案登记申请表》（样例2—1—11）并随附《企业法人营业执照》、组织机构代码证等有关材料向上海市出入境检验检疫局办理自理报检单位备案登记手续。

一、上海宫基进出口公司填写自理报检单位备案登记申请表

样例 2—1—11

自理报检单位备案登记申请表

申请单位名称（中文）	上海宫基进出口公司				
申请单位名称（英文）	SHANGHAI GJ IMPORT & EXPORT CORPORATION				
企业地址	上海市徐汇区徐锦路1号			邮政编码	200004
海关注册代码		电话号码	54091100	法人代表人	李莉
E-mail 地址	GJ@sohu.com	传真号码	54091101	联系人	李莉
企业性质	☐ 国有　☐ 中外合作　☐ 中外合资　☐ 外商独资 ☐ 集体　☑ 私营　☐ 其他				
组织机构代码	78358123—1	外资投资国别 （"三资"企业）			
经营单位	上海宫基进出口公司				

续表

开户银行	上海市工商银行徐汇支行	银行账号	4005743—212324
随附文件	☑ 企业营业执照复印件 ☑ 批准证书/资格证书复印件 ☑ 组织机构代码证复印件 ☐ 其他 以上文件的复印件应加盖公章。			

申请单位公章： 上海宫基进出口公司章 法定代表人签字：李莉	报检专用章： 上海宫基进出口公司 报检专用章 填报人：李莉 日期：2011年2月28日

* 以下由出入境检验检疫机构填写：

企业备案登记代码：	经办人： 日期： 年 月 日

二、发证机关颁发自理报检单位备案登记证明书

样例2—1—12

自理报检单位备案登记证明书

备案登记号 310683771

企业名称　上海宫基进出口公司
法定代表人　李莉
组织机构代码
单位地址　上海市徐汇区徐锦路1号

发证机关　上海市出入境检验检疫局
发证日期　2011年3月3日

体验活动

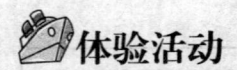

一、活动背景

上海商贸进出口公司根据有关法律法规的规定,填写《自理报检单位备案登记申请表》并随附《企业法人营业执照》、组织机构代码证等有关材料向上海市出入境检验检疫局办理自理报检单位备案登记手续。为此,团队各成员进行分工,有的搜集资料,有的负责填表,有的负责审核,有的在现场办理备案登记,共同完成本项工作任务。

二、活动准备

办理自理报检单位备案登记相关资料如下:
开户银行:中国银行浦东支行
银行账号:4743－322123241
随附文件:企业营业执照复印件、组织机构代码证复印件

三、活动开展

1. 上海商贸进出口公司填写自理报检单位备案登记申请表

自理报检单位备案登记申请表

申请单位名称(中文)					
申请单位名称(英文)					
企业地址				邮政编码	
海关注册代码		电话号码		法定代表人	
E-mail 地址		传真号码		联系人	
企业性质	☐ 国有　☐ 中外合作　☐ 中外合资　☐ 外商独资 ☐ 集体　☐ 私营　☐ 其他				
组织机构代码		外资投资国别 ("三资"企业)			
经营单位					
开户银行			银行账号		

续表

随附文件	☐ 企业营业执照复印件 ☐ 批准证书/资格证书复印件 ☐ 组织机构代码证复印件 ☐ 其他 以上文件的复印件应加盖公章。	
申请单位公章：		报检专用章：
法定代表人签字：		填报人： 日期：　　年　　月　　日
* 以下由出入境检验检疫机构填写：		
企业备案登记代码：		经办人： 日期：　　年　　月　　日

2. 发证机关颁发自理报检单位备案登记证明书

自理报检单位备案登记证明书

备案登记号　311230683

企业名称　　上海商贸进出口公司
法定代表人　谈云
组织机构代码
单位地址　　上海市浦东新区浦南路1号

发证机关　　上海市出入境检验检疫局
发证日期　　2011年3月8日

任务五 自理外贸企业的海关注册登记

操作指南

自理外贸企业为进行对外贸易向海关办理注册登记事宜,进出口货物收发货人在海关办理注册登记后,可以在中华人民共和国关境内各个口岸地或者海关监管业务集中点办理企业的报关业务。海关注册登记程序、要求同前所述,故此略。

模拟操作

案例背景

上海宫基进出口公司根据有关法律法规的规定,填写《报关单位情况登记表》、《报关单位管理人员情况登记表》,并随附营业执照、对外贸易经营者备案登记表复印件、企业章程复印件、税务登记证书副本复印件、银行开户证明复印件、组织机构代码证书副本复印件等有关材料,持有关材料向上海海关登记机关办理注册登记手续。海关核准后,在3日内予以注册登记,并核发《中华人民共和国海关进出口货物收发货人报关注册登记证书》。上海宫基进出口公司凭其在我国关境内各个口岸地或者海关监管业务集中点办理企业的报关业务。

一、上海宫基进出口公司填写报关单位情况登记表

样例 2—1—13

报关单位情况登记表

(以下内容不得空缺,如办理变更仅填写变更事项)

填表单位(盖章): 上海宫基进出口公司报检专用章　　　　日期:2011 年 3 月 29 日

海关注册编码			预录入号	
注册日期				
名称	工商注册全称	上海宫基进出口公司		
	对外英文名称	SHANGHAI GJ IMPORT & EXPORT CORPORATION		
地址	工商注册地址	上海市徐锦路1号	邮政编码	200004
	对外英文地址	No. 1 XUJIN ROAD SHANGHAI CHINA		

续表

注册资本(万)	150万元	资本币制		人民币	投资总额	150万元
备案(批准)机关	上海市商委	备案(批准)文号		N08387623	生产类型	
开户银行	工商银行徐汇支行	银行账号		4005743—212324	行业种类	贸易
法定代表人(负责人)		李莉	证件类型	身份证 证件号 310106199101012837	电话	54091100
联系人	李莉		联系电话	54091100	报关类型	自理
纳税人识别号	NS08214567		营业执照编号		310607100228888	
组织机构代码	78358123—1		报关有效期			
进出口企业代码	3100843215		工商注册有效期		5年	
经营范围	茶叶批发、进出口贸易					
主要产品						

	投资者	投资国别	投资方式	投资金额	到位金额
1					
2					
3					

以上填写保证无讹,请贵关(办)办理单位报关登记手续,我单位保证遵守海关的法律、法规和其他有关制度,承担相应的法律责任。

备注	

相关连接　报关单位情况登记表的填写

注册日期、海关注册编码、预录入号:新企业注册可不填

投资总额(万美元):按当日外汇汇率折算成美元

生产类型:根据《企业法人营业执照》经营范围选定

行业种类:根据《企业法人营业执照》经营范围选定

备案(批准)机关:核发《对外贸易经营者备案登记表》的机关

备案(批准)文号:《对外贸易经营者备案登记表》编号

报关类别:无权报关、专业报关、自理报关

证件类型:身份证、居住证、护照

证件号:法定代表人(负责人)的身份证件号或护照证件号

纳税人识别号:一般贸易企业纳税人识别号为国税号

报关有效期:新企业注册可不填

续

> 进出口代码:《对外贸易经营者备案登记表》的进出口企业代码
> 投资者:外商投资企业股东(自然人或法人)
> 投资国别:外商投资企业投资者国别
> 投资方式:按实际情况填写,分别有:1—产权、2—物权、3—实物+产权、4—现汇、5—现汇+产权、6—现汇+实物、7—现汇+实物+产权
> 投资金额:以《企业法人营业执照》或《营业执照》核准的金额为准,以"万美元"为单位
> 备注:填写企业日常经营地址,跨区迁址的注明原编码等。

二、上海宫基进出口公司填写报关单位管理人员情况登记表

样例2—1—14

报关单位管理人员情况登记表

填表单位(盖章) 上海宫基进出口公司专用章　　　　填表日期 2011 年 3 月 29 日

	单位名称	上海宫基进出口公司
	海关注册编码	
法定代表人	姓　　名	李莉
	身份证件号	310106199101012837
	国籍(地区)	中国
	职　　务	总经理
	出生日期	1991年1月1日
	学　　历	大学
	住　　址	上海市徐锦路1号
	联系电话(手机)	13917935888
	备　　注	
报关业务负责人	姓　　名	李莉
	身份证件号	310106199101012837
	国籍(地区)	中国
	职　　务	总经理
	出生日期	1991年1月1日
	学　　历	大学
	住　　址	上海市徐锦路1号
	联系电话(手机)	13917935888
	备　　注	

续表

财务负责人	姓　　名	王婷
	身份证件号	310106199211042837
	国籍（地区）	中国
	职　　务	财务主管
	出生日期	1992年11月4日
	学　　历	大学
	住　　址	上海市徐锦路1号
	联系电话（手机）	13678987652
	备　　注	

注：企业管理人员的填报范围：1. 法定代表人　2. 报关业务负责人　3. 会计主管或者财务经理

三、海关核发中华人民共和国海关进出口货物收发货人报关注册登记证书

上海海关对上海宫基进出口公司的注册申请材料予以审核，核准后在3日内办妥注册登记，并核发《中华人民共和国海关进出口货物收发货人报关注册登记证书》，凭其办理报关业务。

样例2－1－15

中华人民共和国海关 进出口货物收发货人报关注册登记证书	企业名称	上海宫基进出口公司
	企业地址	上海市徐锦路1号
	法定代表人（负责人）	李莉
	注册资本	150万
	经营范围	茶叶批发及进出口业务
	主要投资者名称	出资额及比例
海关注册登记编号 3102011092 注册登记日期 2011年3月30日 　 中华人民共和国　上海　海关	备注：本证书有效期至2013年9月30日，报关单位应当在有效期前三十日至海关办理换证手续，逾期自动失效。	

体验活动

一、活动背景

上海商贸进出口公司根据有关法律法规的规定，填写《报关单位情况登记表》、《报关单位管理人员情况登记表》，并随附营业执照、对外贸易经营者登记备案表复印件、企业章程复印件、税务登记证书副本复印件、银行开户证明复印件、组织机构代码证书副本复印件等有关材料，持有关材料向上海海关登记机关办理注册登记手续（复印件必须加盖公司章）。为此，团队各成员进行分工，有的搜集资料，有的负责填表，有的负责审核，有的在现场办理注册登记，共同完成本项工作任务。

二、活动准备

办理报关单位注册登记相关资料如下：

行业种类：贸易
报关类型：自理
工商注册有效期：5年
学历：大学
地址：上海市浦南路1号

三、活动开展

1. 上海商贸进出口公司填写报关单位情况登记表

报关单位情况登记表

（以下内容不得空缺，如办理变更仅填写变更事项）

填表单位（盖章）： 日期： 年 月 日

海关注册编码			预录入号	
注册日期				
名称	工商注册全称			
	对外英文名称			
地址	工商注册地址		邮政编码	
	对外英文地址			
注册资本（万）		资本币制		投资总额	
备案（批准）机关		备案（批准）文号		生产类型	

续表

开户银行		银行账号		行业种类	
法定代表人(负责人)		证件类型	证件号	电话	
联系人		联系电话		报关类型	
纳税人识别号			营业执照编号		
组织机构代码			报关有效期		
进出口企业代码			工商注册有效期		
经营范围					
主要产品					

	投资者	投资国别	投资方式	投资金额	到位金额
1					
2					
3					

以上填写保证无讹,请贵关(办)办理单位报关登记手续,我单位保证遵守海关的法律、法规和其他有关制度,承担相应的法律责任。

备注	

2. 上海商贸进出口公司填写报关单位管理人员情况登记表

报关单位管理人员情况登记表

填表单位(盖章)　　　　　　　　　　填表日期　　年　月　日

	单位名称	
	海关注册编码	
法定代表人	姓　　名	
	身份证件号	
	国籍(地区)	
	职　　务	
	出生日期	
	学　　历	
	住　　址	
	联系电话(手机)	
	备　　注	

续表

<table>
<tr><td rowspan="8">报关业务负责人</td><td>姓　名</td><td></td></tr>
<tr><td>身份证件号</td><td></td></tr>
<tr><td>国籍（地区）</td><td></td></tr>
<tr><td>职　务</td><td></td></tr>
<tr><td>出生日期</td><td></td></tr>
<tr><td>学　历</td><td></td></tr>
<tr><td>住　址</td><td></td></tr>
<tr><td>联系电话(手机)</td><td></td></tr>
<tr><td>备　注</td><td></td></tr>
<tr><td rowspan="8">财务负责人</td><td>姓　名</td><td></td></tr>
<tr><td>身份证件号</td><td></td></tr>
<tr><td>国籍（地区）</td><td></td></tr>
<tr><td>职　务</td><td></td></tr>
<tr><td>出生日期</td><td></td></tr>
<tr><td>学　历</td><td></td></tr>
<tr><td>住　址</td><td></td></tr>
<tr><td>联系电话(手机)</td><td></td></tr>
<tr><td>备　注</td><td></td></tr>
</table>

注：企业管理人员的填报范围：1. 法定代表人　2. 报关业务负责人　3. 会计主管或者财务经理

3. 登记机关核发进出口货物收发货人报关注册登记证书

<table>
<tr><td rowspan="8">中华人民共和国海关
进出口货物收发货人报关注册登记证书

海关注册登记编号 3102011666
注册登记日期 2011 年 3 月 31 日

中华人民共和国　上海　海关</td><td>企业名称</td><td colspan="2">上海商贸进出口公司</td></tr>
<tr><td>企业地址</td><td colspan="2">上海市浦南路 1 号</td></tr>
<tr><td>法定代表人
（负责人）</td><td colspan="2">谈云</td></tr>
<tr><td>注册资本</td><td colspan="2">160 万</td></tr>
<tr><td>经营范围</td><td colspan="2">纺织品</td></tr>
<tr><td>主要投资者名称</td><td colspan="2">出资额及比例</td></tr>
<tr><td></td><td></td></tr>
<tr><td></td><td></td></tr>
<tr><td colspan="3">备注：本证书有效期至 2014 年 3 月 31 日，报关单位应当在有效期前三十日至海关办理换证手续，逾期自动失效。</td></tr>
</table>

任务六　自理外贸企业的原产地证书注册登记

操作指南

自理外贸企业办理出口业务,需要提供原产地证书,为此要进行原产地证书的注册登记。其程序、要求同前所述,故此略。

模拟操作

案例背景

上海宫基进出口公司根据我国原产地证明书的签证管理办法的有关规定,填写《申请优惠原产地证书注册登记表》,并随附营业执照、对外贸易经营者备案登记表复印件、组织机构代码证书副本复印件等有关材料,向上海出入境检验检疫局登记机关办理原产地注册登记手续。登记机关对上海宫基进出口公司的申请材料核准后,发放注册登记号予以注册登记,并核发《中华人民共和国普遍优惠制原产地证明书注册登记证书》。上海宫基进出口公司凭本注册登记证书申请原产地证书。

一、上海宫基进出口公司填写申请优惠原产地证书注册登记表

样例 2—1—16

申请优惠原产地证书 **注册登记表**	**注册须知**
注册号码 注册日期	1. 申请单位须为在中华人民共和国境内取得进出口经营权的企业。 2. 申请单位应先取得海关注册登记编码,再办理优惠原产地证书注册登记手续。 3. 优惠原产地证书须由手签员申请。 4. 申请单位签署证书印章应为中英文名称对照(一体)印章,大小尺寸不超过6厘米×4厘米(长×宽),颜色、形状不限。 5. 本表中法定代表人签字和手签员手签笔迹须本人亲笔签署。 6. H.S.编码须按海关税则填写8~10位。 7. 出口产品含进口成分的,需填写《含进口成分产品成本及加工工序明细单》。
申请单位名称:上海宫基进出口公司	

续

	8. 此表各项内容须填制完整,不得涂改,不得缺页。 9. 凡资料不全、内容填制不真实、不符合法定形式的申请单位,签证机构一律不予受理。 10. 注册内容如有变更,须到签证机构及时办理变更手续。 随附资料(所有复印件须用 A4 纸复印): 1. 填写完整的《申请优惠原产地证书注册登记表》; 2. 企业营业执照副本及复印件一份; 3. 自营进出口权批件(资格证书/批准证书/备案登记表)正本及复印件一份; 4. 组织机构代码证正本及复印件一份; 5. 企业海关注册登记证及复印件一份; 6. 签证机构需要的其他资料。

样例 2—1—17

优惠原产地证书申请单位基本信息备案

申请单位	中文名称	上海宫基进出口公司		
	英文名称	SHANGHAI GJ IMPORT & EXPORT CORPORATION		
法定代表人	李莉		电话	54091100
联系人	李莉		传真	54091101
工商执照注册号	310607100228888			
注册地址	上海市徐锦路1号			
办公地址	上海市徐锦路1号			
海关注册登记编码	3102011092		组织机构代码	78358123—1
批准经营出口文件号码	NO. 8387623			
批准经营出口机构名称	上海市商委			
企业性质	□国有企业　□中外合资企业　□集体企业 □中外合作企业　☑民营企业　□外商独资企业　□其他			
企业类型	☑经营型　　　　　　　□生产型			
经营范围	手工工具批发及进出口业务			
自有品牌				
中方负责人姓名:李莉 职务:总经理 电话:54091100		外方负责人姓名: 职务: 电话: (此处仅限合资、外资企业填写)		
申请单位签署证书印章: (中英文对照章)	上海宫基进出口公司 SHANGHAI GJ I/E CO.			

二、上海宫基进出口公司填写优惠原产地证书手签员授权书

样例 2—1—18

优惠原产地证书手签员授权书

本人系　__上海宫基进出口公司__　（申请单位名称）法定代表人，现正式授权下述人员代表本单位办理优惠原产地证书业务，在优惠原产地证书及相关资料上签名，缴纳有关费用等。本单位保证遵守《中华人民共和国海关进出口货物优惠原产地管理规定》及相应自由贸易协定的规定。被授权人在办理优惠原产地证书工作中如违反有关规定，由我单位承担责任。

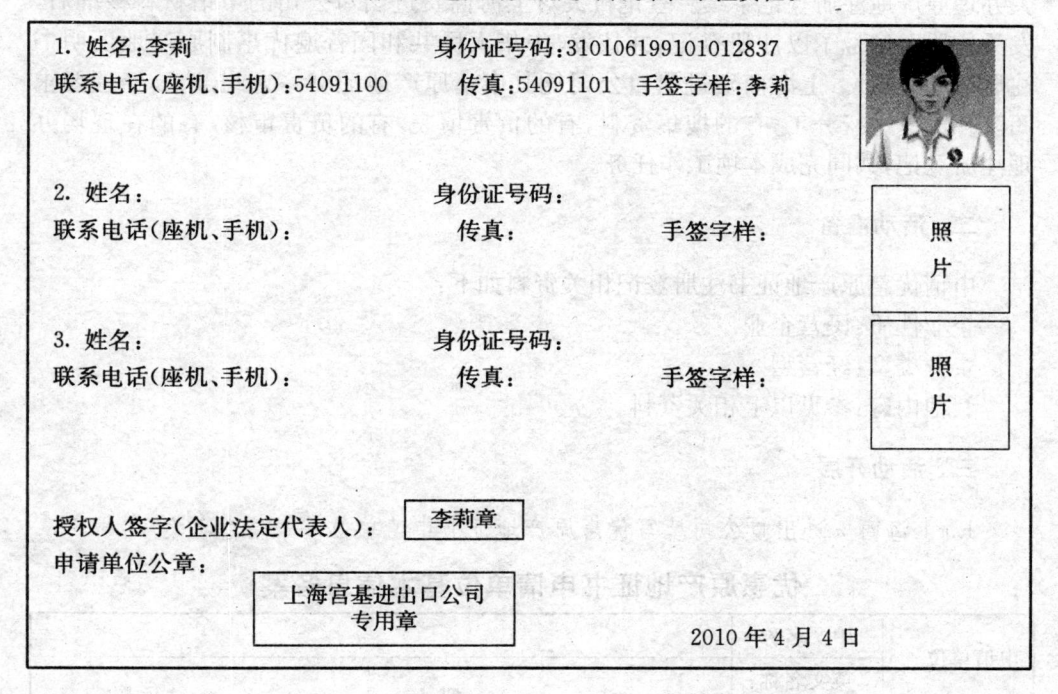

1. 姓名：李莉 联系电话（座机、手机）：54091100	身份证号码：310106199101012837 传真：54091101　　手签字样：李莉	照片
2. 姓名： 联系电话（座机、手机）：	身份证号码： 传真：　　　　　手签字样：	照片
3. 姓名： 联系电话（座机、手机）：	身份证号码： 传真：　　　　　手签字样：	照片

授权人签字（企业法定代表人）：　李莉章

申请单位公章：

　　　　　上海宫基进出口公司
　　　　　　　　专用章

2010 年 4 月 4 日

三、登记机关核发中华人民共和国普遍优惠制原产地证明书注册登记证书

上海出入境检验检疫局对上海宫基进出口公司的注册申请材料予以审核，核准后发给注册号，并颁发《中华人民共和国普遍优惠制原产地证明书注册登记证书》，凭其办理申请签发原产地证书。

体验活动

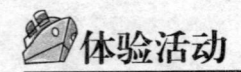

一、活动背景

上海商贸进出口公司根据我国原产地证明书的签证管理办法的有关规定,填写《申请优惠原产地证书注册登记表》,并随附营业执照、对外贸易经营者登记备案表复印件、组织机构代码证书副本复印件等有关材料向上海出入境检验检疫局登记机关办理原产地注册登记手续。登记机关对上海商贸进出口公司的申请材料核准后,发放注册登记号予以注册登记,并核发《中华人民共和国普遍优惠制原产地证明书注册登记证书》。上海商贸进出口公司凭其申请原产地证书。为此,谈云经理要求团队各成员进行分工,有的搜集资料,有的负责填表,有的负责审核,有的在现场办理注册登记,共同完成本项工作任务。

二、活动准备

申请优惠原产地证书注册登记相关资料如下:
企业性质:民营企业
企业类型:经营型
其他内容:参见以上相关资料

三、活动开展

1. 上海商贸进出口公司填写优惠原产地证书申请单位基本信息备案

优惠原产地证书申请单位基本信息备案

申请单位	中文名称			
	英文名称			
法定代表人			电话	
联系人			传真	
工商执照注册号				
注册地址				
办公地址				
海关注册登记编码			组织机构代码	
批准经营出口文件号码				
批准经营出口机构名称				
企业性质	☐ 国有企业　☐ 中外合资企业　☐ 集体企业 ☐ 中外合作企业　☐ 民营企业　☐ 外商独资企业　☐ 其他			

续表

企业类型	□ 经营型	□ 生产型
经营范围		
自有品牌		
中方负责人姓名： 职务： 电话：	外方负责人姓名： 职务： 电话： (此处仅限合资、外资企业填写)	
申请单位签署证书印章： (中英文对照章)		

2. 上海商贸进出口公司填写优惠原产地证书手签员授权书

优惠原产地证书手签员授权书

本人系_____(申请单位名称)法定代表人，现正式授权下述人员代表本单位办理优惠原产地证书业务，在优惠原产地证书及相关资料上签名，缴纳有关费用等。本单位保证遵守《中华人民共和国海关进出口货物优惠原产地管理规定》及相应自由贸易协定的规定。被授权人在办理优惠原产地证书工作中如违反有关规定，由我单位承担责任。

1. 姓名： 联系电话(座机、手机)：	身份证号码： 传真：	手签字样：	照片
2. 姓名： 联系电话(座机、手机)：	身份证号码： 传真：	手签字样：	照片
3. 姓名： 联系电话(座机、手机)：	身份证号码： 传真：	手签字样：	照片

授权人签字(企业法定代表人)：
申请单位公章：
年　　月　　日

活动评价

团队成员活动测评表

测评内容	评判标准	总分	自我评价
备案登记、注册登记的业务流程	错1个环节扣1分	40	
申请书、申请表、登记表	错1个内容扣1分	60	
合　计		100	

团队活动测评表

测评内容	评判标准	总分	自我评价
团队合作质量	较好达到目标	20	
	基本达到目标	15	
	未完成目标	15	
团队合作精神	互助精神较好	20	
	互助精神一般	15	
	互助精神较差	15	
合　计		100	

教学方案设计与建议

模拟教学环节——体验活动一	教学组织形式	实施教学手段	课时
进入业界——自理外贸企业的设立	形式： 以小组为单位扮演创业者角色 内容： 填写有关注册表、备案表和申请书 要求： 程序正确、内容无误、资料齐全	地点： 专业实训室或机房 设备： 计算机、服务器 资料： 电子操作资料与表格	4
累计：			30

职业技能训练

一、业务操作流程

根据进出口贸易公司设立的程序及内容填写下表：

设立环节	提交主要资料

二、仿真业务操作

1. 业务背景

根据自愿组合的原则,由 6 位学生组成一支创业团队,成立进出口贸易公司。每个团队选出法人代表兼经理 1 名、财务负责人 1 名、文秘兼出纳 1 名、业务员 1 名、单证员 1 名、报检员 1 名、报关员 1 名,根据我国有关法律法规的规定办理工商登记、税务登记、对外贸易经营者备案登记、报检注册、海关注册、申请产地证注册。为此,创业团队成员分工合作,有的搜集资料,有的填写申请表,有的担任审核工作,体验公司设立的工作经历。

2. 业务操作资料

申请企业名称:上海宇宙进出口公司(电子邮箱 YUZHOU@168.CN)

备选企业名称:团队成员拟定

拟从事的经营范围:纺织品进出口业务

注册资本(金):150 万元

企业类型:合伙

企业住所(地址):上海市松江区车亭路 18 号(邮编:200012)

投资人姓名、证照号码:根据团队成员情况拟定

投资额、投资比例:根据团队成员情况按 150 万元进行分配

电话:021—67809134   传真:021—67809135

法人代表:余州(电话 67809134、手机 13917934567、邮箱 YUZHOU @ SOHU.COM)

出租方:上海物业商务公司

房屋面积:50 平方米

租赁期限:2011 年 10 月 10 日至 2015 年 10 月 9 日

每月租金:6 000 元

主要产品:衬衫、裤子、裙子

是否涉密单位:不是

员工、学历:8 人、大学

备案登记表编号:SJ11987654
进出口企业代码:SJ31234567
纳税人识别号:NS11987652
核算方式:独立核算
单位性质:民办非企业单位
网址:WWW.YUZHOU@.369.COM.CN
适用会计制度:企业会计制度
财务负责人:根据团队成员情况拟定
办税人:根据团队成员情况拟定
开户银行:中国银行浦东支行
银行账号:321-987322123
随附文件:企业营业执照复印件、组织机构代码证复印件
行业种类:贸易
报关类型:自理
工商注册有效期:5年

3. 业务操作要求

创业团队根据上述资料填写企业名称预先核准申请书、房屋租赁合同、中华人民共和国组织机构代码证申请表、对外贸易经营者备案登记表、税务登记表、自理报检单位备案登记申请表、报关单位情况登记表、报关单位管理人员情况登记表、优惠原产地证书申请单位基本信息备案、优惠原产地证书手签员授权书,并在实训室的"主管部门柜台"办理注册备案等手续。

(1)企业名称预先核准申请书

企业名称预先核准申请书

申请企业名称	
备选企业名称	
1	
2	
3	
拟从事的经营范围(只需要填写与企业名称行业表述一致的主要业务项目)	
注册资本(金)	万元　　　　(法人企业必须填写)
企业类型	□公司制　□非公司制　□个人独资　□合伙
企业住所(地址)	
投资人姓名或名称、证照号码、投资额和投资比(签字盖章) 　　　　　　　　　　　　　　　　　　　　　　　　年　月　日		

(2) 房屋租赁合同

房屋租赁合同

出租方(简称甲方)：_____
承租方(简称乙方)：_____

根据《中华人民共和国合同法》及相关法律法规的规定，甲、乙双方在平等、自愿的基础上，就甲方将房屋出租给乙方使用，乙方承租甲方房屋事宜，为明确双方权利义务，经协商一致，订立本合同。

第一条　甲方保证所出租的房屋符合国家对租赁房屋的有关规定。

第二条　房屋的坐落、面积情况

1. 甲方出租给乙方的房屋位于_____。
2. 出租房屋面积共_____。

第三条　租赁期限、用途

1. 该房屋租赁期自____年__月__日起至____年__月__日止。
2. 乙方向甲方承诺，租赁该房屋仅作为办公使用。

乙方如要求续租，则必须在租赁期满1个月之前书面通知甲方，经甲方同意后，重新签订租赁合同。

第四条　租金及支付方式

1. 该房屋每月租金为_____(大写_____)。
2. 房屋租金每6个月支付一次。

第五条　本合同自双方签(章)后生效。

第六条　本合同一式二份，由甲、乙双方各执一份，具有同等法律效力。

甲方：_____　　　　乙方：_____
营业执照：　　　　　　　　　身份证号：_____
电话：_____　　　　电话：_____
房地产经纪机构资质证书号码：_____
签约代表：_____　　签约代表：_____
签约日期：　年　月　日　　签约日期：　年　月　日

(3) 中华人民共和国组织机构代码证申请表

中华人民共和国组织机构代码证申请表

受理项目：新申报□　变更□　年审□　换证□　补发□

申办单位盖章：　　　　　　　　　　　　　　机构代码□□□□□□□□□

1	机构名称																	
2	机构类型	企业法人	1	事业法人	3	社团法人	5	机关法人	7	其他机构民办非企业单位	9	个体工会	B					
		非法人	2	非法人	4	非法人	6	非法人	8		A	法人	C						
3	法定代表人姓名（负责人、投资人）					身份证号码												
4	经营或业务范围																	
5	经济行业及代码						6	经济类型及代码										
7	成立日期	＿＿年＿＿月＿＿日					8	职工人数										
9	主管部门名称、代码																	
10	注册资金	万	11	货币种类		12	外方投资机构国别(地区)、代码											
13	所在地行政区划	＿＿＿市，＿＿＿区、县																
14	机构地址																	
15	邮政编码		16	单位电话			17	批准文号或注册号										
18	登记或批准机构、代码																	
19	是否涉密单位	是□ 否□ 若属涉密单位，请出具主管部门的证明材料。				20	申请电子副本	＿＿＿本										
21	主要产品	1.＿＿＿＿ 2.＿＿＿＿ 3.＿＿＿＿																
22	经办人姓名	23	身份证号码															
		24	移动电话															

以下由代码管理机关填写

办证机构代码□□□□□□

1	证书有效期至	____年____月____日	2	数据变更记录	
3	录入人（签字）	____年____月____日	4	审核(批)人（签字）	____年____月____日

（4）对外贸易经营者备案登记表

对外贸易经营者备案登记表

备案登记表编号：　　　　　　　　　　　　　进出口企业代码：

经营者中文名称			
经营者英文名称			
组织机构代码		经营者类型（由备案登记机关填写）	
住　　所			
经营场所(中文)			
经营场所(英文)			
联系电话		联系传真	
邮政编码		电子邮箱	
工商登记注册日期		工商登记注册号	

依法办理工商登记的企业还须填写以下内容

企业法定代表人姓名		有效证件号	
注册资金		（折美元）	

依法办理工商登记的外国(地区)企业或个体工商户(独资经营者)还须填写以下内容

企业法定代表人/个体工商负责人姓名		有效证件号	
企业资产/个人财产		（折美元）	
备注：			

填表前请认真阅读背面的条款，并由企业法定代表人或个体工商负责人签字、盖章。

备案登记机关签章：

　　　　年　　月　　日

备案登记表背面：

> 本对外贸易经营者作如下保证：
> 一、遵守《中华人民共和国对外贸易法》及其配套法规、规章。
> 二、遵守与进出口贸易相关的海关、外汇、税务、检验检疫、环保、知识产权等中华人民共和国其他法律、法规、规章。
> 三、遵守中华人民共和国关于核、生物、化学、导弹等各类敏感物项和技术出口管制法规以及其他相关法律、法规、规章，不从事任何危害国家安全和社会公共利益的活动。
> 四、不伪造、变造、涂改、出租、出借、转让、出卖《对外贸易经营者备案登记表》。
> 五、在备案登记表中所填写的信息是完整的、准确的、真实的；所提交的所有材料是完整的、准确的、合法的。
> 六、《对外贸易经营者备案登记表》上填写的任何事项发生变化之日起，30日内到原备案登记机关办理《对外贸易经营者备案登记表》的变更手续。
> 以上如有违反，将承担一切法律责任。
>
> 对外贸易经营者签字、盖章：
> 年　月　日

(5) 税务登记表

税 务 登 记 表

纳税人名称			纳税人识别号		
登记注册类型			批准设立机构		
组织机构代码			批准设立证明或文件号		
开业(设立)日期		生产经营期限		证照名称	证照号码
注册地址	区				
	行政区域码		邮政编码		联系电话
生产经营地址	区				
	行政区域码		邮政编码		联系电话
核算方式	请选择对应项目打"√" □独立核算　□非独立核算		从业人数	其中外籍人数	
单位性质	请选择对应项目打"√" □企业　□事业单位　□社会团体　□民办非企业单位　□其他				
网址			国标行业	□□□□□□	
适用会计制度	请选择对应项目打"√" □企业会计制度　□小企业会计制度　□金融会计制度 □行政事业单位会计制度				
经营范围		请将法定代表人(负责人)身份证件复印件粘贴在此处			

续表

项目\内容\联系人	姓名	身份证件 种类	身份证件 号码	固定电话	移动电话	电子邮箱
法定代表人（负责人）						
财务负责人						
办税人						

税务代理人名称		纳税人识别号		联系电话	电子邮箱

注册资本	金额	币种
		人民币

投资总额	金额	币种
		人民币

投资方名称	投资方证件号	证件种类	金额	币种	投资比例	投资方经济性质	国籍或地址

自然人投资比例		外资投资比例		国有投资比例	
分支机构名称		注册地址		纳税人识别号	

总机构名称		纳税人识别号	
注册地址		经营范围	
法定代表人名称		联系电话		注册地址邮政编码	
代扣代缴、代收代缴税款业务情况	代扣代缴、代收代缴税款业务内容	代扣代缴、代收代缴税种

附报资料：

经办人签章：	法定代表人(负责人)签章：	纳税人公章：
＿＿＿年＿＿月＿＿日	＿＿＿年＿＿月＿＿日	＿＿＿年＿＿月＿＿日

以下由税务机关填写：

纳税人所处街乡		隶属关系	
国税主管税务局	国税主管税务所(科)	是否属于国税、地税共管户	
地税主管税务局	地税主管税务所(科)		

续表

经办人(签章): 国税经办人:_____ 地税经办人:_____ 受理日期: _____年___月___日	国家税务登记机关 (税务登记专用章): 核准日期: _____年___月___日 国税主管税务机关:	地方税务登记机关 (税务登记专用章): 核准日期: _____年___月___日 地税主管税务机关:
国税核发《税务登记证副本》数量: 本 发证日期:_____年___月___日		
地税核发《税务登记证副本》数量: 本 发证日期:_____年___月___日		

国家税务总局监制

(6) 自理报检单位备案登记申请表

自理报检单位备案登记申请表

申请单位名称(中文)					
申请单位名称(英文)					
企业地址				邮政编码	
海关注册代码		电话号码		法定代表人	
E-mail 地址		传真号码		联系人	
企业性质	□ 国有 □ 中外合作 □ 中外合资 □ 外商独资 □ 集体 □ 私营 □ 其他				
组织机构代码		外资投资国别 ("三资"企业)			
经营单位					
开户银行			银行账号		
随附文件	□ 企业营业执照复印件 □ 批准证书/资格证书复印件 □ 组织机构代码证复印件 □ 其他 以上文件的复印件应加盖公章。				
申请单位公章:		报检专用章:			
法定代表人签字:		填报人: 日期: 年 月 日			
* 以下由出入境检验检疫机构填写:					
企业备案登记代码:		经办人: 日期: 年 月 日			

(7) 报关单位情况登记表

报关单位情况登记表

（以下内容不得空缺，如办理变更仅填写变更事项）

填表单位(盖章)：　　　　　　　　　　　　　　日期：　　年　　月　　日

海关注册编码			预录入号		
注册日期					
名称	工商注册全称				
	对外英文名称				
地址	工商注册地址			邮政编码	
	对外英文地址				
注册资本(万)		资本币制		投资总额	
备案(批准)机关		备案(批准)文号		生产类型	
开户银行		银行账号		行业种类	
法定代表人(负责人)		证件类型		证件号		电话	
联系人		联系电话		报关类型	
纳税人识别号			营业执照编号		
组织机构代码			报关有效期		
进出口企业代码			工商注册有效期		
经营范围					
主要产品					

	投资者	投资国别	投资方式	投资金额	到位金额
1					
2					
3					

　　以上填写保证无讹，请贵关(办)办理单位报关登记手续，我单位保证遵守海关的法律、法规和其他有关制度，承担相应的法律责任。

备注	

(8) 报关单位管理人员情况登记表

报关单位管理人员情况登记表

填表单位(盖章)　　　　　　　　　　　　　填表日期　　年　月　日

	单位名称	
	海关注册编码	
法定代表人	姓　　名	
	身份证件号	
	国籍(地区)	
	职　　务	
	出生日期	
	学　　历	
	住　　址	
	联系电话(手机)	
	备　　注	
报关业务负责人	姓　　名	
	身份证件号	
	国籍(地区)	
	职　　务	
	出生日期	
	学　　历	
	住　　址	
	联系电话(手机)	
	备　　注	
财务负责人	姓　　名	
	身份证件号	
	国籍(地区)	
	职　　务	
	出生日期	
	学　　历	
	住　　址	
	联系电话(手机)	
	备　　注	

注：企业管理人员的填报范围：1. 法定代表人　2. 报关业务负责人　3. 会计主管或者财务经理

(9) 优惠原产地证书申请单位基本信息备案

优惠原产地证书申请单位基本信息备案

申请单位	中文名称			
	英文名称			
法定代表人			电话	
联系人			传真	
工商执照注册号				
注册地址				
办公地址				
海关注册登记编码			组织机构代码	
批准经营出口文件号码				
批准经营出口机构名称				
企业性质	□ 国有企业　　□ 中外合资企业　　□ 集体企业 □ 中外合作企业　□ 民营企业　　　□ 外商独资企业　□ 其他			
企业类型	□ 经营型			□ 生产型
经营范围				
自有品牌				
中方负责人姓名： 职务： 电话：				外方负责人姓名： 职务： 电话： （此处仅限合资、外资企业填写）
申请单位签署证书印章： （中英文对照章）				

(10) 优惠原产地证书手签员授权书

优惠原产地证书手签员授权书

本人系_____（申请单位名称）法定代表人,现正式授权下述人员代表本单位办理优惠原产地证书业务,在优惠原产地证书及相关资料上签名,缴纳有关费用等。本单位保证遵守《中华人民共和国海关进出口货物优惠原产地管理规定》及相应自由贸易协定的规定。被授权人在办理优惠原产地证书工作中如违反有关规定,由我单位承担责任。

1. 姓名：	身份证号码：		
联系电话(座机、手机)：	传真：	手签字样：	照片
2. 姓名：	身份证号码：		
联系电话(座机、手机)：	传真：	手签字样：	照片
3. 姓名：	身份证号码：		
联系电话(座机、手机)：	传真：	手签字样：	照片

授权人签字（企业法定代表人）：
申请单位公章：

年　　月　　日

体验活动二　开展交易——销售确认书的商订

学习与考证目标
- 了解公司网站的基本内容
- 明确出口货物样品的主要作用
- 熟悉出口货物样品采购的主要方法
- 掌握收购合同的主要内容

学习与操作指南
——建立网站、采购样品、磋商合同

　　进出口公司设立后需要建立网站，通过采购出口货物的样品在网站进行发布，与外界沟通商务信息。当进口商对出口商品有购买意向后，买卖双方通常就品质、数量、包装、价格、装运、支付等主要合同条款进行洽谈。出口商在买卖双方达成一致意见后，与供应商签订收购合同，向进口商提供样品确认，确认无误后拟订销售确认书，由双方签章生效。

任务一　开展交易磋商

操作指南

进出口公司通常通过本公司的网站发布有关的商务信息，提供样品图片、品质的材料。如遇到进口商对某商品产生交易意向后开始磋商，通常出口商会提供实物样品供进口商确认，达成一致意见后签订销售确认书。

一、公司网站的建立

设计一个体现公司特色的中英文主页会对本公司的业务宣传起到十分重要的作用，带来更多的商机。其要求与方法如前所述，故此略。

二、出口报价的核算

出口商品价格由成本、费用、利润三部分构成，其核算公式如前所述，故此略。

模拟操作

案 例 背 景

上海官基进出口公司依法设立后，即建立了自己公司的网站，并向供应商采购了各种品牌及规格的茶叶样品，在网站进行交易信息的发布。日本客商 TKAMR TRADE CORPORATION 高田社长对上海官基进出口公司网站上展示的绿茶样品很感兴趣，于是向该公司发出邮件进行询价。上海官基进出口公司李莉经理就品质、包装、价格、装运和支付方式等交易条件进行发盘。TKAMR TRADE CORPORATION 高田社长仔细研究发盘的内容后，认为这些交易条件比较合理，于是向上海官基进出口公司发出邮件表示接受，并要求提供实样进行确认。

一、建立上海宫基进出口公司网站

以下是该公司网站的绿茶产品展示的页面。

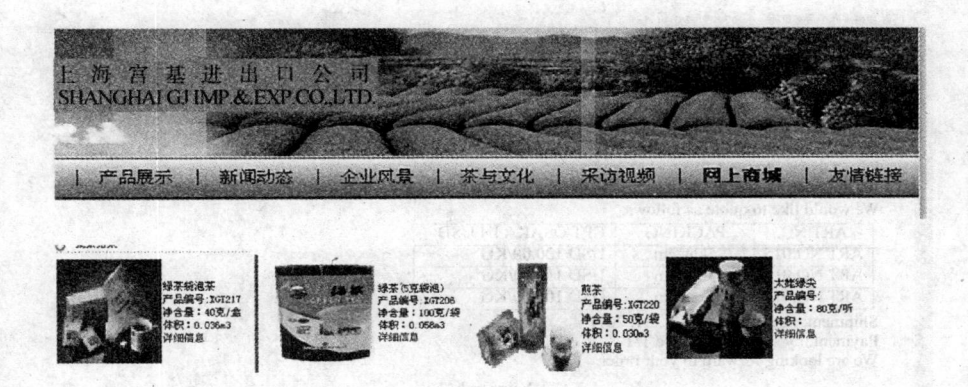

二、日本高田商社询盘

样例 2－2－1

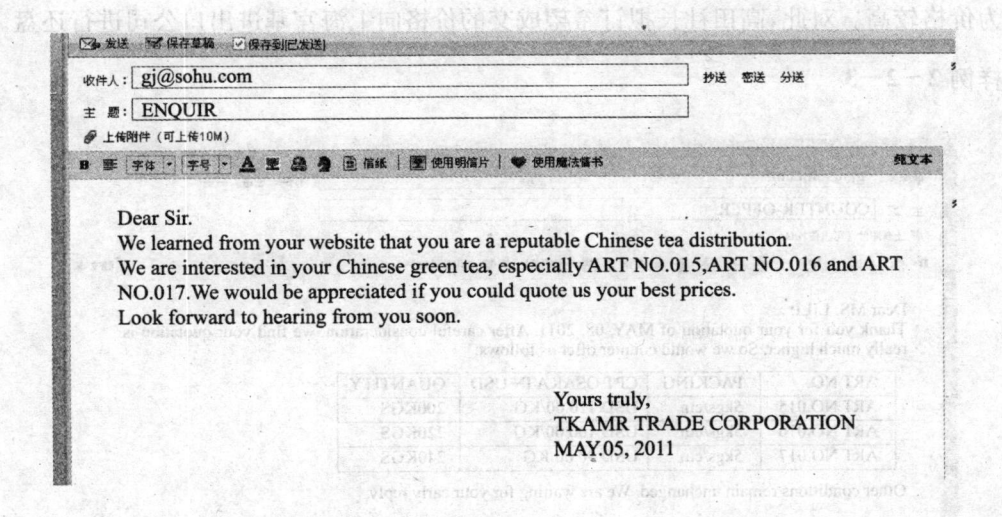

收件人：gj@sohu.com
主题：ENQUIR

Dear Sir.
We learned from your website that you are a reputable Chinese tea distribution.
We are interested in your Chinese green tea, especially ART NO.015, ART NO.016 and ART NO.017. We would be appreciated if you could quote us your best prices.
Look forward to hearing from you soon.

Yours truly,
TKAMR TRADE CORPORATION
MAY.05, 2011

三、上海宫基进出口公司发盘

上海宫基进出口公司收到高田社长的询盘后，李莉经理拟订中国绿茶的交易条件，并向日本高田商社进行发盘，建议对方尽快订货。

样例 2—2—2

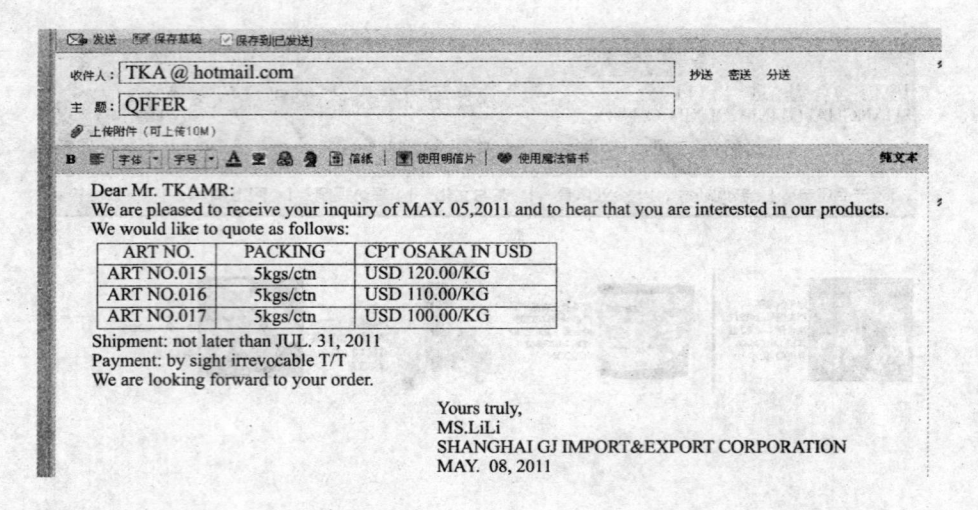

```
收件人: TKA@hotmail.com        抄送  密送  分送
主  题: QFFER
上传附件（可上传10M）
```

Dear Mr. TKAMR:
We are pleased to receive your inquiry of MAY. 05,2011 and to hear that you are interested in our products.
We would like to quote as follows:

ART NO.	PACKING	CPT OSAKA IN USD
ART NO.015	5kgs/ctn	USD 120.00/KG
ART NO.016	5kgs/ctn	USD 110.00/KG
ART NO.017	5kgs/ctn	USD 100.00/KG

Shipment: not later than JUL. 31, 2011
Payment: by sight irrevocable T/T
We are looking forward to your order.

　　　　　　　　　　　　　　　Yours truly,
　　　　　　　　　　　　　　　MS.LiLi
　　　　　　　　　　　　　　　SHANGHAI GJ IMPORT&EXPORT CORPORATION
　　　　　　　　　　　　　　　MAY. 08, 2011

四、日本高田商社还盘

日本高田商社收到上海宫基进出口公司的发盘后，对其交易条件进行分析，认为价格较高。对此，高田社长拟订希望成交的价格向上海宫基进出口公司进行还盘。

样例 2—2—3

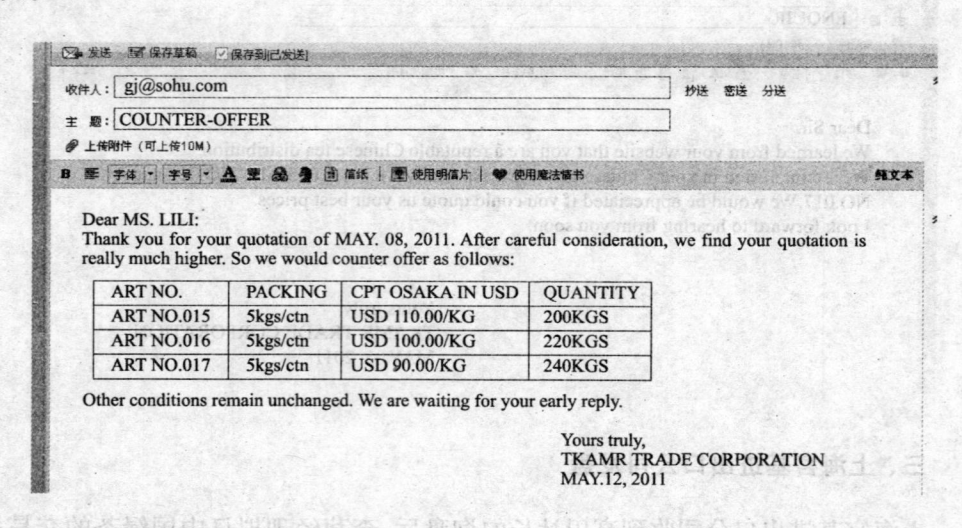

```
收件人: gj@sohu.com            抄送  密送  分送
主  题: COUNTER-OFFER
上传附件（可上传10M）
```

Dear MS. LILI:
Thank you for your quotation of MAY. 08, 2011. After careful consideration, we find your quotation is really much higher. So we would counter offer as follows:

ART NO.	PACKING	CPT OSAKA IN USD	QUANTITY
ART NO.015	5kgs/ctn	USD 110.00/KG	200KGS
ART NO.016	5kgs/ctn	USD 100.00/KG	220KGS
ART NO.017	5kgs/ctn	USD 90.00/KG	240KGS

Other conditions remain unchanged. We are waiting for your early reply.

　　　　　　　　　　　　　　　Yours truly,
　　　　　　　　　　　　　　　TKAMR TRADE CORPORATION
　　　　　　　　　　　　　　　MAY.12, 2011

五、上海宫基进出口公司接受

上海宫基进出口公司对日本高田商社的还价进行了核算，并与供应商进一步议价,取得一致意见后,同意接受日本高田商社的价格。于是,李莉拟订接受函,并向高田社长发出。

样例 2—2—4

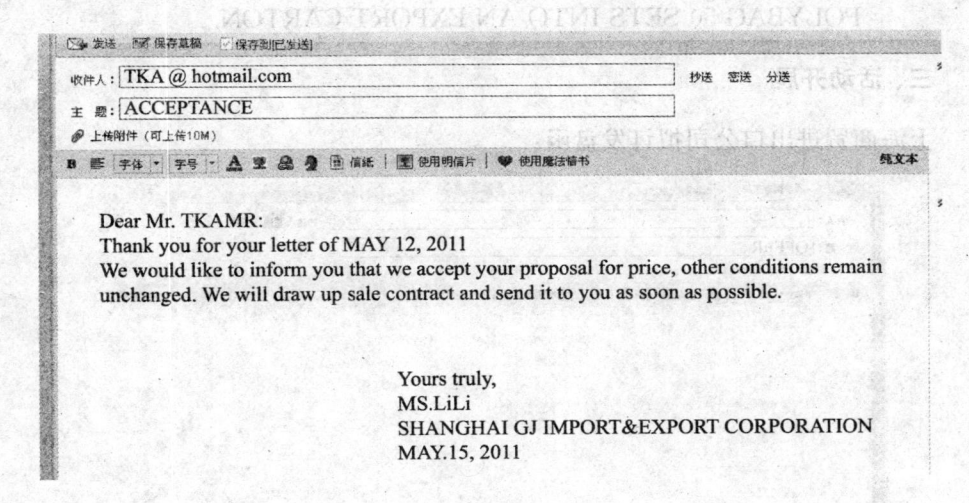

收件人：TKA @ hotmail.com
主题：ACCEPTANCE

Dear Mr. TKAMR:
Thank you for your letter of MAY 12, 2011
We would like to inform you that we accept your proposal for price, other conditions remain unchanged. We will draw up sale contract and send it to you as soon as possible.

　　　　　　　　　　　　　　　Yours truly,
　　　　　　　　　　　　　　　MS.LiLi
　　　　　　　　　　　　　　　SHANGHAI GJ IMPORT&EXPORT CORPORATION
　　　　　　　　　　　　　　　MAY.15, 2011

体验活动

一、活动背景

新加坡客商 JIM TRADING CORPORATION 通过上海商贸进出口公司网站对展示的电动钻头样品很感兴趣,于是向该公司发出邮件进行询价。上海商贸进出口公司谈云经理就品质、包装、价格、装运和支付方式等交易条件进行发盘。JIM TRADING CORPORATION 向上海商贸进出口公司发出邮件表示接受,并要求提供实样进行确认。交易磋商在实训室的"洽谈室"进行,体验谈判的工作经历。

二、活动准备

商务谈判的主要信息如下：
出口商：上海商贸进出口公司(电子邮箱：SM@sohu.com)
地址：上海市浦东新区浦南路1号(邮编：200021)
通讯方式：TEL：021—58056676　FAX：021—58056677
进口商：JIM TRADING CORPORATION(电子邮箱：JIM @sohu.com)
地址：310 VTRA SINGAPORE
商品名称：电动钻头/ELECTRIC DRILL
规格数量：ART. TY242 4 550 套
单价：每套 USD 8.00 CIF SINGAPORE

装运期限：不迟于 2011 年 7 月 31 日
支付方式：电汇（30％前 T/T，70％后 T/T）
包装：每套装入一个塑料袋，50 套装入一只出口纸箱/EACH SET IN A POLYBAG 50 SETS INTO AN EXPORT CARTON.

三、活动开展

上海商贸进出口公司拟订发盘函：

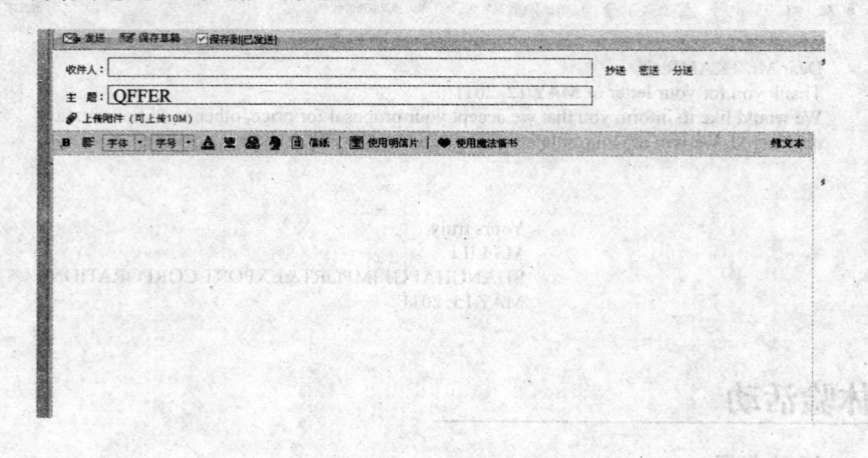

任务二　签订销售确认书

操作指南

在国际贸易实践中，买卖双方进行交易磋商，无论是通过口头磋商还是书面磋商，当交易达成后，买卖双方往往还需要签订一份正式的书面合同，将双方的权利、义务等明文规定下来。销售确认书通常由出口商拟订，一式两份，双方签章后各留下一份作为履行合同的依据。

一、贸易确认书的形式

我国出口业务中，书面合同主要采用两种形式：一种是条款完备、内容较全面的正式合同，如销售合同（Sales Contract）；另一种是内容较简单的简式合同，如销售确认书（Sales Confirmation）。两者虽然在格式、条款项目和内容的繁简上有所不同，但在法律上具有同等效力，对买卖双方均有约束力。

二、销售确认书的主要内容

销售确认书由约首、正文和约尾三部分内容组成,其知识点如前所述,故此略。

模拟操作

案例背景

上海宫基进出口公司与日本高田商社就中国绿茶交易条件达成一致后,李莉经理按照洽谈的意见拟订书面销售确认书一式两份,签章后寄送 TKAMR TRADE CORPORATION 进行会签。高田社长对合同条款进行审核,确认后签章,留下一份,回寄一份至上海宫基进出口公司,于是双方交易正式成立。

样例 2—2—5

上海宫基进出口公司
SHANGHAI GJ IMPORT & EXPORT CORPORATION
1321 ZHONGSHAN ROAD SHANGHAI CHINA

TEL:021-54091100　　　　销　售　确　认　书　　　　S/C NO:GJ110503
FAX:021-54091101　　　**SALES CONFIRMATION**　　　DATE:MAY. 20,2011

To Messrs:
　　TKAMR TRADE CORPORATION
　　7KAWARA MACH OSAKA JAPAN

敬启者:下列签字双方同意按下列条款达成协议:
Dear Sirs,
　　The undersigned sellers and buyers have agreed to close the following transaction as per terms and conditions Stipulated below:

商品名称、规格及包装 COMMODITY AND SPECIFICATIONS, PACKING	数 量 QUANTITY	单 价 UNIT PRICE	总 值 TOTAL AMOUNT
CHINESE GREEN TEA		CPT OSAKA	
ART NO. 015	100 KGS	USD 100.00	USD 10 000.00
ART NO. 016	100 KGS	USD 100.00	USD 10 000.00
ART NO. 017	100 KGS	USD 100.00	USD 10 000.00
PACKING: EACH KG IN A POLYBAG 10 POLYBAGS INTO AN EXPORT CARTON			

唛头/MARKS：主唛内容包括 TKAMR、销售合同号、目的港和箱数/ SHIPPING MARK INCLUDES TKAMR P/C NO PORT OF DESTINATION, AND CARTON NO.
装运地/AIRPORT OF DEPARTURE：上海浦东机场/ PUDONG AIRPORT SHANGHAI
目的地/AIRPORT OF DESTINATION：大阪机场/ OSAKA AIRPORT
装运期限/TIME OF SHIPMENT：不迟于2011年7月31日/LATEST DATE OF SHIPMENT 110731
分批装运/PARTIAL SHIPMENT：不允许/NOT ALLOWED
付款条件/TERMS OF PAYMENT：电汇/ T/T
开户银行/BANK NAME：中国银行上海分行/ BANK OF CHINA SHANGHAI BRANCH(账号：310804568612)

  普惠制产地证书由中国国家质量监督出入境检验检疫局签发。Generalized System of Preferences Certificate of Origin Issued by General Administration of Quality Supervision, Inspection and Quarantine of the People's Republic of China.

  品质/数量异议：如买方提出索赔，凡属品质异议须于货到目的口岸之60日内提出，凡属数量异议须于货到目的口岸之30日内提出，对所装货物所提任何异议属于保险公司、轮船公司等其他有关运输或邮递机构，卖方不负任何责任。QUALITY /QUANTITY DISCREPANCY：In case of quality discrepancy, claim should be filed by the Buyer within 60 days after the arrival of the goods at port of destination; while for quantity discrepancy, claim should be filed by the Buyer within 30 days after the arrival of the goods at port of destination. It is understood that the seller shall not be liable for any discrepancy of the goods shipped due to causes for which the Insurance Company, Shipped Company other transportation organization/or Post Office are liable.

  本确认书内所述全部或部分商品，如因人力不可抗拒的原因，以致不能履约或延迟交货，卖方概不负责。The Seller shall not be held liable for failure of delay in delivery of the entire lot or a portion of the goods under this Sales Confirmation in consequence of any Force Majeure incidents.

  买方收到本售货确认书后请立即签回一份，如买方对本确认书有异议，应于收到后五天内提出，否则认为买方已同意接受本确认书所规定的各项条款。The buyer is requested to sign and return one copy of the Sales Confirmation immediately after the receipt of same, Objection, if any, should be raised by the Buyer within five days after the receipt of this Sales Confirmation, in the absence of which it is understood that the Buyer has accepted the terms and condition of the sales confirmation.

TKAMR TRADING CORPORATION	上海宫基进出口公司 合同专用章
买方：高田 THE BUYER：	卖方：李莉 THE SELLER：

体验活动

一、活动背景

上海商贸进出口公司根据与新加坡客商 JIM TRADING CORPORATION 磋商达成的一致意见拟订销售确认书一式两份，将双方的权利、义务等明文规定下来。为此，团队各成员进行分工，有的负责搜集资料、有的负责条款的拟订，有的负责审核，形成有效的互助。销售确认书全部拟订好后，经谈云经理审核并签章。然后，安排队员联系快递公司，将销售确认书寄给 JIM TRADING CORPORATION 会签。谈云经理收到 JIM TRADING CORPORATION 回寄的已签章的销售确认书后，通知相关部门履行合同。合同订立在实训室的"洽谈室"进行，体验相关业务的工作经历。

二、活动准备

拟订销售确认书的相关资料如下：

合同编号：SM20110501

进口商：JIM TRADING CORPORATION

地址：310 VTRA SINGAPORE

商品名称：电动钻头/ELECTRIC DRILL

规格数量：ART. TY242 4 550 套/4 550SETS

单价：每套 USD 8.00 CPT SINGAPORE

起运地：浦东机场/ PUDONG AIRPORT SHANGHAI

目的地：新加坡机场/ SINGAPORE AIRPORT

装运期限：不迟于 2011 年 7 月 31 日/LATEST DATE OF SHIPMENT 110731

分批装运：不允许/NOT ALLOWED

包装：每套装入一个塑料袋，50 套装入一只出口纸箱/EACH SET IN A POLYBAG 50 SETS INTO AN EXPORT CARTON.

唛头：内容包括收货人简称、销售合同号、目的港和箱数

支付方式：30% 前 T/T，70% 后 T/T/30% BY T/T IN ADVANCE, THE OTHERS 70%T/T BEFORE SHIPMENT

开户银行：中国银行上海分行/ BANK OF CHINA SHANGHAI BRANCH（账号：322310804568）

三、活动开展

团队每个队员根据上述资料拟订合同条款填入下列空白确认书内。

上海商贸进出口公司
SHANGHAI SM IMPORT & EXPORT CORPORATION
1PUNAN ROAD SHANGHAI 200021, CHINA

TEL:021-58056676
FAX:021-58056677
To Messrs:

销售确认书
SALES CONFIRMATION

S/C NO:_____
DATE:_____

敬启者:下列签字双方同意按下列条款达成协议:
Dear Sirs,

The undersigned sellers and buyers have agreed to close the following transaction as per terms and conditions Stipulated below:

商品名称、规格及包装 COMMODITY AND SPECIFICATIONS, PACKING	数量 QUANTITY	单价 UNIT PRICE	总值 TOTAL AMOUNT

唛头/MARKS:
装运地/AIRPORT OF DEPARTURE:
目的地/AIRPORT OF DESTINATION:
装运期限/TIME OF SHIPMENT:
分批装运/PARTIAL SHIPMENT:
付款条件/TERMS OF PAYMENT:
开户银行/BANK NAME:

普惠制产地证书由中国国家质量监督出入境检验检疫局签发。Generalized System of Preferences Certificate of Origin Issued by General Administration of Quality Supervision, Inspection and Quarantine of the People's Republic of China.

品质/数量异议:如买方提出索赔,凡属品质异议须于货到目的口岸之____日内提出,凡属数量异议须于货到目的口岸之____日内提出,对所装货物所提任何异议属于保险公司、轮船公司等其他有关运输或邮递机构,卖方不负任何责任。QUALITY /QUANTITY DISCREPANCY: In case of quality discrepancy, claim should be filed by the Buyer within ____ days after the arrival of the goods at port of destination; while for quantity discrepancy, claim should be filed by the Buyer within ____ days after the arrival of the goods at port of destination. It is understood that the seller shall not be liable for any discrepancy of the goods shipped due to causes for which the Insurance Company, Shipped Company other transportation organization/or Post Office are liable.

本确认书内所述全部或部分商品,如因人力不可抗拒的原因,以致不能履约或延迟交货,卖方概不负责。The Seller shall not be held liable for failure of delay in delivery of the entire lot or a portion of the goods under this Sales Confirmation in consequence of any Force Majeure incidents.

买方收到本售货确认书后请立即签回一份,如买方对本确认书有异议,应于收到后五天内提出,否则认为买方已同意接受本确认书所规定的各项条款。The buyer is requested to sign and return one copy of the Sales Confirmation immediately after the receipt of same, Objection, if any, should be raised by the Buyer within five days after the receipt of this Sales Confirmation, in the absence of which it is understood that the Buyer has accepted the terms and condition of the sales confirmation.

买方: 卖方:
THE BUYER: THE SELLER:

任务三 签订收购合同

操作指南

销售确认书签订后,进口商按合同规定的支付时间电汇款项至出口商的开户银行。在自理出口实际业务中,出口商收到货款后,根据合同标的进行采购或委托加工生产,与供应商签订收购合同或加工合同。不管是收购还是加工,出口商应根据合同规定的品质提供样品供进口商确认。经过进口商确认的样品是收购或加工生产的依据。

一、订立购货合同的业务流程

购货合同订立业务流程如图2-2-1所示。

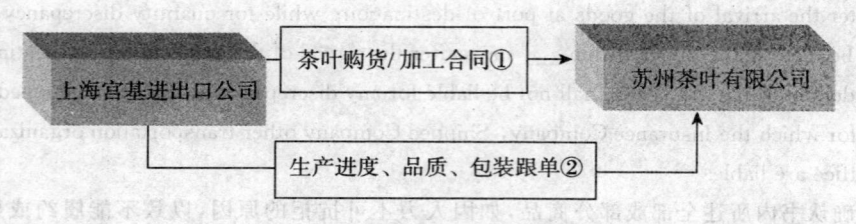

```
┌──────────────┐    茶叶购货/加工合同①    ┌──────────────┐
│上海宫基进出口公司│ ─────────────────→ │苏州茶叶有限公司│
│              │ ←───────────────── │              │
└──────────────┘    生产进度、品质、包装跟单②    └──────────────┘
```

图 2-2-1　购货合同订立业务流程

二、茶叶样品试制的工作

茶叶标准样品是指具有足够的均匀性,代表该类茶叶品质特征,经过技术鉴定并附有感官品质、有关理化数据说明的一批茶叶样品。

1. 试制前的工作

茶叶试制前的主要工作如下:

(1) 要检查茶叶标准样品的试制工艺和选用的加工工具是否保证原料的均匀性,并能防止容器和环境等因素对原料产生污染;

(2) 将茶叶标准样品试制的原料与茶叶加工等级的基准样进行品质评定,剔除不符合要求的原料。

2. 茶叶样品试制工作的程序

(1) 小样预拼。同级原料中选定该等级规格均匀的单样作为基本样,通过单样的反复调剂,直至外型、内质符合基准样的品质要求。

(2) 大样预拼。将小样进行品质水平均匀性试验,合格后再拼大样。

(3) 大样确认。大样试制后必须经检验,检验合格后由客户确认并作为大货生产的依据。

模拟操作

案例背景

上海宫基进出口公司与日本高田商社签订好销售确认书后,向苏州茶业公司采购绿茶,要求其提供绿茶商品,并通过快递寄送至日本高田商社,要求对样品进行确认。日本高田商社对样品进行确认后写出确认意见,交付上海宫基进出口公司。李莉经理按确认意见书的内容与苏州茶业公司进行商议,在对绿茶品质加工确认无误后,签订了收购合同。

一、上海宫基进出口公司寄送样品确认

样例 2—2—6

上海宫基进出口公司
样品确认鉴定表

编号：GJ110522　　　　　　　　　　　　　　　　　　　　日期：2011 年 5 月 22 日

产品名称	绿茶	订货客户	TKAMR TRADE CORPORATION
试制部门	苏州茶业公司样品室	试制负责人	李贤
样品试制数量	ART NO.015：2 千克 ART NO.016：2 千克 ART NO.017：2 千克	加工数量	300 千克
确认意见	工艺与品质符合要求		TKAMR TRADING CORPORATION 签章：高田 日期：2011 年 5 月 26 日

二、上海宫基进出口公司封样

样例 2—2—7

上海宫基进出口公司
封样单

编号：GJ32130　　　　　　　　　　　　　　　　　　　　日期：2011 年 5 月 27 日

产品名称	绿茶	商 标	宫基牌
销往地区	日本	样品数量	6 千克
规格等级	特级	生产数量	300 千克
封样记录		RT NO.015：2 千克、ART NO.016：2 千克、ART NO.017：2 千克 工艺说明书 1 份 样品确认鉴定表 1 份	
封样结论	作为交货的依据		上海宫基进出口公司 封样专用章 签章：李莉 日期：2011 年 5 月 27 日

三、上海宫基进出口公司签订收购合同

样例 2-2-8

收购合同

编号：GJ11054
日期：2011.05.22

甲方：上海宫基进出口公司
地址：上海市徐锦路1号
邮编：200032　电话：021-54091100

乙方：苏州茶业公司
地址：苏州市中山路12号
邮编：363201　电话：024-66180662

双方经友好协商，特订立本合同：

第一条　货名、品质、数量、交货时间

乙方于2011年7月20日前按约定的样品品质向甲方提供300千克绿茶，并自费负责运至上海浦东机场国际货运代理公司指定仓库交付甲方，经验收核准后方可入库。

第二条　包装方式

每千克装一个胶袋，每10个胶袋装入一个出口纸箱。唛头内容包括TKAMR、销售合同号、目的港和箱数。

第三条　付款方式

甲方在收到全部货物并经验收核准后__10__天内向乙方支付全部货款总金额为玖万元整。

第四条　不可抗力

由于严重的自然灾害以及双方同意的其他不可抗力引起的事故，致使一方不能履约时，该方应尽快将事故通知对方，并与对方协商延长履行合同的期限。由此而引起的损失，对方不得提出赔偿要求。

第五条　仲裁

本合同在执行期间，如发生争议，双方应本着友好方式协商解决。如未能协商解决，提请中国上海仲裁机构进行仲裁。

本合同如有未尽事宜，或遇特殊情况需要补充、变更内容，须经双方协商一致。

本合同自签字日起生效。本合同正本一式两份，甲乙双方各执一份。

上海宫基进出口公司
合同专用章

甲方：(盖章)
签名：李莉
开户银行：中国银行上海分行
银行账号：3102478965411

苏州茶业公司
合同专用章

乙方：(盖章)：
签名：历历
开户银行：中国银行苏州分行
银行账号：3587986532

体验活动

一、活动背景

上海商贸进出口公司与新加坡客商 JIM TRADING CORPORATION 签订好销售确认书后,向上海浦东五金工具有限公司采购电动钻头。为此,谈云经理对团队成员进行分工,有的负责搜集资料与样品,有的负责条款的拟订,有的负责审核。收购确认书全部拟订好后,经谈云经理审核并签章。然后,安排队员联系快递公司,将收购确认书送至上海浦东五金工具有限公司会签,该公司田进经理审核无误后签章,收购合同生效。样品跟进与收购合同订立在实训室的"洽谈室"进行,体验相关业务的工作经历。

二、活动准备

拟订鉴定表、封样单、收购合同的相关资料如下:

编号:自拟
试制部门:样品室
样品试制数量:16 套
试制负责人:万可
确认意见:工艺与品质符合要求
商标:上工
规格等级:全码
确认意见:作为加工生产与交货的依据
封样记录:全码钻头 1 套、工艺说明书 1 份、样品鉴定表 1 份
采购商:上海商贸进出口公司
地址:上海市浦南路 1 号
邮编:200021　电话:58056676
开户银行:中国工商银行浦东支行(账号 2131203456)
收购合同号:SM110522
供应商:上海浦东五金工具有限公司
地址:上海市沪南公路 43 号
邮编:200022　电话:58321983
开户银行:中国工商银行南汇支行(账号 3120345632)
商品名称:电动钻头
规格数量:ART. TY242 4 550 套
总金额:109 200 元

交货时间：2011年7月20日前
交货地点：甲方指定仓库
包装：每套装入一个塑料袋，50套装入一只出口纸箱
唛头：内容包括收货人简称、销售合同号、目的港和箱数
支付方式：甲方在收到全部货物并经验收核准后10天内支付货款

三、活动开展
团队每个队员根据上述资料拟订合同条款填入下列空白收购确认书内。

1. 上海商贸进出口公司填写样品确认鉴定表

上海商贸进出口公司

样品确认鉴定表

编号：　　　　　　　　　　　　　　　　　　　　　　　　　日期：

产品名称		订货客户	
试制部门		试制负责人	
样品试制数量		加工数量	
确认意见			签章： 日期：

2. 上海商贸进出口公司填写封样单

上海商贸进出口公司

封样单

编号：　　　　　　　　　　　　　　　　　　　　　　　　　日期：

产品名称		商　标	
销往地区		样品数量	
规格等级		生产数量	
封样记录			
封样结论		签章：	日期：

3. 上海商贸进出口公司拟订收购合同

收购合同

编号：_____
日期：_____

甲方：_____　　　　　　　　　乙方：_____
地址：_____　　　　　　　　　地址：_____
邮编：_____　电话：_____　　　　邮编：_____　电话：_____

　　双方经友好协商，特订立本合同：
　　第一条　货名、品质、数量、交货时间
　　乙方于____年____月____日前按约定的样品品质向甲方提供_____，并自费负责运至甲方指定仓库交付甲方，经验收核准后方可入库。
　　第二条　包装方式
　　包装方式为_____。唛头内容为_____。
　　第三条　付款方式
　　甲方在收到全部货物并经验收核准后____天内向乙方支付全部货款总金额为_____。
　　第四条　不可抗力
　　由于严重的自然灾害以及双方同意的其他不可抗力引起的事故，致使一方不能履约时，该方应尽快将事故通知对方，并与对方协商延长履行合同的期限。由此而引起的损失，对方不得提出赔偿要求。
　　第五条　仲裁
　　本合同在执行期间，如发生争议，双方应本着友好方式协商解决。如未能协商解决，提请中国上海仲裁机构进行仲裁。
　　本合同如有未尽事宜，或遇特殊情况需要补充、变更内容，须经双方协商一致。
　　本合同自签字日起生效。本合同正本一式两份，甲乙双方各执一份。

甲方：（盖章）　　　　　　　　　　　　　乙方：（盖章）
签名：　　　　　　　　　　　　　　　　　签名：
开户银行：　　　　　　　　　　　　　　　开户银行：
银行账号：　　　　　　　　　　　　　　　银行账号：

活动评价

团队成员活动测评表

测评内容	评判标准	总分	自我评价
拟订发盘的内容	错1个内容扣5分	20	
拟订销售确认书的条款	错1个内容扣5分	20	
拟订收购合同的条款	错1个内容扣5分	20	
鉴定表、封样单	错1个内容扣5分	20	
收购合同的内容及缮制	错1个内容扣5分	20	
合计		100	

团队活动测评表

测评内容	评判标准	总分	自我评价
团队合作质量	较好达到目标	20	
	基本达到目标	15	
	未完成目标	15	
团队合作精神	互助精神较好	20	
	互助精神一般	15	
	互助精神较差	15	
合计		100	

教学方案设计与建议

模拟教学环节——体验活动二	教学组织形式	实施教学手段	课时
开展交易——销售确认书的商订	形式： 以小组为单位扮演出口商角色 方法： 每组独立拟订确认书、收购合同条款，填写鉴定表、封样单 要求： 条款内容正确、无误	地点： 专业实训室或机房 设备： 计算机、服务器 资料： 电子操作资料、合同与表	4
累计：			34

职业技能训练

一、业务操作流程

根据购货合同订立业务的基本程序填写下表：

基本程序	主要内容及要求

二、仿真业务操作

1. 业务操作背景

上海宇宙进出口公司成立后，建立了公司网站。近日，收到加拿大 WILS IMPORTS CO. LTD 经理 WILS 的电邮，对网站上货号为 ART. 101 男式全棉短裤感兴趣并要求报价。于是，上海宇宙进出口公司余州经理与团队研究后发盘。WILS IMPORTS CO. LTD 收到发盘后，立刻表示接受。对此，余州经理带领本团队成员一起拟订销售确认书，由双方签章。WILS IMPORTS CO. LTD 在合同规定的支付时间内，电汇货款。上海宇宙进出口公司财务部得知全部货款到账后，与上海南林服装有限公司签订加工合同，并进行样品的鉴定和封样。据此，上海宇宙进出口公司团队成员需要分工合作，有的拟订发盘函，有的拟订加工合同与收购合同条款，有的寄送样品，有的填写样品鉴定表和封样单，体验相关的工作经历。

2. 业务操作资料

出口商：上海宇宙进出口公司
地址邮编：上海市松江区车亭路 18 号（邮编 200012）
电话：21-67809134 传真：21-67809135
进口商：WILS IMPORTS CO. LTD
地址：8 BLVDWEST MONTREAL QUEBET CANADA
电话：15148649481 传真：48649482
商品、数量：男式全棉短裤、数量 12 000 条
商品价格：每件 6.50 美元 CFR MONTREAL
合同号：YZ11109
包装方式：每条装入一胶袋，50 条不同尺码与颜色装入一出口纸箱
装运时间：不迟于 2011 年 12 月 20 日装运
运输方式：航空运输
唛头：由卖方指定
支付方式：电汇
分批装运：不允许
交付单据：航空运单正本 1 份、商业发票与装箱单正本各 5 份、普惠制原产地证

明书正本 1 份
异议索赔：买方因品质异议提出索赔须货到目的口岸之后 30 日内，属数量异议为 20 日内
开户银行名称：中国银行上海分行（账号 31078546541）
收购合同号：SM1109234
生产厂家：上海南林服装有限公司、电话 67809166、传真 67809167
通讯地址：上海市松江区车亭路 1321 号，邮编 200012
交货时间：2011 年 12 月 5 日
付款时间：乙方交货后 10 日内支付 20 万元
通知单批号：YM070512
试制车间：样衣车间
试制负责人：袁方
样品试制数量：全码各 4 条
试制中存在的问题：无
规格尺寸：全码
商标：ROTA
封样记录：确认样全码各 4 条，工艺与工序说明 1 份。
封样结论：可作为大货生产的依据

3．业务操作要求

根据上述信息填写发盘函、鉴定表和封样单，拟订销售确认书、收购合同书各一份，并在实训室的"业务洽谈室"进行操作。

（1）拟订发盘函

(2) 拟订销售确认书

上海宇宙进出口公司
SHANGHAI YZ IMP. & EXP. CO.
18 CHETING ROAD SHANGHAI 200012, CHINA

售 货 确 认 书   S/C NO.：＿＿＿＿
SALES CONFIRMATION   DATE：＿＿＿＿

TEL：021－67809134
FAX：021－67809135
To Messrs：

敬启者：兹确认售予你方下列货品，其成交条款如下：
Dear Sirs,
　　We hereby confirm having sold to you the following goods on terms and conditions as specified below：

唛头 SHIPPING MARK	商品名称、规格及包装 NAME OF COMMODITY AND SPECIFICATIONS, PACKING	数量 QUANTITY	单价 UNIT PRICE	总值 TOTAL AMOUNT

唛头/MARKS：
装运地/AIRPORT OF DEPARTURE：
目的地/AIRPORT OF DESTINATION：
装运期限/TIME OF SHIPMENT：
分批装运/PARTIAL SHIPMENT：
付款条件/TERMS OF PAYMENT：
开户银行/BANK NAME：
　　普惠制产地证书由中国国家质量监督出入境检验检疫局签发。Generalized System of Preferences Certificate of Origin Issued by General Administration of Quality Supervision, Inspection and Quarantine of the People's Republic of China.
　　品质/数量异议：如买方提出索赔，凡属品质异议须于货到目的口岸之＿＿＿日内提出，凡属数量异议须于货到目的口岸之＿＿＿日内提出，对所装货物所提任何异议属于保险公司、轮船公司等其他有关运输或邮递机构，卖方不负任何责任。QUALITY /QUANTITY DISCREPANCY：In case of quality discrepancy, claim should be filed by the Buyer within ＿＿＿ days after the arrival of the goods at port of destination; while for quantity discrepancy, claim should be filed by the Buyer within ＿＿＿ days after the arrival of the goods at port of destination. It is understood that the seller

shall not be liable for any discrepancy of the goods shipped due to causes for which the Insurance Company, Shipped Company other transportation organization/or Post Office are liable.

本确认书内所述全部或部分商品，如因人力不可抗拒的原因，以致不能履约或延迟交货，卖方概不负责。The Seller shall not be held liable for failure of delay in delivery of the entire lot or a portion of the goods under this Sales Confirmation in consequence of any Force Majeure incidents.

买方收到本售货确认书后请立即签回一份，如买方对本确认书有异议，应于收到后五天内提出，否则认为买方已同意接受本确认书所规定的各项条款。The buyer is requested to sign and return one copy of the Sales Confirmation immediately after the receipt of same, Objection, if any, should be raised by the Buyer within five days after the receipt of this Sales Confirmation, in the absence of which it is understood that the Buyer has accepted the terms and condition of the sales confirmation.

买方：　　　　　　　　　　　　　　　　　卖方：
THE BUYER：　　　　　　　　　　　　　　THE SELLER：

(3) 填写样品鉴定表与封样单

上海宇宙进出口公司
样衣确认鉴定表

板单编号：YM070532　　　　　　　　　　　　　　　　日期：

合同编号	20050339	通知单批号	
产品名称型号		订货客户	
试制车间（小组）		试制负责人	
样品试制数量		生产数量	
试制中存在的问题			
双方协商处理意见			
双方确认（签章）			

(4) 填写封样单

上海宇宙进出口公司
服装封样单

板单编号：YM0705－R　　　　　　　　　　　　　　　日期：

产品名称		合同号	
销往地区		商标	
规格尺寸		生产数量	
封样记录			
封样结论			

签章：　　　　　　　　日期：

(5) 拟订收购合同条款

收购合同

编号：_____
日期：_____

甲方：_____   乙方：_____
地址：_____   地址：_____
邮编：_____ 电话：_____   邮编：_____ 电话：_____

双方经友好协商，特订立本合同：

第一条　货名、品质、数量、交货时间
乙方于_____年___月___日前按约定的样品品质向甲方提供_____，并自费负责运至甲方指定仓库交付甲方，经验收核准后方可入库。

第二条　包装方式
包装方式为_____。唛头内容为_____。

第三条　付款方式
甲方在收到全部货物并经验收核准后____天内向乙方支付全部货款总金额为_____。

第四条　不可抗力
由于严重的自然灾害以及双方同意的其他不可抗力引起的事故，致使一方不能履约时，该方应尽快将事故通知对方，并与对方协商延长履行合同的期限。由此而引起的损失，对方不得提出赔偿要求。

第五条　仲裁
本合同在执行期间，如发生争议，双方应本着友好方式协商解决。如未能协商解决，提请中国上海仲裁机构进行仲裁。

本合同如有未尽事宜，或遇特殊情况需要补充、变更内容，须经双方协商一致。
本合同自签字日起生效。本合同正本一式两份，甲乙双方各执一份。

甲方：(盖章)   乙方：(盖章)
签名：   签名：
开户银行：   开户银行：
银行账号：   银行账号：

体验活动三 跟进产品——进度、品质的控制

学习与考证目标

- 了解生产进度跟进与品质控制的基本内容
- 明确生产进度跟进与品质控制的主要作用
- 熟悉生产进度跟进与品质控制的主要方法
- 掌握生产进度跟进与品质控制方法的应用

学习与操作指南
——进度与品质控制的方法、内容及要求

出口商要了解加工企业的生产进度和品质状况,通常由跟单员深入加工生产企业,了解工厂的产能动态,跟踪生产进度,并与加工企业的质检部门一起制订严格的生产品质控制计划,按工艺技术要求加强对影响品质的人员、机器设备和材料等方面进行有效控制,保证按约履行交货义务。

任务一 跟进生产进度

操作指南

跟进生产进度是指购货合同签订后,通常由出口商跟单员深入加工生产企业,了解工厂的产能动态,掌握加工产品的生产进度,保证按时交货。在生产过程中,跟单员如果发现实际生产进度与计划进度有差异,必须协调加工企业的有关部门一起查找原因,采取有效措施,保证生产有序进行。

一、加工企业制订生产计划

加工企业的生产管理部根据加工合同的有关内容编制生产计划,包括生产、包装、检验和运输等全过程内容,并确定各工序的执行车间或部门。

二、跟单员跟踪生产进度

跟单员通过生产管理部的"生产日报表"和"生产周报表"的统计,了解生产计划执行情况,编制汇总表。如果发现异常情况,如实际生产进度与计划进度不符、机器设备运行障碍、原材料供应短缺、次品情况严重等,可要求加工企业及时采取措施改变现状,并向本公司主管进行汇报,做好预案。

模拟操作

案例背景

苏州茶叶有限公司根据收购合同的规定及时安排加工生产,编制生产计划表。上海官基进出口公司跟单员通过对该公司生产周报表来了解实际生产进度,并根据生产周报表和生产日报表进行汇总,编制跟单进度汇总表,如果发现异常情况须及时采取对策,保证按时交货。

一、苏州茶叶有限公司编制生产计划

样例 2—3—1

苏州茶叶有限公司
生产计划表

工作天数：14 日　　　　　合同号：GJ11054　　　　　日期：2011 年 5 月 27 日

批号	货物名称、等级	数量	单位	生产日期 开工	生产日期 完工	预定出货日期	备注
01	绿茶特级	300	千克	2011.6.13	2011.6.30	2011.7.10	

业务经理：王芳　　　　　　　　　　　　　　　　　　　　生产主管：夏放

二、苏州茶叶有限公司编制生产周报表

茶叶加工生产分为筛分、切轧、风选、干燥、包装五个工序，2011 年 6 月 13 日是周一，其生产情况如下：

样例 2—3—2

苏州茶叶有限公司
生产周报表

填表人：胡林　　　　　　　　　　　　　　　　　　　　　日期：2011 年 6 月 13 日

生产部门	筛分 当天	筛分 累计	切轧 当天	切轧 累计	风选 当天	风选 累计	干燥 当天	干燥 累计	包装 当天	包装 累计
筛分车间	30 千克	150 千克								
切轧车间			30 千克	120 千克						
风选车间					30 千克	90 千克				
干燥车间							30 千克	60 千克		
包装车间									30 千克	30 千克

注：周日、周六为非工作日。

样例 2—3—3

苏州茶叶有限公司
生产周报表

填表人:胡林　　　　　　　　　　　　　　　　　　日期:2011 年 6 月 24 日

生产部门	筛分		切轧		风选		干燥		包装	
	当天	累计	当天	累计	当天	累计	当天	累计	当天	累计
筛分车间	30 千克	300 千克								
切轧车间			30 千克	270 千克						
风选车间					30 千克	240 千克				
干燥车间							30 千克	210 千克		
包装车间									30 千克	180 千克

注:周日、周六为非工作日。

样例 2—3—4

苏州茶叶有限公司
生产周报表

填表人:胡林　　　　　　　　　　　　　　　　　　日期:2011 年 6 月 30 日

生产部门	筛分		切轧		风选		干燥		包装	
	当天	累计	当天	累计	当天	累计	当天	累计	当天	累计
筛分车间	0	0								
切轧车间			30 千克	30 千克						
风选车间					30 千克	60 千克				
干燥车间							30 千克	90 千克		
包装车间									30 千克	120 千克

注:周日、周六为非工作日。

三、上海宫基进出口公司跟进生产进度

样例 2—3—5

上海宫基进出口公司
跟单进度汇总表

跟单员：李莉　　　　　　　　　　　　　　　　　　　编号：FA090802

合同号	货名、等级	加工内容	生产日期	生产数量	计划差数	统计日期
GJ11054	绿茶特级	筛 分	6.13～6.24	300 千克	0	2011.6.24
		切 轧	6.14～6.27	300 千克	0	2011.6.27
		风 选	6.15～6.28	300 千克	0	2011.6.28
		干 燥	6.16～6.29	300 千克	0	2011.6.29
		包 装	6.17～6.30	300 千克	0	2011.6.30

注：周日、周六为非工作日。

体验活动

一、活动背景

上海浦东五金工具有限公司根据收购合同书的规定及时安排加工生产，编制生产计划表，上海商贸进出口公司跟单员通过该公司的生产周报表来掌握实际生产进度，并根据生产周报表和生产日报表进行汇总，编制跟单进度汇总表。该工作在实训室的"供应商"处计算机上进行，体验跟单工作的业务经历。

二、活动准备

生产进度跟进工作的相关资料如下：

2011年6月13日至6月30日工作，其中18日、19日、25日、26日是双休日，其他信息见生产计划表和生产周报表。

上海浦东五金工具有限公司
生产计划表

工作天数:12 日　　　合同号:SM110522　　　　　　　日期:2011 年 5 月 27 日

批号	货物名称、等级	数量	单位	生产日期 开工	生产日期 完工	预定出货日期	备注
01	电动钻头	4 550	套	2011.6.13	2011.6.28	2011.7.10	

业务经理:王力　　　　　　　　　　　　　　　　生产主管:章放

上海浦东五金工具有限公司
生产周报表

填表人:倪新　　　　　　　　　　　　　　　　　日期:2011 年 6 月 17 日

生产部门	初加工 当天	初加工 累计	精加工 当天	精加工 累计	包装 当天	包装 累计
初加工车间	455 套	2 275 套				
精加工车间			455 套	1 820 套		
产品包装车间					455 套	1 365 套

注:周日、周六为非工作日。

三、活动开展

团队每个队员根据上述资料填写下列生产周报表和跟单进度汇总表。

1. 上海商贸进出口公司填写生产周报表

上海浦东五金工具有限公司
生产周报表

填表人:倪新　　　　　　　　　　　　　　　　　日期:2011 年 6 月 24 日

生产部门	初加工 当天	初加工 累计	精加工 当天	精加工 累计	包装 当天	包装 累计
初加工车间						
精加工车间						
产品包装车间						

注:周日、周六为非工作日。

上海浦东五金工具有限公司
生产周报表

填表人:倪新　　　　　　　　　　　　　　　　　　　　　日期:2011年6月28日

生产部门	初加工		精加工		包 装	
	当天	累计	当天	累计	当天	累计
初加工车间						
精加工车间						
产品包装车间						

注:周日、周六为非工作日。

2. 上海商贸进出口公司填写跟单进度汇总表

上海商贸进出口公司
跟单进度汇总表

跟单员:　　　　　　　　　　　　　　　　　　　　　　　编号:SM110602

合同号	货 名	加工内容	生产日期	生产数量	计划差数	统计日期
		初加工			0	
		精加工			0	
		产品包装			0	

注:周日、周六为非工作日。

任务二　控制产品的品质

操作指南

　　为了保证产品质量符合加工合同的相关规定,必须在生产前、生产过程中进行全方位监控,通过制订生产品质控制计划,依据实际现状随时调整工艺技术,根据要求对半成品与成品进行全数检查,确保产品质量。在成品货物出库时,跟单员依据可接受质量水平抽样检查的方法进行抽样检查,判断该批货物是否合格。

一、生产过程中的质量监控

生产过程中控制质量的主要方法如下:

1. 工艺准备的质量控制

工艺准备是根据产品的设计要求和企业的生产规模确定生产的方法和程序,将操作人员、材料、设备、专业技术和生产设施等生产要素合理地组织起来,使产品质量符合设计标准的全部活动。工艺准备是生产技术准备工作的核心内容,是直接影响产品质量的主要因素。

2. 生产过程中的质量控制

生产过程质量控制范围是从原材料入库至成品的最终形成。生产过程质量控制的职能是依据产品设计和工艺文件的规定以及生产品质控制计划的要求,对各种影响生产质量的因素实施控制,以确保产品的质量。生产过程质量控制的主要内容有加强工艺管理,建立工序质量控制点,执行工艺规定,运用工序质量控制方法,坚持均衡生产;应用统计技术和质量经济分析,掌握质量动态,严把质量关;强化过程检验,控制不合格品。生产过程质量控制的基本任务是贯彻设计意图,执行技术标准,使生产过程中的各工序达到质量标准,建立起符合质量要求的生产系统。

3. 加工成品的质量控制

加工产品完成后,通常采用抽样方法对全部产品进行检验,判断该批货物是否合格。在实际业务中,各公司运用的抽样方法各异,多数企业采用可接受质量水平等级。

二、抽样检查方法

1. 可接受质量水平等级

可接受质量水平(AQL 英语缩写)是产品质量抽检的通用方法,其中 4.0(放宽)、2.5(正常)、1.5(加严)三个等级较为常用。

2. 批量

批量是指接收数量或即将装运数量,具体有 11 个范围,详见 AQL 等级检查表(表 2—3—1)。

表 2—3—1

AQL 等级检查表

AQL 等级		1.5 加严			2.5 正常			4.0 放宽		
批 量		检验数量	接受	拒绝	检验数量	接受	拒绝	检验数量	接受	拒绝
从	到									
51	90	13	0	1	13	1	2	13	1	2
91	150	20	1	2	20	1	2	20	2	3
151	280	32	1	2	32	2	3	32	3	4
281	500	50	2	3	50	3	4	50	5	6
501	1 200	80	3	4	80	5	6	80	7	8
1 201	3 200	125	5	7	125	7	8	125	10	11
3 201	10 000	200	7	8	200	10	11	200	14	15
10 001	35 000	315	10	11	315	14	15	315	21	22
35 001	150 000	500	14	15	500	21	22			
150 001	500 000	800	21	22						
500 001	以上	1 250	21	22						

3. 操作方法

操作步骤如下：

（1）选批量范围；

（2）根据检验的水平找出抽检数量；

（3）根据 AQL 检验的水平找出接受和拒绝数量；

（4）如果检验结果的不合格数小于拒绝数量，判断该批货物为检验合格，反之则为不合格。

模拟操作

案例背景

苏州茶叶有限公司根据加工合同规定的交货时间通知上海官基进出口公司进行检验。上海官基进出口公司李莉经理来到苏州茶叶有限公司的成品仓库，对绿茶进行抽样检查，判断该批加工生产货物是否合格，确保出口货物符合销售合同规定的品质要求。

一、上海宫基进出口公司抽样检验

跟单员对茶叶成品进行抽样检验是在成品包装完成后与出货前之间。其操作步骤如下：

第一步：根据成品数量 300 包找出其批量的范围，即 281～500。
第二步：根据批量范围 281～500 找出检验的数量，即 50 包。
第三步：按 2.5 正常检验标准找出接受与拒绝数量，即分别为 3 包和 4 包。
第四步：如果检验出不合格产品为 3 包或小于该数，该批货物判断为检验合格；如果检验出不合格产品为 4 包或大于该数，该批货物判断为检验不合格。对不合格批次货物可按 2.5 正常检验标准进行第二次检验，对第一次的质量问题进行重点检查，假如还未通过，必须返修，再按 1.5 加严标准再进行第三次检验。

二、上海宫基进出口公司填写成品检验报表

成品检验表是记录对成品质量、包装和外箱标签等检验的情况。李莉经理将对茶叶成品抽样的结果填入成品检验报表内，并进行业务归档。

样例 2—3—6

上海宫基进出口公司
成品检验报表

跟单员：李莉　　　　　　　　　　　　　　　　　日期：2011 年 7 月 1 日

加工合同号	GJ11054	货物名称	绿茶	规格等级		特级
加工单位	苏州茶叶有限公司			检查总数		50 包
检验项目	接 受	不接受	检验项目		接 受	不接受
1. 形状	√		4. 包装		√	
2. 色味	√		5. 商标			
3. 胶袋	√		6. 外箱标签		√	
次品名称	小次品数		次品名称		小次品数	
—	—					
检查评语			符合要求，可以出运。			

体验活动

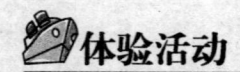

一、活动背景

上海浦东五金工具有限公司根据收购合同书规定的交货时间及时通知上海商贸进出口公司进行检验。上海商贸进出口公司来到上海浦东五金工具有限公司的成品仓库，对电动钻头进行抽样检查，判断该批加工生产货物是否合格，确保出口货物符合销售合同规定的品质要求。该品质抽样检验在实训室的"供应商"处计算机上进行，体验跟单工作的业务经历。

二、活动准备

品质控制工作的相关资料如下：
收购合同号：SM110522
商品名称：电动钻头
规格数量：ART. TY242   4 550 套
检验结果：不合格为 11 套
次品名称：尺寸规格不符，有 11 套
检查评语：修整后进行二次检验，合格后出运

三、活动开展

团队每个队员根据合同规定的品质进行抽样检验，判断该票货物是否合格，如果该票货物为不合格，应该如何处理。

1. 上海商贸进出口公司进行抽样检验

检验步骤	工作内容及要求
第一步：	
第二步：	
第三步：	
第四步：	

2. 上海商贸进出口公司填写成品检验报表

根据上述资料填写有关内容：

上海商贸进出口公司
成品检验报表

跟单员： 　　　　　　　　　　　　　　　　　　　　　　　　日期：2011 年 7 月 5 日

加工合同号		货物名称		规格等级		
加工单位				检查总数		
检验项目	接 受	不接受	检验项目		接 受	不接受
1.尺寸		√	4.包装		√	
2.平面	√		5.商标		√	
3.胶袋	√		6.外箱标签		√	
次品名称	小次品数		次品名称		小次品数	
检查评语						

活动评价

团队成员活动测评表

测评内容	评判标准	总分	自我评价
跟进生产进度的内容	错1个内容扣5分	20	
填写跟单汇总表	错1个内容扣5分	20	
品质控制的方法	错1个内容扣5分	20	
可接受质量水平等级的操作	错1个内容扣5分	20	
填写成品鉴定表	错1个内容扣5分	20	
合计		100	

团队活动测评表

测评内容	评判标准	总分	自我评价
团队合作质量	较好达到目标	20	
	基本达到目标	15	
	未完成目标	15	
团队合作精神	互助精神较好	20	
	互助精神一般	15	
	互助精神较差	15	
合计		100	

教学方案设计与建议

模拟教学环节——体验活动三	教学组织形式	实施教学手段	课时
跟进产品——进度、品质的控制	形式： 以小组为单位扮演出口商角色 方法： 每组独立查看生产周报表、填写跟单汇总表，判断1批货物是否合格，填写成品鉴定表 要求： 内容正确、无误	地点： 专业实训室或机房 设备： 计算机、服务器 资料： 电子操作资料、表	4
累计：			38

职业技能训练

一、业务操作流程

根据可接受质量水平等级的操作程序填写下表：

检验步骤	主要内容及要求
第一步:	
第二步:	
第三步:	
第四步:	

二、仿真业务操作

1. 业务操作背景

上海宇宙进出口公司根据上海南林服装有限公司编制的生产计划表,通过该公司生产周报表了解实际生产进度,编制跟单进度汇总表。当上海南林服装有限公司完成加工生产后,上海宇宙进出口公司跟单员对男式全棉短裤成品进行抽样检查,判断该批加工生产货物是否合格,确保出口货物符合销售合同规定的品质要求。

2. 业务操作资料

上海南林服装有限公司

生产计划表

生产部门:裁剪车间、缝制车间、后道车间、包装车间　　工作天数:14日　　合同号:SM1109234

批号	产品名称	数量	单位	生产日期 开工	生产日期 完工	预定出货日期	备注
03	男式全棉6袋短裤	12 000	条	11.14	12.1	2011.12.5	

业务经理:桑莉　　　　　　　　生产主管:金立　　　　　　　　日期:2011年11月9日

上海南林服装有限公司
生产周报表

填表人：谈向　　　　　　　　　　　　　　　　　　　　　日期：2011年11月18日

生产部门	裁剪		缝制		后道		包装	
	当天	累计	当天	累计	当天	累计	当天	累计
裁剪车间	12 000 条	12 000 条						
缝制车间			1 200 条	4 800 条				
后道车间					1 200 条	3 600 条		
包装车间							1 200 条	2 400 条

注：周日、周六为非工作日。

上海南林服装有限公司
生产周报表

填表人：谈向　　　　　　　　　　　　　　　　　　　　　日期：2011年11月25日

生产部门	裁剪		缝制		后道		包装	
	当天	累计	当天	累计	当天	累计	当天	累计
裁剪车间								
缝制车间			1 200 条	10 800 条				
后道车间					1 200 条	9 600 条		
包装车间							1 200 条	8 400 条

注：周日、周六为非工作日。

上海南林服装有限公司
生产周报表

填表人：谈向　　　　　　　　　　　　　　　　　　　　　日期：2011年11月30日

生产部门	裁剪		缝制		后道		包装	
	当天	累计	当天	累计	当天	累计	当天	累计
裁剪车间								
缝制车间			1 200 条	12 000 条				
后道车间					1 200 条	12 000 条		
包装车间							1 200 条	12 000 条

注：周日、周六为非工作日。

3. 业务操作要求

根据上述信息在实训室的"业务室"填写跟单进度汇总表,并依据抽样检验20条不合格成品,判断该批货物是否合格。

(1) 填写跟单进度汇总表

上海宇宙进出口公司

跟单进度汇总表

跟单员: 　　　　　　　　　　　　　　　　　　　　　　编号:SM110602

合同号	货 名	加工内容	生产日期	生产数量	计划差数	统计日期
		裁剪			0	
		缝制			0	
		后道				
		包装			0	

注:周日、周六为非工作日。

(2) 判断该批货物是否合格

根据可接受质量水平等级表填写步骤内容及结果	
第一步:	
第二步:	
第三步:	
第四步:	

体验活动四 申请证明——普惠制产地证、商检证书

学习与考证目标

- 了解普惠制原产地证书申请签发的程序
- 明确出境货物检验检疫的主要作用
- 熟悉普惠制原产地证书申请书、普惠制原产地证书的缮制方法
- 掌握出境货物报检单的缮制方法

学习与操作指南
——申请的范围、程序、内容及要求

进口商要求提供普惠制原产地证明书 Form A,为此出口商须在货物装运前5天向当地出入境检验检疫机构申请签发,提交相关的申请材料,经签证机构核准后发放产地证书。根据我国出入境检验检疫有关法律法规的规定,一般货物通常在货物装运前7天向出境口岸检验检疫机构办理报检手续,提交出境货物报检单及有关资料,经施检后发放商检证书或通关单,凭其办理出口货物报关手续。

任务一 申请 FORM A 原产地证

操作指南

出口商必须获取普惠制原产地证明书注册登记证,普惠制产地证明书的手签人员须经培训考核持有相关资格证,方能申请签发"普惠制产地证明书 Form A"。在实际业务中,进口商为了减少进口关税要求出口商提供普惠制产地证明书,为此出口商在货物装运前 5 天向当地出入境检验检疫局提出申请签发,并提交已填制的"普惠制产地证明书申请书"一份、"普惠制产地证明书 Form A"一套和"商业发票"一份。检验检疫机构在接受申请时,要查看单证资料是否齐全,填写是否完整,符合规定予以签发。

一、申请签发普惠制产地证明书业务流程

申请签发普惠制产地证明书业务流程如图 2-4-1 所示。

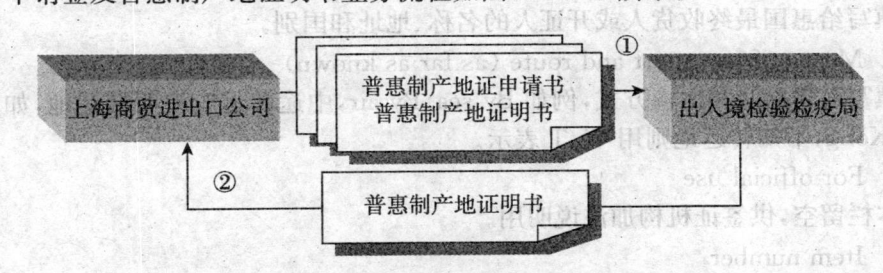

图 2-4-1 申请签发普惠制产地证明书流程

二、普惠制产地证明书申请书缮制方法

1. 申请单位(盖章)
填写申请单位全称并盖章。
2. 注册号
填写申请单位在出入境检验检疫局的注册编号。
3. 生产单位
填写该批出口商品的生产企业单位的名称。
4. 生产单位联系人电话
填写该批出口商品的生产企业单位的电话号码。
5. 商品名称
填写中英文商品名称,并与 H.S. 税目号一致。

6. H. S. 税目号
填写海关《商品编码协调制度》商品8位数字的前6位。

7. 商品总值
填写以美元计的FOB价值，如是以其他贸易术语成交的，则应扣除以外汇支付的费用。

8. 证书种类划"√"
用"√"选择加急证书和普通证书。加急证书一般为1天、普通证书为3天可获。

9. 原产地标准
选择(1)至(3)条中一条填入空格处。符合"W"的，加列H. S.的四位税目号。

10. 签章
由领证人手签，加盖申请单位公章，并写明申请人的名称、电话及申请日期。

三、普惠制产地证明书缮制方法

1. Goods consigned from (Exporter's business name、address、country)
填写出口商或受益人名称、地址、国别。

2. Goods Consigned to (Consignee's name、address、country)
填写给惠国最终收货人或开证人的名称、地址和国别。

3. Means of transport and route (as far as known)
填写运输路线和运输方式，例如By sea、By air，中途转运应注明转运地，如Via HongKong，不知转运地则用W/T表示。

4. For official use
本栏留空，供签证机构加注说明用。

5. Item number
填写同批出口不同种类的商品序号，单项商品用"1"表示或不填。

6. Marks and numbers of packages
填写合同或信用证规定的唛头，并与单据相同。

7. Number & kind of packages. description of goods
填包装件数和商品名称，如信用证规定单据要加注信用证编号或合同号码等内容，可在此显示。填写完毕用"＊"符号打成横线示意结束。

8. Origin criterion(原产地标准)
填写原产地标准符号："P"表示无进口成分；"W"表示含进口成分，但符合原产地标准；"F"指出口加拿大货物中的进口成分要在40%以下。

9. Certification(签证当局证明)
签证当局证明已印制，此栏由签证机构盖章、授权人手签。

10. Declaration by the exporter
填写进口国国别、申请日期、地点、申请单位盖章、授权人手签。

模拟操作

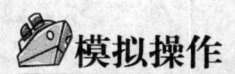

案例背景

上海宫基进出口公司根据合同的要求,依据我国《普遍优惠制原产地证明书签证管理办法》的规定,向上海出入境检验检疫局申请签发普惠制原产地证书。为此,李莉经理填写普惠制原产地证书申请书、普惠制原产地证书,并随附商业发票等单据向出入境检验检疫局办理申请签发普惠制原产地证书。

一、上海宫基进出口公司缮制商业发票

样例 2—4—1

出口专用

上海宫基进出口公司
SHANGHAI GJ IMPORT & EXPORT CORPORATION
1XUJIN ROAD SHANGHAI 200004,CHINA
TEL:021—54091100 FAX:021—54091101
税务登记号:310123459283

COMMERCIAL INVOICE

TO:M/S
TKAMR TRADE CORPORATION
7KAWARA MACH OSAKA JAPAN

发票代码:1310008204222
INV NO:GJ201152
DATE:JUL. 15,2011
S/C NO:GJ110503

FROM ____SHANGHAI AIRPORT____ TO ____OSAKA AIRPORT____

MARKS	DESCRIPTIONS OF GOODS	QUANTITY	U/ PRICE	AMOUNT
TKAMR GJ110503 OSAKA C/NO. 1—30	CHINESE GREEN TEA ART NO. 015 ART NO. 016 ART NO. 017 PACKING: EACH KG IN A POLYBAG 10 POLYBAGS INTO AN EXPORT CARTON	100 KGS 100 KGS 100 KGS	CPT OSAKA USD 100. 00 USD 100. 00 USD 100. 00 TOTAL	USD 10 000. 00 USD 10 000. 00 USD 10 000. 00 USD 30 000. 00

第二联:发票联

TOTAL AMOUNT:SAY US DOLLARS THIRTY THOUSAND ONLY.
WE HEREBY CERTIFY THAT THE CONTENTS OF INVOICE HEREIN ARE TRUE AND CORRECT.

上海宫基进出口公司
310123459283
发票专用章

SHANGHAI GJ IMPORT & EXPORT CORPORATION
李莉

二、上海宫基进出口公司缮制普惠制产地证明书申请书

样例 2-4-2

普惠制产地证明书申请书

申请单位(加盖公章)：上海宫基进出口公司 产地证申请专用章
证书号：_____
申请人郑重申明：
注册号：88559966

本人被正式授权代表本企业办理和签署本申请书。

本申请书及普惠制产地证明书 FORM A 所列内容正确无误，如发现弄虚作假，冒充 FORM A 所列货物，擅改证书，自愿接受签发机构的处罚并承担法律责任。现将有关情况申报如下：

生产单位	苏州茶业公司		生产单位联系人电话	024－66180662
商品名称（中英文）	中国绿茶 CHINESE GREEN TEA		H.S.税目号（以六位数码计）	09021090
商品FOB总值(以美元计) 28 000 美元			发票号	GJ201152
最终销售国	日本	证书种类"√"	加急证书	普通证书√
货物拟出运日期		2011.07.31		
贸易方式和企业性质(请在适用处划"√")				

正常贸易 C	来料加工 L	补偿贸易 B	中外合资 H	中外合作 Z	外商独资 D	零售 Y	展卖 M
√							

包装数量或毛重或其他数量	30 箱

原产地标准：
本项商品系在中国生产，完全符合该给惠国给惠方案规定，其原产地情况符合以下第(1)条：
(1)"P"(完全国产，未使用任何进口原材料)；
(2)"W"其H.S.税目号为 _____ (含进口成分)；
(3)"F"(对加拿大出口产品，其进口成分不超过产品出厂价值的40%)；
本批产品系：1. 直接运输从 上海浦东机场 到 大阪机场 ；
　　　　　　2. 转口运输从 _____ 中转国(地区)到 _____ 。

申请人说明	领证人(签名)
	电话
	日期

现提交中国出口商业发票副本一份，普惠制产地证明书格式A(FORM A)一正二副，以及其他附件一份，请予审核签证。

注：凡有进口成分的商品，必须要求提交《含进口成分受惠商品成本明细单》。

商 检 局 联 系 记 录

三、上海宫基进出口公司缮制普惠制产地证明书

样例 2—4—3

1. Goods consigned from (Exporter's business name, address, country) SHANGHAI GJ IMPORT & EXPORT CORPORATION 1XUJIN ROAD SHANGHAI, CHINA	Reference No.: GENERAL IZED SYSTEM OF PREFERENCES CERTIFICATE OF ORIGIN (COMBINED DECLARATION AND CERTIFICATE)
2. Goods consigned to (Consignee's name, address, country) TKAMR TRADE CORPORATION 7KAWARA MACH OSAKA JAPAN	**FORM A** ISSUED IN THE PEOPLE'S REPUBLIC OF CHINA (COUNTRY)
3. Means of transport and route (as far as known) FROM PUDONG AIRPORT SHANGHAI TO OSAKA AIRPORT BY AIR	SEE NOTES OVERLEAF
	4. For official use

5. Item number	6. Marks and numbers of packages	7. Number and kind of packages; de-scription of goods	8. Origin criterion (see notes overleaf)	9. Gross weight Or other quantity	10. Number and date of invoices
1	TKAMR GJ110503 OSAKA. C/NO. 1—30	CHINESE GREEN TEA SAY TOTAL THIRTY (30) CARTONS ONLY * * * * * * * * * * * *	"P"	G. W 360KGS	GJ201152 JUL. 15, 2011

11. Certification is hereby certified, on the basis of control carried out, that the declaration by the exporter is correct	12. Declaration by the exporter The undersigned hereby declares that the above details and statements are correct; that all the goods were produced in <u>**CHINA**</u> (country) and that they comply with the origin requirements specified for those goods in the Generalized System of Preference for goods exported to JAPAN (importing country) 上海宫基进出口公司 产地证申请专用章 SHANHGHAI JUL. 15, 2011 李莉
Place and date, signature and stamp of certifying authority	Place and date, signature of authorized signatory

四、出入境检验检疫局签发普惠制产地证书

样例 2—4—4

1. Goods consigned from (Exporter's business name, address, country) SHANGHAI GJ IMPORT & EXPORT CORPORATION 1XUJIN ROAD SHANGHAI, CHINA	Reference No.: GENERALIZEDSYSTEMOFPREFERENCES CERTIFICATE OF ORIGIN (COMBINED DECLARATION AND CERTIFICATE) FORM A ISSUED IN THE PEOPLE'S REPUBLIC OF CHINA
2. Goods consigned to (Consignee's name, address, country) TKAMR TRADE CORPORATION 7KAWARA MACH OSAKA JAPAN	(COUNTRY) SEE NOTES OVERLEAF
3. Means of transport and route (as far as known) FROM PUDONGAIRPORT SHANGHAI TO OSAKA AIRPORT BY AIR	4. For official use

5. Item number	6. Marks and numbers of packages	7. Number and kind of packages; description of goods	8. Origin criterion (see notes overleaf)	9. Gross weight Or other quantity	10. Number and date of invoices
1	TKAMR GJ110503 OSAKA C/NO. 1—30	CHINESE GREEN TEA SAY TOTAL THIRTY(30) CARTONS ONLY * * * * * * * * * * * *	"P"	G. W 360KGS	GJ201152 JUL. 15, 2011

11. Certification is hereby certified, on the basis of control carried out, that the declaration by the exporter is correct	12. Declaration by the exporter The undersigned hereby declares that the above details and statements are correct; that all the goods were produced in 　　　　　　CHINA 　　　　　　(country) and that they comply with the origin requirements specified for those goods in the Generalized System of Preference for goods exported to JAPAN 　　　　　(importing country) 上海宫基进出口公司 产地证申请专用章
SHANHGHAI JUL. 15, 2011　　丁琳 Place and date, signature and stamp of certifying authority	SHANHGHAI JUL. 15, 2011　　李莉 Place and date, signature of authorized signatory

体验活动

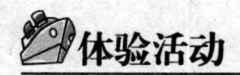

一、活动背景

上海商贸进出口公司根据合同的要求,依据我国《普遍优惠制原产地证明书签证管理办法》的规定,向上海出入境检验检疫局申请签发普惠制原产地证书。为此,谈云经理要求团队成员填写普惠制原产地证书申请书、普惠制原产地证书,并随附商业发票等单据,在实训室的"商检局柜台"体验申请签发普惠制原产地证书的工作经历。

二、活动准备

申请签发普惠制原产地证书的相关资料如下:
合同编号:SM20110501
发票号码:SM11754
进口商:JIM TRADING CORPORATION
地址:310 VTRA SINGAPORE
商品名称:电动钻头/ELECTRIC DRILL
规格数量:ART. TY242   4 550套/4 550SETS
原产地标准:无进口成分
单价:每套 USD 8.00 CPT SINGAPORE
起运地:浦东机场/ PUDONG AIRPORT SHANGHAI
目的地:新加坡机场/ SINGAPORE AIRPORT
包装:每套装入一个塑料袋,50套装入一只出口纸箱
唛头:内容包括收货人简称、销售合同号、目的港和箱数
商品编码:8207.4000

三、活动开展

团队每个队员根据上述资料填写普惠制原产地证书申请书、普惠制原产地证书。

1. 上海商贸进出口公司填写普惠制原产地证书申请书

普惠制产地证明书申请书

申请单位(加盖公章)： 证书号：

申请人郑重申明： 注册号：

本人被正式授权代表本企业办理和签署本申请书的。

本申请书及普惠制产地证明书 FORM A 所列内容正确无误，如发现弄虚作假，冒充 FORM A 所列货物，擅改证书，自愿接受签发机构的处罚并承担法律责任。现将有关情况申报如下：

生产单位			生产单位联系人电话			
商品名称 (中英文)			H. S. 税目号 (以六位数码计)			
商品 FOB 总值(以美元计)			发票号			
最终销售国		证书种类"√"		加急证书		普通证书
货物拟出运日期						
贸易方式和企业性质(请在适用处划"√")						
正常贸易 C	来料加工 L	补偿贸易 B	中外合资 H	中外合作 Z	外商独资 D	零售 Y	展卖 M
包装数量或毛重或其他数量						

原产地标准：

本项商品系在中国生产，完全符合该给惠国给惠方案规定，其原产地情况符合以下第　　条：

　　(1)"P"(完全国产，未使用任何进口原材料)；

　　(2)"W"其 H. S. 税目号为 _____ (含进口成分)；

　　(3)"F"(对加拿大出口产品，其进口成分不超过产品出厂价值的 40%)。

本批产品系：1. 直接运输从 _____ 到 _____ ；

　　　　　　2. 转口运输从 _____ 中转国(地区) _____ 到 _____ ；

申请人说明	领证人(签名) 电话： 日期：　　年　　月　　日

现提交中国出口商业发票副本一份，普惠制产地证明书格式 A (FORM A)一正二副，以及其他附件　　份，请予审核签证。

注：凡有进口成分的商品，必须要求提交《含进口成分受惠商品成本明细单》。

商 检 局 联 系 记 录

2. 上海商贸进出口公司填写普惠制原产地证书申请书

1. Goods consigned from (Exporter's business name, address, country)	Reference No.: GENERALIZEDSYSTEMOFPREFERENCES CERTIFICATE OF ORIGIN (COMBINED DECLARATION AND CERTIFICATE)
2. Goods consigned to (Consignee's name, address, country)	**FORM A** ISSUED IN THE PEOPLE'S REPUBLIC OF CHINA (COUNTRY) SEE NOTES OVERLEAF
3. Means of transport and route (as far as known)	4. For official use

5. Item number	6. Marks and numbers of packages	7. Number and kind of packages; description of goods	8. Origin criterion (see notes overleaf)	9. Gross weight or other quantity	10. Number and date of invoices

11. Certification It is hereby certified, on the basis of control carried out, that the declaration by the exporter is correct	12. Declaration by the exporter The undersigned hereby declares that the above details and statements are correct; that all the goods were produced in **CHINA** (country) and that they comply with the origin requirements specified for those goods in the Generalized System of Preference for goods exported to (importing country)
Place and date, signature and stamp of certifying authority	Place and date, signature of authorized signatory

任务二　申请检验检疫证明

操作指南

根据我国进出口商品检验法等有关法规的规定，凡是属于法定检验检疫的出境货物必须向口岸出入境检验检疫机构办理出境货物报检手续，经检验检疫合格后获得出境货物通关单后方能办理出口货物报关。不属于法定检验检疫的出境货物，如果当事人要求检验检疫证书，也须办理报检手续。

一、出境货物报检业务程序

出境货物报检业务流程如图2-4-2所示。

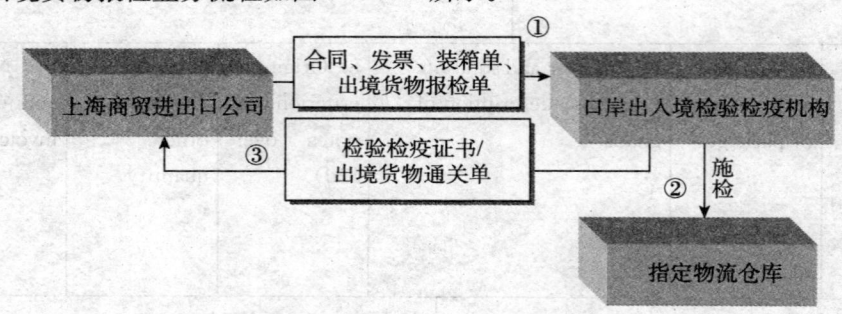

图2-4-2　出口货物报检业务程序

二、出境货物报检单的缮制方法

出境货物报检单的主要内容和缮制方法如下：

1. 编号

由检验检疫机构报检受理人员填写，前6位为检验检疫机构代码，第7位为报检类代码，第8、9位为年代码，第10至15位为流水号。实行电子报检后，该编号可在受理电子报检的回执中自动生成。

2. 报检单位

填写报检单位的全称，并盖报检单位印章。

3. 报检单位登记号

填写报检单位在检验检疫机构备案或注册登记的代码。

4. 联系人

填写报检人员姓名。

5. 电话

填写报检人员的联系电话。

6. 报检日期

检验检疫机构实际受理报检的日期,由检验检疫机构受理报检人员填写。

7. 发货人

预检报检的,可填写生产单位;出口报检的,应填写外贸合同中的卖方。

8. 收货人

填写外贸合同中的买方名称。

9. 货物名称

填写出口贸易合同中规定的货物名称及规格。

10. H.S. 编码

填写本批货物的商品编码(8位数或10位数编码),以当年海关公布的商品税则编码分类为准。

11. 产地

填写本货物的生产或加工地的省、市和县名称。

12. 数/重量

填写本货物实际申请检验检疫数/重量,重量还应注明毛重或净重。

13. 货物总值

填写本批货物的总值及币种,应与出口贸易合同和发票上的货物总值一致。

14. 包装种类及数量

填写本批货物实际运输包装的种类及数量,应注明包装的材质。

15. 运输工具名称及号码

填写装运本批货物的运输工具的名称和号码。

16. 合同号

填写出口贸易合同、订单或形式发票的号码。

17. 信用证号

填写本批货物的信用证编号。

18. 贸易方式

根据实际情况填写一般贸易、来料加工、进料加工、易货贸易和补偿贸易等贸易方式。

19. 货物存放地点

填写本批货物存放的具体地点或厂库。

20. 发货日期

填写出口装运日期,预检报检可不填。

21. 输往国家和地区

填写出口贸易合同中买方所在国家和地区,或合同注明的最终输往国家和地区。

22. 许可证/审批号

如为实施许可/审批制度管理的货物,必须填写其编号,不得留空。

23. 生产单位注册号

填写本批货物生产、加工的单位在检验检疫机构注册登记编号,如卫生注册登记号、质量许可证号等。

24. 启运地

填写装运本批货物离境交通工具的启运口岸/城市地区名称。

25. 到达口岸

填写本批货物最终抵达目的地停靠口岸名称。

26. 集装箱规格、数量及号码

货物若以集装箱运输,应填写集装箱的规格、数量及号码。

27. 合同订立的特殊条款以及其他要求

填写在出口贸易合同中特别订立的有关质量、卫生等条款,或报检单位对本批货物检验检疫的特别要求。

28. 标记及号码

填写本批货物的标记号码,如没有标记号码,则填"N/M",不得留空。

29. 用途

根据实际情况,填写如种用、食用、奶用、观赏或演艺、伴侣、实验、药用、其他等用途。

30. 随附单据

根据向检验检疫机构提供的实际单据,在对应的"□"内打"√",或在"□"后补填单据名称,在其"□"内打"√"。

31. 需要证单名称

根据需要由检验检疫机构出具的证单,在对应的"□"内打"√"或补填,并注明所需证单的正副本数量。

32. 报检人郑重声明

报检人员必须亲笔签名。

33. 检验检疫费

由检验检疫机构计费人员填写。

34. 领取证单

报检人在领取证单时,填写领证日期并签名。

模拟操作

案例背景

由于茶叶属于法定检验检疫的出境货物,上海官基进出口公司根据我国出入境检验检疫有关法律法规的规定向口岸出入境检验检疫机构办理出境货物报检手续。为此,李莉经理填写出境货物报检单,缮制发票、装箱单,并随附销售确认书办理出境货物报检手续。

一、上海宫基进出口公司填写出境货物报检单

样例 2—4—5

中华人民共和国出入境检验检疫
出境货物报检单

报检单位(加盖公章):　　　　　　　　　　　　　　*编号:_____

报检单位登记号:12345Q　联系人:李莉　电话:54091100　报检日期:2011年7月16日

发货人	(中文)上海宫基进出口公司				
	(外文)SHANGHAI GJ IMPORT & EXPORT CORPORATION				
收货人	(中文)				
	(外文)TKAMR TRADE CORPORATION				
货物名称(中/外文)	H.S.编码	产地	数/重量	货物总值	包装种类及数量
中国绿茶 CHINESE GREEN TEA	0902.1090	上海	300千克	30 000.00美元	30箱
运输工具名称及号码	MU07530SY	贸易方式	一般贸易	货物存放地点	上海市徐锦路1号
合同号	GJ110503	信用证号		用途	
发货日期	2011.07.31	输往国家(地区)	日本	许可证/审批证	
启运地	上海	到达口岸	大阪	生产单位注册号	31245698743
集装箱规格、数量及号码					

合同、信用证订立的检验检疫条款或特殊要求	标记及号码	随附单据(划"√"或补填)	
按照合同要求检验	TKAMR GJ110503 OSAKA C/NO.1—30	☑ 合同 ☐ 信用证 ☑ 发票 ☐ 换证凭单 ☑ 装箱单 ☑ 厂检单	☐ 包装性能结果单 ☐ 许可/审批文件 ☐ ☐ ☐ ☐

需要证单名称(划"√"或补填)			*检验检疫费
☑ 品质证书　1 正 2 副	☐ 植物检疫证书　__正__副	总金额(人民币元)	
☐ 重量证书　__正__副	☐ 熏蒸/消毒证书　__正__副		
☑ 数量证书　1 正 2 副	☐ 出境货物换证凭单　__正__副	计费人	
☐ 兽医卫生证书　__正__副			
☐ 健康证书　__正__副		收费人	
☐ 卫生证书　__正__副			
☐ 动物卫生证书　__正__副			

报检人郑重声明:	领取证单
1. 本人被授权报检。 2. 上列填写内容正确属实,货物无伪造或冒用他人的厂名、标志、认证标志,并承担货物质量责任。 签名:李莉	日期 签名

注:有"*"号栏由出入境检验检疫机关填写。　　　　　　　　◆国家出入境检验检疫局制

二、上海宫基进出口公司缮制装箱单

样例 2-4-6

SHANGHAI GJ IMPORT & EXPORT CORPORATION
1XUJIN ROAD SHANGHAI 200004, CHINA
TEL:021-54091100 FAX:021-54091101

PACKING LIST

INV NO: GJ201152

TO: M/S
  FUJI TRADING CORPORATION
  3-1YAMATOLI, OSAKA JAPAN

DATE: JUL. 15, 2011
S/C NO: GJ110503

FROM   SHANGHAI AIRPORT   TO   OSAKA AIRPORT

C/NOS	GOODS DESCRIPTION & PACKING	QUTY (KGS)	G.W (KGS)	N.W (KGS)	MEAS (CBM)
1-10 11-20 21-30	CHINESE GREEN TEA ART NO. 015 ART NO. 016 ART NO. 017 PACKING: EACH KG IN A POLYBAG 10 POLYBAGS INTO AN EXPORT CARTON	100 100 100	120 120 120	100 100 100	0.5 0.5 0.5
TOTAL		300	360	300	1.5

MARKS & NOS
 TKAMR
 GJ110503   SAY TOTAL THIRTY CARTONS ONLY
 OSAKA
 C/NO. 1-30

SHANGHAI GJ IMPORT & EXPORT CORPORATION
李莉

三、出入境检验检疫局签发出境货物通关单

样例 2—4—7

中华人民共和国出入境检验检疫
出境货物通关单

编号：11073881

1. 收货人 FUJI TRADING CORPORATION			5. 标记及唛码 TKAMR GJ110503 OSAKA C/NO.1—30
2. 发货人 上海宫基进出口公司			
3. 合同/提（运）单号 TXT06081		4. 输出国家或地区 加拿大	
6. 运输工具名称及号码 MU07530SY		7. 目的地 大阪	8. 集装箱规格及数量
9. 货物名称及规格 中国绿茶	10. H.S. 编码 0902.1090	11. 申报总值 30 000.00 美元	12. 数/重量、包装数量及种类 300 千克 30 箱
13. 证明 上述货物业已报检/申报，请海关予以放行。 本通关单有效期至 2011 年 8 月 20 日 签字：丁鸣 日期：2011 年 7 月 20 日			
14. 备注			

四、出入境检验检疫局签发数量检验证书

样例 2—4—8

中华人民共和国出入境检验检疫
ENTRY-EXIT INSPECTION AND QUARANTINEOF THE PEOPLE'S REPUBLIC OF CHINA

数量检验证书
QUANTITY CERTIFICAT

编号
No. : 110797

发货人：SHANGHAI GJ IMPORT & EXPORT CORPORATION
Consignor

收货人：FUJI TRADING CORPORATION
Consignee

品 名：CHINESE GREEN TEA
Description of Goods

报验数量/重量：300KGS
Quantity Weight Declared

包装种类及数量：30 CARTONS
Number and Type of Packages

运输工具：MU07530SY
Means of Conveyance

检验结果：   CHINESE GREEN TEA
Results of Inspection   PACKED IN CARTON OF 10 PCS EACH
                TOTAL：300 KGS
                TOTAL：30 CARTONS

标记及号码
Mark & No.
TKAMR
GJ110503
OSAKA
C/NO. 1-30

    我们已尽所知和最大能力实施上述检验，不能因我们签发本证书而免除卖方或其他方面根据合同和法律所承担的产品质量责任和其他责任。

    All inspections are carried out conscientiously to the best of our knowledge and ability. This certificate does not in any respect absolve the seller and other related parties from his contractual and legal obligations especially when product quality is concerned.

印章   签证地点　SHANGHAI　 签证日期　JUL. 20, 2011　 签名　丁鸣
Official Sta   Place of Issue   Date of Issue   Signature

体验活动

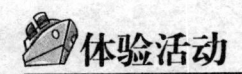

一、活动背景

由于电动钻头属于法定检验检疫的出境货物，上海宫基进出口公司根据我国出入境检验检疫有关法律法规的规定向口岸出入境检验检疫机构办理出境货物报检手续。为此，谈云经理要求团队成员填写出境货物报检单，缮制发票、装箱单，并随附销售确认书，在实训室的"商检局柜台"体验办理出境货物报检业务的工作经历。

二、活动准备

办理出境货物报检手续的相关资料如下：

报检单位登记号：4355Q
合同编号：SM20110501
发票号码：SM11754
进口商：JIM TRADING CORPORATION
地址：310 VTRA SINGAPORE
商品名称：电动钻头/ELECTRIC DRILL
规格数量：ART. TY242　　4 550套/4 550SETS
单价：每套 USD 8.00 CPT SINGAPORE
起运地：浦东机场/PUDONG AIRPORT SHANGHAI
目的地：新加坡机场/SINGAPORE AIRPORT
运输工具：FM9134
包装：每套装入一个塑料袋，50套装入一只出口纸箱
重量体积：每箱毛重25千克、净重22千克、体积0.05立方米
唛头：内容包括收货人简称、销售合同号、目的港和箱数
商品编码：8207.4000
货物产地：上海
生产单位注册号：3102349876

三、活动开展

团队每个队员根据上述资料填写出境货物报检单、装箱单，并打印商业发票。

1. 上海商贸进出口公司填写出境货物报检单

中华人民共和国出入境检验检疫

出境货物报检单

报检单位(加盖公章):   *编号:_____

报检单位登记号: 联系人: 电话: 报检日期:

发货人	(中文)						
	(外文)						
收货人	(中文)						
	(外文)						
货物名称(中/外文)		H.S.编码	产地	数/重量	货物总值	包装种类及数量	
运输工具名称及号码				贸易方式		货物存放地点	
合同号				信用证号		用途	
发货日期			输往国家(地区)		许可证/审批证		
启运地			到达口岸		生产单位注册号		
集装箱规格、数量及号码							
合同、信用证订立的检验检疫条款或特殊要求		标记及号码		随附单据(划"√"或补填)			
				□ 合同		□ 包装性能结果单	
				□ 信用证		□ 许可/审批文件	
				□ 发票		□	
				□ 换证凭单		□	
				□ 装箱单		□	
				□ 厂检单		□	
需要证单名称(划"√"或补填)					*检验检疫费		
□ 品质证书 __正__副		□ 植物检疫证书 __正__副			总金额 (人民币元)		
□ 重量证书 __正__副		□ 熏蒸/消毒证书 __正__副					
□ 数量证书 __正__副		□ 出境货物换证凭单 __正__副					
□ 兽医卫生证书 __正__副					计费人		
□ 健康证书 __正__副							
□ 卫生证书 __正__副					收费人		
□ 动物卫生证书 __正__副							
报检人郑重声明: 1. 本人被授权报检。 2. 上列填写内容正确属实,货物无伪造或冒用他人的厂名、标志、认证标志,并承担货物质量责任。 签名:_____					领取证单		
					日期		
					签名		

注:有"*"号栏由出入境检验检疫机关填写   ◆国家出入境检验检疫局制

2. 上海商贸进出口公司缮制装箱单

SHANGHAI SM IMPORT & EXPORT CORPORATION
1XUJIN ROAD SHANGHAI 200004, CHINA
TEL:021-54081100 FAX:021-54091101

PACKING LIST

TO: M/S

INV NO:_____
DATE:_____
S/C NO:_____

FROM _____ TO _____

C/NOS	GOODS DESCRIPTION & PACKING	QUTY	G.W	N.W	MEAS
TOTAL					

MARKS & NO

3. 上海商贸进出口公司打印商业发票
此处略。

活动评价

团队成员活动测评表

测评内容	评判标准	总分	自我评价
合同条款	错1个环节扣1分	85	
合同签章	错1个内容扣5分	10	
合同日期	错扣5分	5	
合计			

团队活动测评表

测评内容	评判标准	总分	自我评价
团队合作质量	较好达到目标	20	
	基本达到目标	15	
	未完成目标	15	
团队合作精神	互助精神较好	20	
	互助精神一般	15	
	互助精神较差	15	
合 计			

教学方案设计与建议

模拟教学环节——体验活动四	教学组织形式	实施教学手段	课时
申请证明——普惠制产地证、商检证书	形式： 以小组为单位扮演出口商角色 方法： 每组独立拟订合同条款 要求： 条款内容正确、无误	地点： 专业实训室或机房 设备： 计算机、服务器 资料： 电子操作资料与合同	2
累计：			40

职业技能训练

一、业务操作流程

根据出境货物报检业务流程填写下表：

业务流程	主要内容及要求
第一步：	
第二步：	
第三步：	

二、仿真业务操作

1. 业务操作背景

上海宇宙进出口公司根据客户 WILS IMPORTS CO. LTD 提供普惠制原产地证明书的要求,缮制普惠制原产地证书申请书、普惠制原产地证书和商业发票向上海出入境检验检疫局申请签发普惠制原产地证书 Form A。由于男式全棉短裤属于法定检验检疫的范围,上海宇宙进出口公司必须向上海出入境检验检疫机构办理出境货物报检手续,提交出境货物报检单等有关材料。男式全棉短裤经施检后获取出境货物通关单,凭其办理出口报关手续。

2. 业务操作资料

签发普惠制原产地证书、办理报检的相关资料如下:

合同编号:YZ11109
发票号码:YZ111203
进口商:WILS IMPORTS CO. LTD
地址:8 BLVDWEST MONTREAL QUEBET CANADA
商品、数量:男式全棉短裤、数量12 000条
原产地标准:进口成分45%
单价:每件6.50美元 CFR MONTREAL
起运地:浦东机场/ PUDONG AIRPORT SHANGHAI
装运时间:不迟于2011年12月20日装运
目的地:蒙特利尔机场/ MONTREAL AIRPORT
包装:每条装入一胶袋,50条不同尺码与颜色装入一出口纸箱
唛头:内容包括收货人简称、销售合同号、目的地和箱数
商品编码:8204.1100
支付方式:电汇
分批装运:不允许
生产厂家:上海南林服装有限公司(注册号31023465456)
报检单位登记号:321Q
运输工具:FM8899
重量体积:每箱毛重25千克、净重22千克、体积0.05立方米
货物产地:上海

3. 业务操作要求

根据上述信息缮制商业发票,填写普惠制产地证书申请书、普惠制产地证书、出境货物报检单,在实训室的"商检局柜台"办理申请手续。

(1) 缮制商业发票

上海宇宙进出口公司
SHANGHAI YZ IMPORT & EXPORT CORPORATION
18CHETING ROAD SHANGHAI20012, CHINA
TEL:21-67809134 FAX:21-67809135
税务登记号:3101238888

出口专用

COMMERCIAL INVOICE

TO: M/S

发票代码:31023456567
INV NO:_____
DATE:_____
S/C NO:_____
L/C NO:_____

FROM _____ TO _____

MARKS & NO	DESCRIPTIONS OF GOODS	QUANTITY	U/ PRICE	AMOUNT

第二联:发票联

TOTAL AMOUNT:

WE HEREBY CERTIFY THAT THE CONTENTS OF INVOICE HEREIN ARE TRUE AND CORRECT.

_____

(2) 填写普惠制产地证明书申请书

普惠制产地证明书申请书

申请单位(加盖公章):
申请人郑重申明:
本人被正式授权代表本企业办理和签署本申请书。

证书号:_____
注册号:_____

本申请书及普惠制产地证明书格式 A 所列内容正确无误,如发现弄虚作假,冒充格式 A 所列货物,擅改证书,自愿接受签发机构的处罚并承担法律责任。现将有关情况申报如下:

生产单位		生产单位联系人电话		
商品名称 （中英文）		H.S.税目号 （以六位数码计）		
商品 FOB 总值（以美元计）		发票号		
最终销售国		证书种类"√"	加急证书	普通证书
货物拟出运日期				

贸易方式和企业性质（请在适用处划"√"）

正常贸易 C	来料加工 L	补偿贸易 B	中外合资 H	中外合作 Z	外商独资 D	零售 Y	展卖 M

包装数量或毛重或其他数量	

原产地标准：
本项商品系在中国生产，完全符合该给惠国给惠方案规定，其原产地情况符合以下第　　条：
　　（1）"P"（完全国产，未使用任何进口原材料）；
　　（2）"W"其 H.S. 税目号为　　　　　（含进口成分）；
　　（3）"F"（对加拿大出口产品，其进口成分不超过产品出厂价值的40%）。
本批产品系：1. 直接运输从　　　　到　　　　；
　　　　　　2. 转口运输从　　　　中转国（地区）　　　　到　　　　；

申请人说明	领证人（签名）
	电话：
	日期：

　　现提交中国出口商业发票副本一份，普惠制产地证明书格式 A（FORM A）一正二副，以及其他附件一份，请予审核签证。
　　注：凡有进口成分的商品，必须要求提交《含进口成分受惠商品成本明细单》。

商　检　局　联　系　记　录

(3) 填写普惠制产地证书

1. Goods consigned from (Exporter's business name, address, country)	Reference No.: GENERALIZEDSYSTEMOFPREFERENCES CERTIFICATE OF ORIGIN (COMBINED DECLARATION AND CERTIFICATE)
2. Goods consigned to (Consignee's name, address, country)	**FORM A** ISSUED IN THE PEOPLE'S REPUBLIC OF CHINA (COUNTRY) SEE NOTES OVERLEAF
3. Means of transport and route (as far as known)	
	4. For official use

5. Item number	6. Marks and numbers of packages	7. Number and kind of packages; description of goods	8. Origin criterion (see notes overleaf)	9. Gross weight or other qua-ntity	10. Number and date of i-nvoices

11. **Certification** 　　is hereby certified, on the basis of control carried out, that the declaration by the exporter is correct	12. **Declaration by the exporter** The undersigned hereby declares that the above details and statements are correct; that all the goods were produced in **CHINA** ──────────── (country) and that they comply with the origin requirements specified for those goods in the Generalized System of Preference for goods exported to _____ ──────────── (importing country)
⋯⋯⋯⋯⋯⋯⋯⋯⋯⋯⋯⋯⋯⋯⋯⋯⋯⋯⋯ Place and date, signature and stamp of certifying authority	⋯⋯⋯⋯⋯⋯⋯⋯⋯⋯⋯⋯⋯⋯⋯⋯⋯⋯⋯ Place and date, signature of authorized signatory

(4) 填写出境货物报检单

中华人民共和国出入境检验检疫
出境货物报检单

报检单位(加盖公章)：   *编号：_____

报检单位登记号：   联系人：   电话：   报检日期：

发货人	(中文)				
	(外文)				
收货人	(中文)				
	(外文)				
货物名称(中/外文)	H.S. 编码	产地	数/重量	货物总值	包装种类及数量
运输工具名称及号码			贸易方式	货物存放地点	
合同号			信用证号	用途	
发货日期			输往国家(地区)	许可证/审批证	
启运地			到达口岸	生产单位注册号	
集装箱规格、数量及号码				
合同、信用证订立的检验 检疫条款或特殊要求	标记及号码		随附单据(划"√"或补填)		
			□ 合同	□ 包装性能结果单	
			□ 信用证	□ 许可/审批文件	
			□ 发票	□	
			□ 换证凭单	□	
			□ 装箱单	□	
			□ 厂检单	□	
需要证单名称(划"√"或补填)				*检验检疫费	
□ 品质证书 __正__副	□ 植物检疫证书 __正__副			总金额 (人民币元)	
□ 重量证书 __正__副	□ 熏蒸/消毒证书 __正__副					
□ 数量证书 __正__副	□ 出境货物换证凭单 __正__副			计费人	
□ 兽医卫生证书 __正__副						
□ 健康证书 __正__副					收费人	
□ 卫生证书 __正__副						
□ 动物卫生证书 __正__副						

报检人郑重声明：
  1. 本人被授权报检。
  2. 上列填写内容正确属实，货物无伪造或冒用他人的厂名、标志、认证标志，并承担货物质量责任。
                                          签名_____
	领取证单			

	日期			
	签名			

注：有"*"号栏由出入境检验检疫机关填写。   ◆国家出入境检验检疫局制

体验活动五 货物出境——托运、报关、结算

学习与考证目标

- 了解航空货物运输订舱的主要程序
- 明确报关单的主要种类及作用
- 熟悉国际货物运输托运单的内容及缮制方法
- 掌握出口货物报关单的内容及缮制技能

学习与操作指南
——航空货运与报关程序、内容及要求

在CPT和CIP条件下，如果合同规定运输方式为航空货物运输，出口商应在合同或信用证规定的装运时间内办理航空货物运输手续。出口商在确定预订舱后，办理出口货物报关或委托货代公司代办，并向指定的航空公司仓库发货。货物如果在入库前已经完成报检，此时可办理报关手续。海关经查验核准后，在报关单和航空货运单上盖"放行章"，航空公司作业人员凭该航空货运单在指定时间内装货。

任务一 办理航空货物托运

操作指南

在 CPT 贸易术语条件下,出口货物如采用航空货物运输,出口商应根据销售确认书规定的装运时间办理航空货物运输手续。为此,出口商在备好货物后选择国际货运代理公司,填写国际货运委托书,随附商业发票、装箱单、销售合同书办理航空货运托运手续。国际货运代理公司根据客户要求制订预配舱方案,并为每票货物配上运单号向航空公司预订舱。航空公司制作交接单,按国际货运委托书缮制航空货运单。同时,出口商向指定的航空公司仓库发货,货物报关后由航空公司作业人员凭盖有放行章的航空货运单在指定时间内装货。

一、航空货物运输业务程序

办理航空货物运输业务流程如图 2-5-1 所示。

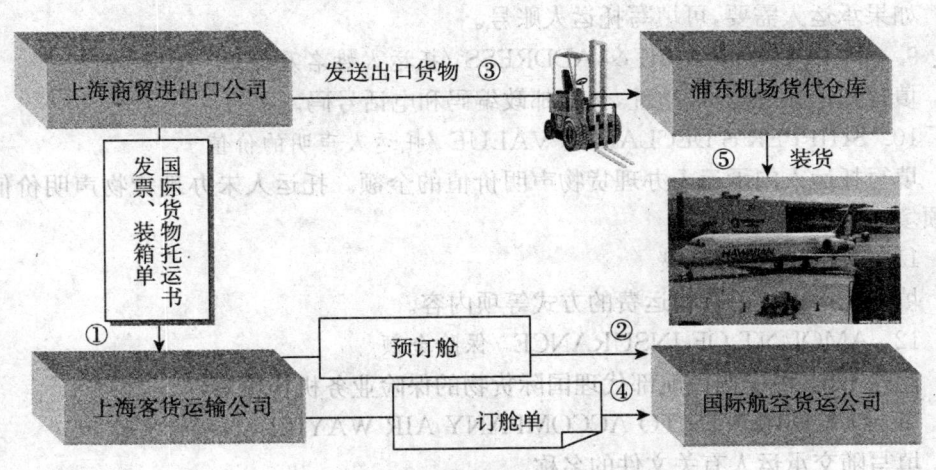

图 2-5-1 出口货物航空订舱业务流程

二、国际货物托运书的缮制方法

国际货运委托书没有固定格式,各航空公司委托书的内容大致相同,由托运人用英文填写并签章,香港地区除货名外可用中文。国际货物托运书的主要内容和缮制方法如下:

1. AIRPORT DEPARTURE /始发站机场

填写货物始发站机场的英文名称，不得简写或使用代码。

2. AIRPORT OF DESTINATION /目的地机场

填写货物目的地站机场的英文名称，不得简写或使用代码。如有必要，填写机场所属国家、州的名称或城市的全称。

3. FOR CARRIER ONLY /供承运人用

此栏留空，由承运人根据需要填写。

4. ROUTING AND DESTINATION /路线及到达站

此栏留空。

5. FRIGHT/DAY/航班/日期

填写托运人事先预订的航班/日期。

6. CONSIGNEE'S NAME AND ADDRESS /收货人姓名及地址

填写收货人的全称、地址，包括邮政编码和电话号码。此栏内不可填写"TO ORDER"字样。

7. ALSO NOTIFY /另行通知

填写 SAME AS CONSIGNEE。

8. SHIPPER'S ACCOUNT NUMBER /托运人账号

如果承运人需要，可填写托运人账号。

9. SHIPPER'S NAME & ADDRESS /托运人姓名及地址

填写托运人的全称、地址，包括邮政编码和电话号码。

10. SHIPPER'S DECLARED VALUE /托运人声明的价值

填写托运人向承运人办理货物声明价值的金额。托运人未办理货物声明价值，必须填写"NVD"字样。

11. CHARGES /运费

填写托运人支付货物运费的方式等项内容。

12. AMOUNT OF INSURANCE /保险金额

此栏不填，由中国民航部代理国际货物的保险业务机构填写。

13. DOCUMENTS TO ACCOMPANY AIR WAYBILL /所附文件

填写随交承运人有关文件的名称。

14. FOR CARRIAGE /供运输用

此栏留空。

15. FOR CUSTOMS /供海关用

此栏留空。

16. NO. OF PACKAGES /件数

填写货物的包装件数，如果使用不同的货物运价种类应分别填写，并将总件数填入此。

17. ACTUAL GROSS WEIGHT /实际毛重

填写货物的总毛重。

18. RATE CLASS /运价类别

填写所使用的货物运价种类代号,如"M"代表起码运费;"N"代表 45 千克以下普通货物运价;"Q"代表 45 千克以上普通货物运价。

19. CHARGEABLE WEIGHT /收费重量

此栏留空。

20. RATE CHARGE /离岸

此栏留空。

21. NATURE AND QUANTITY OF GOODS(INCL DIMENSIONS OF VOLUME)/货物名称及重量(包括体积或尺寸)

填写具体货名与数量。货名不得用统称,危险物品应填写其标准学术名称;外包装要注明尺寸或体积,按长×宽×高×件数的顺序填写。

22. SHIPPER'S INSTRUCTIONS IN CASE OF INARBLITY TO DELIVER SHIPMENT AS CONSIGNED/在货物不能交于收货人时,托运人指示的处理方法

托运人根据需要做出指示。

23. HANDLING INFORMATION(INCL MENTHOD OF PACKING DENTIFYING MARKS AND NUMBERS. LTC.)/处理情况(包括包装方式、货物标志及号码等)

填写货物在运输、中转、装卸和仓储时需要注意的事项,如货物的包装形式、标志、名称、货物外包装所用的材料,并注明数量和包装种类。

24. SIGNATURE OF SHIPPER, DATE /托运人签字、日期

由托运人或其代理人签字或盖章,并填写托运货物的日期。

25. AGENT、DATE /经办人、日期

由承运人或其代理人的经办人签字,并填写日期。

模拟操作

案例背景

上海官基进出口公司根据销售确认书规定的装运时间,李莉经理填写国际货物托运书,缮制装箱单,及时向上海客货运输服务有限公司办理出口货物航空运输手续。国际货运委托书是货主委托货代公司承办航空货运出口货物的依据,是一份法律文书。货物装机后,航空货运公司或货运代理公司签发航空运单。

一、上海宫基进出口公司填写国际货物托运书

样例 2-5-1

上海客货运输服务有限公司
SHANGHAI EXPRESS SERVICE CO., LTD.   IATA

国际货物托运书
SHIPPER'S LETTER OF INSTRUCTION   REF NO:

始发站 AIRPORT DEPARTURE SHANGHAI			到达站 AIRPORT OF DESTINATION OSAKA				供承运人用 FOR CARRIER ONLY	
路线及到达站 ROUTING AND DESTINATION							航班/日期 FRIGHT/DAY	航班/日期 FRIGHT/DAY
至 TO	第一承运人 BY FIRST CARRIER	至 TO	承运人 BY	至 TO	承运人 BY	至 TO	承运人 BY	已预留吨位 DOKKED
收货人姓名及地址 CONSIGNEE'S NAME AND ADDRESS		TKAMR TRADE CORPORATION 7KAWARA MACH OSAKA JAPAN					运费: CHARGES: FREIGHT: PREPAID	
另行通知 ALSO NOTIFY		SAME AS CONSIGNEE						
托运人账号 SHIPPER'S ACCOUNT NUMBER		80456861		托运人姓名及地址 SHIPPER'S NAME & ADDRESS			SHANGHAI GJ I/ E CORP. 1XUJIN ROAD SHANGHAI	
托运人声明的价值 SHIPPER'S DECLARED VALUE NVD		保险金额 AMOUNT OF INSURANCE		所附文件 DOCUMENTS TO ACCOMPANY AIR WAYBILL				
供运输用 FOR CARRIAGE	供海关用 FOR CUSTOMS							
件数 NO. OF PACKAGES	实际毛重 ACTUAL GROSS WEIGHT(KG)	运价类别 RATE CLASS		收费重量 CHARGEABLE WEIGHT	离岸 RATE CHARGE		货物名称及重量(包括体积或尺寸) NATURE AND QUANTITY OF GOODS (INCL DIMENSIONS OF VOLUME)	
30CTNS	360						CHINESE GREEN TEA 1.5 CBM	
在货物不能交于收货人时,托运人指示的处理方法 SHIPPER'S INSTRUCTIONS IN CASE OF INABILITY TO DELIVER SHIPMENT AS CONSIGNED								
处理情况(包括包装方式、货物标志及号码等) HANDLING INFORMATION (INCL METHOD OF PACKING DENTIFYING MARKS AND NUMBERS, ETC.)								

托运人证实以上所填全部属实并愿遵守托运人的一切载运章程
THE SHIPPER CERTIFIES THAT PARTICULARS ON THE EACH HERE OF ARE CORRECT AND AGREES TO THE CONDITIONS OF CARRIAGE OF THE CARRIER

托运人签字 李莉　　　　日期 2011.07.25　　经收人 王民　日期 2011.07.25
SIGNATURE OF SHIPPER　　　　DATE　　　　　　　AGENT　　　　DATE

二、上海宫基进出口公司缮制非木质包装证明

样例 2—5—2

Declaration of no-wooden Packing material

TO：
THE SERVICE OF INDONESIA ENTRY & EXIT INSPECTION AND QUARANTINE. IT IS DECLARED THAT THIS SHIPMENT.

COMMODITY: CHINESE GREEN TEA
QUANTITY/WEIGHT 30 CARTONS
S/C No. GJ110503
INVOICE NO. GJ201152
DOES NOT CONTAIN WOOD PACKING MATERIALS.

SHANGHAI GJ IMPORT & EXPORT CORPORATION

李莉

体验活动

一、活动背景

上海商贸进出口公司根据销售确认书规定的装运时间，谈云经理填写国际货物托运书，打印装箱单，及时向上海客货运输服务有限公司办理出口货物航空运输手续。为此，谈云经理要求团队成员填写国际货物托运书，打印装箱单，在实训室的"货代公司柜台"体验办理托运手续的工作经历。

二、活动准备

办理托运手续的相关资料如下：
合同编号：SM20110501
发票号码：SM11754
进口商：JIM TRADING CORPORATION
地址：310 VTRA SINGAPORE
商品名称：电动钻头/ELECTRIC DRILL
规格数量：ART. TY242 4 550套/4 550SETS
起运地：浦东机场/ PUDONG AIRPORT SHANGHAI
目的地：新加坡机场/ SINGAPORE AIRPORT
包装：每套装入一个塑料袋，50套装入一只出口纸箱
重量体积：每箱毛重25千克、净重22千克、体积0.05立方米

三、活动开展

团队每个队员根据上述资料填写国际货物托运书、非木质包装证明。

1. 上海商贸进出口公司填写国际货物托运书

国际货物托运书
SHIPPER'S LETTER OF INSTRUCTION

IATA

REF NO:

始发站 AIRPORT DEPARTURE	到达站 AIRPORT OF DESTINATION		供承运人用 FOR CARRIER ONLY	
路线及到达站 ROUTING AND DESTINATION			航班/日期 FRIGHT/DAY	航班/日期 FRIGHT/DAY
至 TO / 第一承运人 BY FIRST CARRIER / 至 TO / 承运人 BY / 至 TO / 承运人 BY / 至 TO / 承运人 BY			已预留吨位 DOKKED	
收货人姓名及地址 CONSIGNEE'S NAME AND ADDRESS			运费: CHARGES:	
另行通知 ALSO NOTIFY				
托运人账号 SHIPPER'S ACCOUNT NUMBER	托运人姓名及地址 SHIPPER'S NAME & ADDRESS			
托运人声明的价值 SHIPPER'S DECLARED VALUE NVD	保险金额 AMOUNT OF INSURANCE	所附文件 DOCUMENTS TO ACCOMPANY AIR WAYBIL		
供运输用 FOR CARRIAGE	供海关用 FOR CUSTOMS			
件数 NO. OF PACKAGES	实际毛重 ACTUAL GROSS WEIGHT(KG)	运价类别 RATE CLASS	收费重量 CHARGEABLE WEIGHT	离岸 RATE CHARGE	货物名称及重量(包括体积或尺寸) NATURE AND QUANTITY OF GOODS (INCL DIMENSIONS OF VOLUME)
在货物不能交于收货人时,托运人指示的处理方法 SHIPPER'S INSTRUCTIONS IN CASE OF INABILITY TO DELIVER SHIPMENT AS CONSIGNED				
处理情况(包括包装方式、货物标志及号码等) HANDLING INFORMATION (INCL METHOD OF PACKING DENTIFYING MARKS AND NUMBERS, ETC.)				

托运人证实以上所填全部属实并愿遵守托运人的一切载运章程
THE SHIPPER CERTIFIES THAT PARTICULARS ON THE EACH HERE OF ARE CORRECT AND AGREES TO THE CONDITIONS OF CARRIAGE OF THE CARRIER.

| 托运人签字
SIGNATURE OF SHIPPER | 日期
DATE | 经收人
AGENT | 日期
DATE |

2. 上海商贸进出口公司缮制非木质包装证明

Declaration of no-wooden
Packing material

TO：

　　THE SERVICE OF INDONESIA ENTRY & EXIT INSPECTION AND QUARANTINE. IT IS DECLARED THAT THIS SHIPMENT.

　　COMMODITY：_____

　　QUANTITY/WEIGHT _____

　　S/C No. _____

　　INVOICE NO. _____

　　DOES NOT CONTAIN WOOD PACKING MATERIALS.

任务二　办理出口货物报关

操作指南

　　出口商根据我国《海关法》的有关规定，在货物装运前 24 小时必须向出口口岸的海关办理出口货物报关手续，提交报关单、商业发票、装箱单和合同等有关单据。海关核准无误后，收讫关税，在报关单和航空货运单上盖放行章。港口机场凭盖有放行章的航空货运单进行装机。航空货运公司或货运代理公司签发航空运单。

一、出口货物报关业务程序

出口货物报关业务流程如图 2-5-2 所示。

二、出口货物报关单的缮制方法

　　出口报关单是由海关总署统一格式印制的，报关单根据业务性质的不同，分为一般贸易出口货物报关单、进料加工专用报关单、出口退税专用报关单、来料加工和补偿贸易专用报关单，其主要内容大致相同，填制方法略有差异。简介如下：

1. 预录入编号

　　填写申报单位或预录入单位为该单位填制录入的报关单的编号，用于该单位与海关之间引用其申报后尚未批准放行的报关单。报关单录入凭单的编号规则由申报单位自行决定。预录入报关单及 EDI 报关单的预录入编号由接受申报的海关决

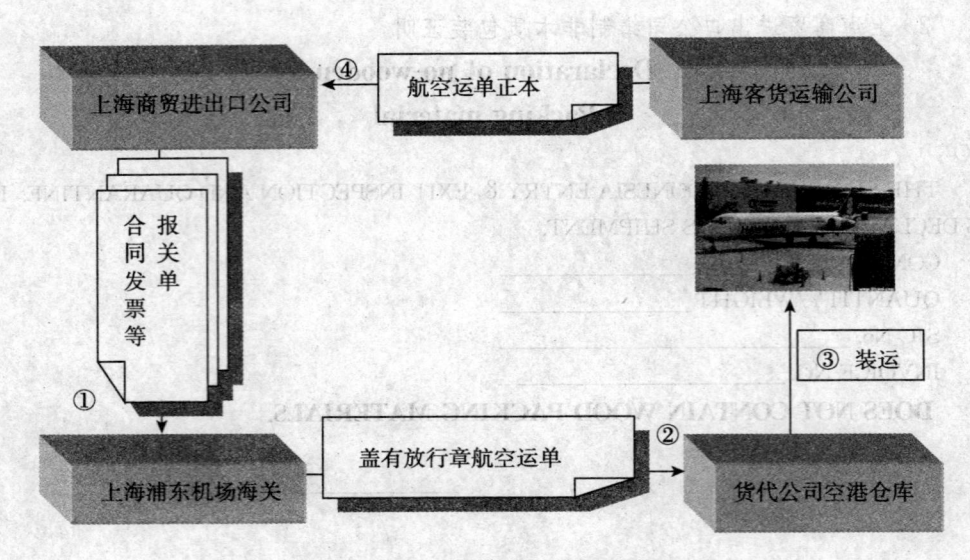

图 2-5-2　出口货物报关业务程序

定编号。

2. 海关编号

海关接受申报时给予报关单的编号,一般为9位数字。此栏由海关填写。

3. 出口口岸

注明货物实际出境口岸的海关名称和代码,按《海关名称及代码表》规定填制。如"上海海关2200"。倘若在我国不同出口加工区之间转让的货物,则填报对方出口加工区海关名称及代码。其他无实际进出境的货物,填报接受申报的海关名称及代码。

4. 备案号

如为一般贸易,此栏留空。加工贸易填报《进料加工登记手册》、《出口货物免税证明》或其他有关备案审批文件的编号。

5. 出口日期

填入申报货物运输工具出境的日期,顺序为年、月、日,如2006年8月10日填为2006.08.10。预录入报关单及EDI报关单均免于填报,无实际进出境的报关单填报办理申报手续的日期。

6. 申报日期

发货人办理货物出口报关手续的日期,年为4位,月、日各2位。

7. 经营单位

应填报出口企业中文名称及单位编码(10位数字)。

8. 运输方式

根据实际运输方式并按海关规定的"运输方式代码表"填报,如"江海2"。

9. 运输工具名称

将载运货物出境运输工具的名称或运输工具编号填入此栏,一份报关单只允许填报一个运输工具名称。

10. 运单号

填报出口货物提单或运单编号,一票货物多个提运单时,应分单填写。

11. 发货单位

应填报出口货物在境内生产或销售单位的中文名称或海关注册编码。

12. 贸易方式(监管方式)

按海关规定的"贸易方式代码表"填制相应的贸易方式简称及其代码,如"一般贸易0110"。

13. 征免性质

按海关核发的《征免税证明》中批注的征免性质或海关规定的《征免性质代码表》填报相应的征免性质简称或其代码,如"一般征税101"。

14. 结汇方式

依据合同和信用证规定,并按海关规定的"结汇方式代码表"填制,如"电汇2"。

15. 许可证号

属申领出口许可证的货物,必须填出口货物许可证的编号,不得为空。

16. 运抵国(地区)

根据出口货物直接运抵的国家(地区),并按海关规定的"国别/地区代码表"填写,如"日本116"。

17. 指运港

填写出口货物运抵最终目的港及其海关规定的港口航线代码表,如"香港0110"。

18. 境内货源地

注明出口货物在国内的产地或始发地,及其国内地区代码表,如"上海浦东新区31222"。

19. 批准文号

此栏应填报《出口收汇核销单》的编号。

20. 成交方式

根据合同的成交条件,并按成交方式代码填写,如"FOB 3"。

21. 运费

按成交价格中含有的国际运输费用的金额和货币代码填写。如"502/1 100/3",502为美元代码,其意为总运费为1 100美元("1"表示运费率,"2"表示运费单价,"3"

表示运费总价)。

22. 保费

填报该批出口货物运输的保险费用和货币代码。如 10 000 港元保险费总价应填为"110/10 000/3"(110 为港币代码,"1"表示保险费率,"3"表示保险费总价)。

23. 杂费

按杂费总价或杂费率填报,如"303/500/3"(303 为英镑代码,"1"表示杂费率,"3"表示杂费总价),其意为杂费总价为 500 英镑。杂费是指成交价以外应计入完税价格或应从完税价格中扣除的费用,诸如手续费、佣金和回扣等。

24. 合同协议号

注明出口货物合同(协议)的全部字头和号码。

25. 件数

按外包装的出口货物(如集装箱、托盘等)的实际件数填报,裸装货物填"1"。

26. 包装种类

根据出口货物的实际外包装种类填制,如木箱、纸箱等。

27. 毛重(千克)

按出口货物实际毛重(千克)填,不足 1 千克应填"1"。

28. 净重(千克)

填出口货物实际重量(千克),不足 1 千克的填"1"。

29. 集装箱号

填报集装箱编号,如集装箱号为 TEXU5678021 的 20 英尺集装箱,应填为 TEXU5678021/20/2 280(2 280 是集装箱的自重量)。

30. 随附单据

应填写与出口货物报关单一并向海关递交的单证的名称与代码,但合同、发票和装箱单等必备的随附单证可不填。

31. 生产厂家

填出口货物境内生产企业的名称。

32. 标记唛码及备注

填制唛头,限图形除外的文字和数字。

33. 项号

第一行打印报关单中的商品排列序号,第二行专用于加工贸易等已备案的货物在"登记手册"中的项号。

34. 商品编号

按海关规定的商品分类编码规则填写该出口货物的商品编号。

35. 商品名称、规格型号

通常第一行写出口货物的中文名称,第二行表示规格型号。

36. 数量及单位
注明出口商品的实际数量及计量单位。
37. 最终目的国（地区）
填制出口货物的最终消费或进一步加工制造国家（地区）及其国别/地区的代码。
38. 单价
填报同一项号出口货物实际成交的商品单位价格。
39. 总价
填同一项号下出口货物实际成交的商品总价。
40. 币制
按实际成交价格的币种的代码填入，如美元为"502"。
41. 征免方式
按海关核发的"征免税证明"和征减免税方式的代码填写，如"全免3"。
42. 税费征收情况
此栏留空，供海关对出口货物的税费征收、减免情况进行批注。
43. 录入员
用于预录入和EDI报关单，打印录入人员的姓名。
44. 录入单位
该用于预录入和EDI报关单，打印录入单位名称。
45. 申报单位
注明向海关申报单位的全称和代码，如为委托代理报关应填报代理报关企业名称及代码，由报关员填报。
46. 填制日期
指报关单的填制日期，通常为申报日期。
47. 海关审单批注栏
由海关人员填写。

模拟操作

案例背景

上海官基进出口公司在办理好报检手续后，必须在货物装运前24小时向上海海关办理出口货物报关手续。为此，李莉经理（兼报关员）填写报关单，并随附合同、商业发票、装箱单、非木质包装证明和核销单等单据及时办理出口货物报关。海关核准无误后征收关税，并在出口货物报关单上加盖放行章，航空货物运输公司才可将货物装机。

一、上海宫基进出口公司填写出口货物报关单

样例 2—5—3

中华人民共和国海关出口货物报关单

预录入编号：　　　　　　　　　　　　　　　　　　　海关编号：

出口口岸 浦东机场 2233	备案号		出口日期 2011.07.25	申报日期 2011.07.22	
经营单位 （3104871248） 　上海宫基进出口公司	运输方式 航空运输	运输工具名称 MU07530SY		提运单号	
发货单位 　上海宫基进出口公司	贸易方式 一般贸易	征免性质 一般征税		结汇方式 电汇	
许可证号	运抵国（地区） 日本	指运港 大阪		境内货源地 上海	
批准文号	成交方式 CPT	运费 502/1 200/3	保费	杂费	
合同协议号 GJ110503	件数 30	包装种类 箱	毛重（千克） 360	净重（千克） 300	
集装箱号	随附单据 B:07053088		生产厂家 苏州茶业公司		
标记唛码及备注	TKAMR GJ110503 OSAKA C/NO.1—30				

项号	商品编号	商品名称、规格型号	数量及单位	最终目的国（地区）	单价	总价	币制	征免
	09021090	中国绿茶		日本			502	照章
01		ART NO. 015	100 包 100KGS		100.00	10 000.00		
02		ART NO. 016	100 包 100KGS		100.00	10 000.00		
03		ART NO. 017	100 包 100KGS		100.00	10 000.00		

税费征收情况				
录入员　　录入单位 　　　　　3121042266 　　　　　李莉 报关员 单位地址　上海市东郡路1号 邮编 200004　电话 54091100	兹声明以上申报无讹，并承担法律责任 申报单位（签章） 填制日期 2011.05.		海关审单批注及放行日期（签章） 审价 统计 查验　　　放行	

（上海宫基进出口公司 报关专用章）

二、上海宫基进出口公司填写出口收汇核销单

样例 2－5－4

出口收汇核销单 存根	出口收汇核销单	出口收汇核销单 出口退税专用
（沪）编号：231256234	（沪）编号：231256234	（沪）编号：231256234
出口单位： 上海宫基进出口公司 [上海宫基进出口公司 核销专用章]	出口单位： 上海宫基进出口公司	出口单位： 上海宫基进出口公司 [上海宫基进出口公司 产地证申请专用章]
单位编码：3104871248	单位编码：3104871248	单位编码：3104871248
出口币种总价： USD 30 000	银行签注栏 / 类别：绿茶 / 币种金额：USD 30 000 / 盖章	货物名称：绿茶 / 数量：300KGS / 币种总价：USD 30 000
收汇方式：T/T		
约计收款日期：		
报关日期：		
备注：	海关签注栏： 该票货物已于　　　结关	报关单编号：
此单报关有效期截止到	外汇局签注栏： 　　年　月　日（盖章）	外汇局签注栏： 　　年　月　日（盖章）

三、航空公司签发航空货运单

按国际惯例，签发空运单正本为 3 份，分别由航空公司和发货人留存，以及随机转给收货人。副本共 9 份，根据需要签发。

样例 2-5-5

Shipper's Name and Address SHANGHAI GJ IMPORT & EXPORT CORPORATION 1XUJIN ROAD SHANGHAI 200032, CHINA	Shipper's Account Number 045686	Not negotiable **Air Waybill**　　中国东方航空公司 Issued by　　CHINA EASTERN AIRLINES 2250 HONGQIAO ROAD SHANGHAI CHINA
Consignee's Name and Address TKAMR TRADE CORPORATION 7KAWARA MACHOSAKA JAPAN	Consignee's Account Number SO099	Copies 1,2 and 3 this Air Waybill are originals and have the same validity It is agreed that goods described herein are accepted in apparent good order and condition (except as noted) for carriage SUBJECT TO THE CONDITIONS OF CONTRACT ON THE REVERSE HEREOF. ALL GOODS MAY BE CARRIED BY ANY OTHER MEANS INCLUDING ROAD OR ANY OTHER CARRIER UNLESS SPECIFIC CONTRARY INSRUCTIONS ARE GIVEN HEREON BY THE SHIPPER, AND SHIPPER AGREES THAT THE SHIPMENT MAY BE CARRIED VIA INTERMEDIATE STOPPING PLACES WHICH THE CARRIER DEEMS APPROPRIATE. THE SHIPPER'S ATTENTION IS DRAWN TO THE NOTICE CONCERNING CARRIER'S LIMIATION OF LIABILITY. Shipper may increase such limitation of limitation of liability by declaring a higher value for carriage and paying a supplemental charge if required.
Issuing Carrier's Agent Name and City FUKANGWA EX3 (030-424) OSAKA EXPRESS CO., LTD.		Accounting Information FREIGHT: PREPAID
Agents IATA Code 08321550	Account No.	

Airport of Departure (Addr. Of First Carrier) and Requested Routing SHANGHAI											
To	By First Carrier	Routing and Destination	To	By	To	By	Currency	Chgs Code	WT/VAL PPD / COLL	Other PPD / COLL	Declared Value for Carrier	Declared Value for Customs
							USD		xx /	xx /	N.V.D	

Airport of Destination OSAKA	Requested Flight/Date MU0514/02	Amount of Insurance	If shipper requests insurance in accordance with the conditions thereof indicate amount to be insures in figures in box marked "Amount of Insurance".

Handing Information
AS PER REF NO: XY050401

No. of Place RCP	Gross Weight	kg lb	Rate Class Commodity Item No.	Chargeable Weight	Rate / Charge	Total	Nature and Quantity of Goods (Incl. Dimensions or Volume)
30	330	K	Q	330	1.00	330.00	SHANGHAI COUNTRY BICYCLE 1.5CBM

Prepaid	Weight Charge 1 200.00	Collect	Other Charges AWB FEE : 30.00
	Valuation Charge		
	Tax		
	Total other Charges Due Agent 30.00		
	Total other Charges Due Carrier		Shipper certifies that particular's on the face hereof are correct and agrees THE CONDITIONS ON REVERSE HEREOF: SHANGHAI / AIR EXPORT 华彰 Signature Shipper or his Agent
Total Prepaid 700.00		Total Collect	Carrier certifies that the goods described hereon are accepted for carriage subject to THE CONDITION OF CONTRACT ON THE REVERSE HEREOF. The goods thenbeing in apparent good order and condition except as noted hereon. JUL. 28,2011　　SHANGHAI,CHINA
Currency Conversion Rate		CC Charges in Dest. Currency	Executed on (date)　　at (place)　　CHINA EASTERN AIRLJNES Signature of issuing Carrier
For Carriers Use only at Destination		Charges at Destination	Total Collect Charges　　789-3905 0933

体验活动

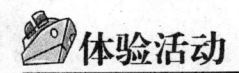

一、活动背景

上海商贸进出口公司在办理好报检手续后,在货物装运前 24 小时向上海浦东机场海关办理出口货物报关手续。为此,谈云经理要求团队成员填写出口货物报关单与核销单,打印商业发票、装箱单和非木质包装证明,并随附合同等材料,在实训室的"海关柜台"体验办理出口货物报关的工作经历。

二、活动准备

出口货物报关的相关资料如下:
出口口岸:浦东机场海关(代码 2233)
出口日期:2011 年 7 月 31 日
经营单位:上海商贸进出口公司(单位编码 3109873456)
运输方式:航空运输
运输工具名称:FU3213
发货单位:上海商贸进出口公司
贸易方式:一般贸易
征免性质:一般征税
结汇方式:电汇
运抵国(地区):日本
指运港:大阪
境内货源地:上海浦东新区
运费:800 美元
合同号:SM20110501
包装种类:每套装入一个塑料袋,50 套装入一只出口纸箱
重量体积:每箱毛重 25 千克、净重 22 千克、体积 0.05 立方米
随附单据:出境货物通关单号为 31069874
生产厂家:上海浦东五金工具有限公司
商品编号:8207.4000
商品名称、规格型号:电动钻头、ART. TY242
数量及单位:4 550 套
单价:每套 USD 8.00 CPT SINGAPORE
征免方式:照章征税

三、活动开展

1. 上海商贸进出口公司填写出口货物报关单

中华人民共和国海关出口货物报关单

预录入编号：   海关编号：

出口口岸		备案号		出口日期		申报日期	
经营单位		运输方式		运输工具名称		提运单号	
发货单位		贸易方式		征免性质		结汇方式	
许可证号		运抵国（地区）		指运港		境内货源地	
批准文号		成交方式	运费		保费		杂费
合同协议号		件数	包装种类		毛重（千克）		净重（千克）
集装箱号	随附单据			生产厂家			
标记唛码及备注							
项号	商品编号	商品名称、规格型号	数量及单位	最终目的国（地区）	单价	总价	币制	征免
税费征收情况								
录入员	录入单位	兹声明以上申报无讹并承担法律责任		海关审单批注及放行日期（签章）				
报关员 单位地址				审单 审价				
		申报单位（签章）		征税 统计				
邮编	电话	填制日期		查验 放行				

2. 上海商贸进出口公司填写出口收汇核销单

出口收汇核销单 存根	出口收汇核销单	出口收汇核销单 出口退税专用
（沪）编号：231256234	（沪）编号：231256234	（沪）编号：231256234
出口单位： 上海商贸进出口公司 单位编码：3104871248 出口币种总价： 收汇方式：T 约计收款日期： 报关日期： 备注： 此单报关有效期截止到	出口单位：上海商贸进出口公司 （核销专用章） 单位编码：3104871248 单位盖章 银行签注栏／类别／币种金额／盖章 海关签注栏： 该票货物已于　　结关 海关盖章 外汇局签注栏： 　年　月　日（盖章）	出口单位：上海商贸进出口公司 （产地证申请专用章） 单位编码：3104871248 货物名称／数量／币种总价 报关单编号： 外汇局签注栏： 　年　月　日（盖章）

任务三　办理出口货款结算

操作指南

出口商按合同规定的装运期限发货后，将航空货运单传真至进口商，并要求其通过电汇将余款汇至指定银行。当货款到达账户后，向国家外汇管理局领取出口收汇核销单，按照合同、发票的有关内容进行填制，并持该笔业务的有关单据向国家外汇管理局办理核销手续。

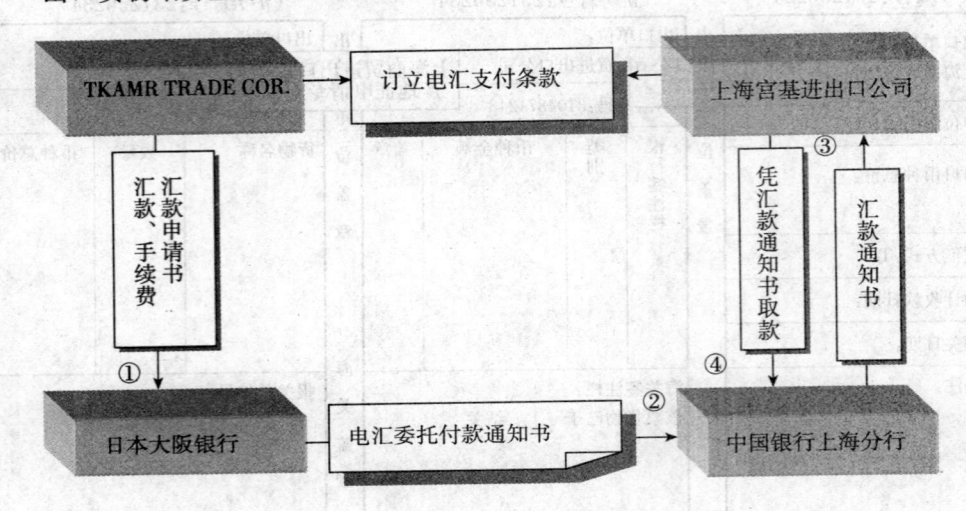

一、出口货物结算业务流程

出口货物结算业务流程如图2-5-3所示。

图2-5-3 出口货物结算业务流程

二、出口收汇核销、退税业务流程

出口收汇核销、退税业务流程如图2-5-4所示。

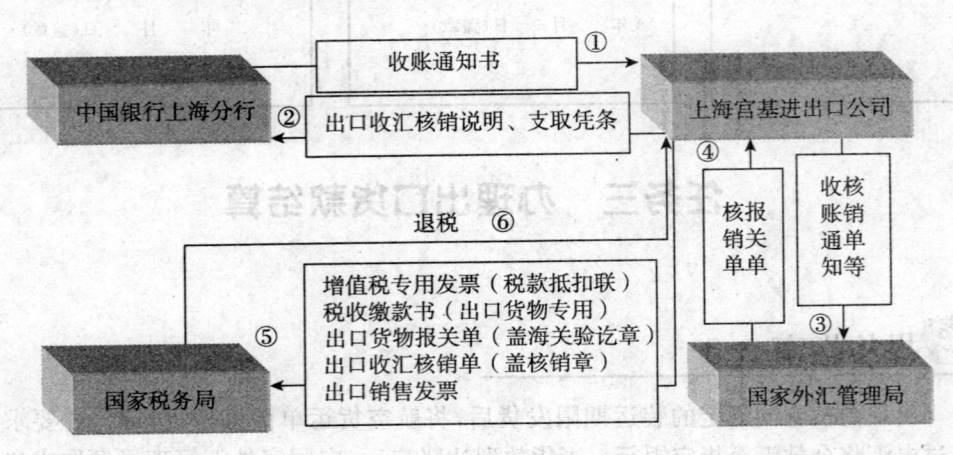

图2-5-4 出口收汇核销、退税业务流程

模拟操作

案例背景

出口货物货款到达银行出口收汇待核查账户后,银行在出口收汇核销结水单或收账通知上注明核销单号交给上海宫基进出口公司。上海宫基进出口公司填写出口收汇说明和支取凭条到指定的银行柜台打印"银行核注明细信息表"去结算柜台结汇,持经海关签章的收汇核销专用联、结水单或收账通知及报关单到外汇管理局办理核销。然后,向主管出口退税的国税机关申请退税,提交购进出口货物的专用发票(税款抵扣联)、经银行签章的税收(出口货物专用)缴款书、盖有海关验讫章的出口货物报关单、盖有外汇管理机关核销章的出口收汇核销单、出口销售发票和出口货物销售明细账等,并将申报出口退税的有关凭证按照顺序装订成册。国税机关核准无误后向出口企业实施退税。

一、上海宫基进出口公司获取出口收汇核销单

样例 2-5-6

出口收汇核销单 存根	出口收汇核销单	出口收汇核销单 出口退税专用
(沪)编号:231256234	(沪)编号:231256234	(沪)编号:231256234
出口单位: 上海宫基进出口公司 单位编号:3104871248 出口币种总价: USD 30 000 收汇方式:T/T 预计收款日期: 报关日期:2011.7.22 备注: 此单报关有效期截止到 2011.8.20	出口单位: 上海宫基进出口公司 编码:310487124【上海宫基进出口公司 核销专用章】 银行签注栏: 类别 绿茶 币种金额 USD 30 000 盖章 海关签注栏: 该票货物已于2011.7.25【上海吴淞海关 验讫章】 外汇局签注栏: 2011年7月28日(盖章)	出口单位: 上海宫基进出口公司 编码:3104871248【上海宫基进出口公司 产地证申请专用章】 货物名称 绿茶 数量 300KGS 币种总价 USD 30 000 编号:310328866454 外汇局签注 20【国家外汇管理局 已核销 上海分局】

二、中国银行上海分行发出入账通知书

样例 2-5-7

中国银行上海分行
结汇水单/收账通知

入账通知书

2011年7月26日

收款人名称：上海宫基进出口公司
收款人账号：80456861

申报单号：

外汇金额	结汇牌价	入账金额
USD 210 000.00	0.000000	USD 210 000.00

	业务编号：		发票号：GJ201152		
	我行扣费：		核销单号：3104871248		
	国外扣费：	手续费	邮电费	不符费	偿付费

摘要	发报行：OSAKAL BANK 汇出日期：2011-07-26 汇款人账号：7600287304 汇款人姓名：TKAMR TRADE CORPORATION 附言：我行已贷记贵账号：4005743-212324（上海宫基进出口公司）	中国银行上海分行 业务专用章 （12）

三、中国银行上海分行发出代收账通知

样例 2-5-8

中国银行上海分行外汇兑换证明

代收账通知

2011年7月16日

①

收款单位	名称	上海宫基进出口公司
	账号	4005743-212324

外汇金额	结汇牌价	人民币金额（入账金额）
USD 210 000.00	T 6.5%	1 365 000.00

摘要	业务编号： 发票号：GJ201152 核销单号：3104871248	外汇扣款	国外扣款
			我行扣款
			其他
外汇项目	中国银行上海分行 业务专用章 （12）	附言	

复核 李夏　　　　　　　　　　　经办 王历

四、上海宫基进出口公司缮制出口收汇说明

样例 2—5—9

出口收汇说明

企业名称：上海宫基进出口公司　　　　　　企业组织机构代码：78358123—1
从出口收汇待核查账户□　　结汇□　　划出资金金额合计：USD 210 000.00 　　　　　　　　　　　　　　划入账户名称：外汇账户 　　　　　　　　　　　　　　划入账号：4005743—212324
一般贸易项下：(币种、金额)　　　　　　　USD 210 000.00
进料加工贸易项下：(币种、金额)
其他贸易项下：(币种、金额) 　　其中2011年7月13日前出口但7月14日后收汇的金额：
来料加工贸易项下：(币种、金额) 　　其中实际收汇比例：
预收货款项下：(币种、金额) USD 210 000.00 　　其中外汇局依企业申请核准预收货款金额：USD 210 000.00
无货物报关项下：(币种、金额)

是否为延期收款	□ 是	□ 否
是否为关联方交易	□ 是	□ 否

本企业申明：本表所填内容真实无误。如有虚假，视为违反外汇管理规定，将承担相应后果。

单位公章：上海宫基进出口公司专用章　　填报人：方欣　　2011年7月16日

五、上海宫基进出口公司缮制支取凭条

样例 2—5—10

(借方)
- □ 818 活期外汇存款
- □ 824 外汇专户活期存款
- □ 946 其他金融机构往来

支取凭条
DRAWING SLIP

账号

中国银行台照　　　　　　　　　　　Account No　4005743—212324

To BANK OF CHINA

日期

Date　2011—07—16

请付

Pay　SAY U. S. DOLLARS TWO HUNDRED AND TEN THOUSAND ONLY

小写金额　　　　　　　　　　　签　章
In figures　USD 210 000.00　　Signature　方欣　　上海宫基进出口公司专用章

主管：李单　　会计：王小毅　　出纳：秦华　　复核：丁一　　记账：韩明　　核对印签：万立

六、上海宫基进出口公司汇集有关单据

1. 商业发票

此略。

2. 出口货物报关单收汇核销联

此略。

七、打印出口核销专用联(境外收入)

样例 2—5—11

⊕　　　　　　　　　　　出口核销专用联(境外收入)

核销收汇专用号码		231256234 P118			
收货人名称		上海宫基进出口公司			
■ 对　公		企业组织机构代码 78358123—1			
■ 对　私					
结算方式		●信用证　○托收　○保函　●电汇　○票汇　○信汇　○其他			
收入款币种及金额		USD 210 000.00		结汇汇率	0.0000000
其中	结汇金额	USD 210 000.00		账号/银行卡号	4005743—212324
	现汇金额	0		账号/银行卡号	
	其他金额	0		账号/银行卡号	
国内银行扣费币种及金额		0		国内银行扣费币种及金额	0
付款人名称		TKAMR TRADE CORPORATION			
付款人常驻国家(地区)名称及代码		日本		收账/结汇日期	2011—07—16
本笔款为预收货款:					
交易编码		1010321		相应币种及金额	USD 210 000.00
				相应币种及金额	
交易附言		绿茶			
出口收汇核销单号码		3104871248		中国银行上海分行业务专用章(12)	
收汇总金额中用于出口核销的金额		USD 210 000.00			

出口收汇核销专用联

银行经办人签章　万向　　银行业务章　　银行业务编码 32A9483　　打印日期 2011—07—16

八、填制出口货物退税汇总申报表

样例 2-5-12

外贸企业出口货物退税汇总申报表
(适用于增值税一般纳税人)

申报年月:2011年7月　　　　　　　　　　　　　　　　　　　申报批次:1
纳税人识别号:NS08214567
海关代码:3104871248
纳税人名称(公章):　　　申报日期:2011年7月20日　　　金额单位:元至角分、美元

出口企业申报		主管退税机关审核	
出口退税出口明细申报表1份,记录250条		审单情况	机审情况
出口发票　　　1张,出口额210 000.00美元		本次机审通过退增值税额	元
出口报关单　　　1张		其中:上期结转疑点退增值税	元
代理出口货物证明　　张,		本期申报数据退增值税	元
收汇核销单　　1张,收汇额210 000.00美元			
远期收汇证明　　　张,其他凭证　　张			
出口退税进货明细申报表1份,记录24条		本次机审通过退消费税额	元
增值税专用发票　　1张,其中非税控专用发票　张		其中:上期结转疑点退消费税	元
普通发票　　　　1张,专用税票　　张		本期申报数据退消费税	元
其他凭证　　　张,总进货金额　　元			
总进货税额　　　　150 000.00元			
其中:增值税　　25 500.00元,消费税　　元		本次机审通过退消费税额	元
本月申报退税额　　　12 000.00元		结余疑点数据退增值税	元
其中:增值税　　　元,消费税　　元		结余疑点数据退消费税	元
进料应抵扣税额　　　元			
申请开具单证		授权人申明	
代理出口货物证明　　　份,记录　　条		(如果你已委托代理申报人,请填写以下资料)	
代理进口货物证明　　　份,记录　　条		
进料加工免税证明　　　份,记录　　条		
来料加工免税证明　　　份,记录　　条		为代理出口货物退税申报事宜,现授权_____为本纳税人的代理申报人,任何与本申报表有关的往来文件都可寄与此人。	
出口货物转内销证明　　份,记录　　条		
补办报关单证明　　　份,记录　　条		
补办收汇核销单证明　　份,记录　　条		
补办代理出口证明　　　份,记录　　条		授权人签字(盖章):	
内销抵扣专用发票 1张,其他非退税专用发票　张		
申报人声明		审单人:	审核人: 　　年　　月　　日
此表各栏目填报内容是真实、合法的,与实际出口货物情况相符。此次申报的出口业务不属于"四自三不见"等违背正常出口经营程序的出口业务。否则,本企业愿承担由此产生的相关责任。 企业填表人:王炳 财务负责人:方欣　上海宫基进出口公司 企业负责人:李莉　　　专用章 　　　　　2011年7月20日		签批人: (公章) 　　　　　　　年　　月　　日	

受理人:　　　　　　　　　　　　　　　　　　　　　　受理日期:　　年　　月　　日
受理税务机关(签章):

体验活动

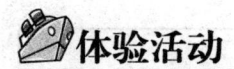

一、活动背景

上海商贸进出口公司收到中国银行上海分行到账通知后,通常办理出口收汇核销手续。为此,谈云经理要求团队成员缮制出口收汇说明和支取凭条,随附经海关签章的收汇核销专用联、结水单及报关单等在实训室的"外汇管理局柜台",体验办理出口收汇核销业务的工作经历。

二、活动准备

出口收汇核销的有关信息如下:
组织机构代码:78358112—4
资金金额:USD36400
外汇账号:4743—322123241
申报批次:1批次
纳税人识别号:NS0998765
海关代码:3102011666

三、活动开展

1. 上海商贸进出口公司填写出口收汇说明

出口收汇说明

企业名称:	企业组织机构代码:
从出口收汇待核查账户□ 结汇□ 划出资金金额合计: 划入账户名称: 划入账号:	
一般贸易项下:(币种、金额)	
进料加工贸易项下:(币种、金额)	
其他贸易项下:(币种、金额) 其中2011年7月13日前出口但7月14日后收汇的金额:	

续表

来料加工贸易项下:(币种、金额)				
其中实际收汇比例:				
预收货款项下:(币种、金额)				
其中外汇局依企业申请核准预收货款金额:				
无货物报关项下:(币种、金额)				
是否为延期收款		□ 是		□ 否
是否为关联方交易		□ 是		□ 否
本企业申明:本表所填内容真实无误。如有虚假,视为违反外汇管理规定,将承担相应后果。				

单位公章: 　　填报人: 　　　　　年　月　日

2. 上海商贸进出口公司填写支取凭条

（借方）
□ 818 活期外汇存款
□ 824 外汇专户活期存款
□ 946 其他金融机构往来

支取凭条
DRAWING SLIP

账号
中国银行台照　　　　　　　　　Account No ....
To BANK OF CHINA

日期
Date ....

请付
Pay ....

小写金额　　　　　　　签　章
In figures ....　　Signature ....

主管:　　会计:　　出纳:　　复核:　　记账:　　核对印签:

3. 上海商贸进出口公司填写外贸企业出口货物退税汇总申报表

外贸企业出口货物退税汇总申报表
（适用于增值税一般纳税人）

申报年月： 年 月 　　　　　　　　　　　　　　　　申报批次：
纳税人识别号：
海关代码：
纳税人名称（公章）： 　申报日期： 年 月 日 　　金额单位：元至角分、美元

出口企业申报		主管退税机关审核	
出口退税出口明细申报表　份，记录　条		审单情况	机审情况
出口发票　　　张，出口额　　　美元		本次机审通过退增值税额	元
出口报关单　　　张		其中：上期结转疑点退增值税	元
代理出口货物证明　　　张		本期申报数据退增值税	元
收汇核销单　　张，收汇额　　美元			
远期收汇证明　　张，其他凭证　　张			
出口退税进货明细申报表　份，记录　条		本次机审通过退消费税额	元
增值税专用发票　张，其中非税控专用发票　张		其中：上期结转疑点退消费税	元
普通发票　　张，专用税票　　张		本期申报数据退消费税	元
其他凭证　　张，总进货金额　　元			
总进货税额　　元		本次机审通过退消费税额	元
其中：增值税　　元，消费税　　元		结余疑点数据退增值税	元
本月申报退税额　　元		结余疑点数据退消费税	元
其中：增值税　　元，消费税　　元			
进料应抵扣税额　　元		授权人申明	
申请开具单证		(如果你已委托代理申报人，请填写以下资料)	
代理出口货物证明　　份，记录　　条		
代理进口货物证明　　份，记录　　条			
进料加工免税证明　　份，记录　　条		为代理出口货物退税申报事宜，现授权　　　　　　为本纳税人的代理申报人，任何与本申报表有关的往来文件都可寄与此人。	
来料加工免税证明　　份，记录　　条		
出口货物转内销证明　　份，记录　　条		
补办报关单证明　　份，记录　　条		
补办收汇核销单证明　　份，记录　　条		
补办代理出口证明　　份，记录　　条		
内销抵扣专用发票　张，其他非退税专用发票　张		授权人签字（盖章）：	
申报人声明		审单人：	审核人：　年　月　日
此表各栏目填报内容是真实、合法的，与实际出口货物情况相符。此次申报的出口业务不属于"四自三不见"等违背正常出口经营程序的出口业务。否则，本企业愿承担由此产生的相关责任。 　企业填表人： 　财务负责人：　（公章） 　企业负责人：　　　　（公章） 　　　　　　年　月　日		签批人： （公章）	
受理人：		受理日期：　　年　月　日	
受理税务机关（签章）			

活动评价

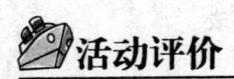

团队成员活动测评表

测评内容	评判标准	总分	自我评价
出口结汇业务流程	错1个内容扣1分	15	
出口收汇核销业务流程	错1个内容扣1分	15	
出口退税核销业务流程	错1个内容扣1分	15	
出口收汇核销单的内容及缮制方法	错1个内容扣5分	30	
出口收汇说明与支付凭条的缮制方法	错1个内容扣5分	25	
合　计		100	

团队活动测评表

测评内容	评判标准	总分	自我评价
团队合作质量	较好达到目标	20	
	基本达到目标	15	
	未完成目标	15	
团队合作精神	互助精神较好	20	
	互助精神一般	15	
	互助精神较差	15	
合　计		100	

教学方案设计与建议

模拟教学环节——体验活动五	教学组织	教学手段	课时
货物出境——托运、报关、结算	形式： 以小组为单位扮演各种角色 方法： 每组独立填写有关单据 要求： 内容正确、无误	地点： 专业实训室 设备： 计算机、服务器 资料： 电子操作资料与单据	6
累计：			46

职业技能训练

一、业务操作流程

根据出口收汇核销、退税业务流程填写下表：

出口收汇 退税业务流程	工作内容及要求

二、仿真业务操作

1. 业务操作背景

上海宇宙进出口公司根据销售确认书的规定向上海国际货运代理公司办理货物托运手续，向上海浦东机场海关办理出口报关手续。货物出运后，汇集有关单据寄送 WILS IMPORTS CO. LTD。当收到余款后，办理收汇核销及出口退税手续。

2. 业务操作资料

办理托运、报关、核销相关资料如下：
合同编号：YZ11109
经营单位：上海宇宙进出口公司（单位编码 3109873211）
发票号码：YZ111203
进口商：WILS IMPORTS CO. LTD
地址：8 BLVDWEST MONTREAL QUEBET CANADA
商品、数量：男式全棉短裤、数量 12 000 条
原产地标准：进口成分 45%
单价：每件 6.50 美元 CFR MONTREAL
起运地：浦东机场（代码 2233）
装运时间：2011 年 12 月 20 日装运
目的地：蒙特利尔机场/ MONTREAL AIRPORT
运费：1 200 美元
包装：每条装入一胶袋，50 条不同尺码与颜色装入一出口纸箱
唛头：内容包括收货人简称、销售合同号、目的地和箱数
商品编码：8204.1100
贸易方式：一般贸易

征免性质:一般征税
支付方式:电汇 30
分批装运:不允许
生产厂家:上海南林服装有限公司(注册号 31023465456)
报检单位登记号:321Q
运输工具:FM8899
重量体积:每箱毛重 25 千克、净重 22 千克、体积 0.05 立方米
货物产地:上海
通关单号:45310698
征免方式:照章征税
组织机构代码:
外汇账号:

3. 业务操作要求

根据上述信息缮制非木质包装证明,填写国际货物委托书、出口货物报关单、出口收汇核销单、出口收汇说明、支取凭条,在实训室的相关职能部门的"柜台"办理。

(1) 国际货物委托书

国际货物托运书   IATA
SHIPPER'S LETTER OF INSTRUCTION   REF NO:

始发站 AIRPORT DEPARTURE	到达站 AIRPORT OF DESTINATION	供承运人用 FOR CARRIER ONLY	
路线及到达站 ROUTING AND DESTINATION			航班/日期 FRIGHT/DAY	航班/日期 FRIGHT/DAY
至 第一承运人 TO BY FIRST CARRIER	至 承运人 TO BY	至 承运人 TO BY	至 承运人 TO BY	已预留吨位 DOKKED
收货人姓名及地址 CONSIGNEE'S NAME AND ADDRESS				运费: CHARGES:
另行通知 ALSO NOTIFY				
托运人账号 SHIPPER'S ACCOUNT NUMBER		托运人姓名及地址 SHIPPER'S NAME & ADDRESS		
托运人声明的价值 SHIPPER'S DECLARED VALUE NVD	保险金额 AMOUNT OF INSURANCE	所附文件 DOCUMENTS TO ACCOMPANY AIR WAYBILL		
供运输用 FOR CARRIAGE	供海关用 FOR CUSTOMS			

续表

件数 NO. OF PACKAGES	实际毛重 ACTUAL GROSS WEIGHT(KG)	运价类别 RATE CLASS	收费重量 CHARGEABLE WEIGHT	离岸 RATE CHARGE	货物名称及重量(包括体积或尺寸) NATURE AND QUANTITY OF GOODS (INCL DIMENSIONS OF VOLUME)

在货物不能交于收货人时,托运人指示的处理方法
SHIPPER'S INSTRUCTIONS IN CASE OF INABILITY TO DELIVER SHIPMENT AS CONSIGNED

处理情况(包括包装方式、货物标志及号码等)
HANDLING INFORMATION (INCL METHOD OF PACKING DENTIFYING MARKS AND NUMBERS. LTC.)

托运人证实以上所填全部属实并愿遵守托运人的一切载运章程
 THE SHIPPER CERTIFIES THAT PARTICULARS ON THE EACH HERE OF ARE CORRECT AND AGREES TO THE CONDITIONS OF CARRIAGE OF THE CARRIER.

托运人签字　　　　　　　　日期　　　　　经收人　　　　　　日期
SIGNATURE OF SHIPPER　　　DATE　　　　AGENT　　　　　DATE

(2) 非木质包装证明

Declaration of no-wooden
Packing material

TO:
　　THE SERVICE OF INDONESIA ENTRY & EXIT INSPECTION AND QUARANTINE. IT IS DECLARED THAT THIS SHIPMENT.
　　　　COMMODITY:_____
　　　　QUANTITY/WEIGHT _____
　　　　S/C No. _____
　　　　INVOICE NO. _____
　　　DOES NOT CONTAIN WOOD PACKING MATERIALS.

(3) 出口货物报关单

中华人民共和国海关出口货物报关单

预录入编号：　　　　　　　　　　　　　　　　海关编号：

出口口岸		备案号		出口日期		申报日期	
经营单位		运输方式		运输工具名称		提运单号	
发货单位		贸易方式		征免性质		结汇方式	
许可证号		运抵国(地区)		指运港		境内货源地	
批准文号		成交方式		运费		保费		杂费	
合同协议号		件数		包装种类		毛重(千克)		净重(千克)	
集装箱号		随附单据				生产厂家	
标记唛码及备注							
项号 商品编号 商品名称、规格型号		数量及单位		最终目的国(地区)		单价 总价 币制 征免	
………							
………							
………							
税费征收情况							
录入员　　　录入单位		兹声明以上申报无讹并承担法律责任		海关审单批注及放行日期(签章)			
报关员		申报单位(签章)		审单		审价	
单位地址				征税		统计	
				查验		放行	
邮编　　　电话		填制日期					

(4) 出口收汇核销单

出口收汇核销单	出口收汇核销单	出口收汇核销单
存根		出口退税专用
(沪)编号：310256232	(沪)编号：310256232	(沪)编号：310256232

出口单位： 上海商贸出口公司						出口单位： 上海商贸进出口公司		
单位编码：3104871248						单位编码：3104871248		
出口币种总价：	单位盖章	银行签注栏	类别	币种金额	盖章	货物名称	数量	币种总价
收汇方式：T								
预计收款日期：								
报关日期：								
备注：		海关签注栏： 该票货物已于　　　结关				报关单编号：		
此单报关有效期截止到		外汇局签注栏： 年　月　日(盖章)			海关盖章	外汇局签注栏： 年　月　日(盖章)		

加盖印章：上海商贸进出口公司核销专用章；上海商贸进出口公司产地证申请专用章

(5) 填写出口收汇说明

出口收汇说明

企业名称：	企业组织机构代码：		
从出口收汇待核查账户□　结汇□	划出资金金额合计： 划入账户名称： 划入账号：		
一般贸易项下：(币种、金额)			
进料加工贸易项下：(币种、金额)			
其他贸易项下：(币种、金额) 　其中2011年7月13日前出口但7月14日后收汇的金额：			
来料加工贸易项下：(币种、金额) 　其中实际收汇比例：			
预收货款项下：(币种、金额) 　其中外汇局依企业申请核准预收货款金额：			
无货物报关项下：(币种、金额)			
是否为延期收款	□ 是		□ 否
是否为关联方交易	□ 是		□ 否
本企业申明：本表所填内容真实无误。如有虚假，视为违反外汇管理规定，将承担相应后果。			
单位公章：	填报人：		年　月　日

(6) 填写支取凭条

(借方)　　☐ 818 活期外汇存款
　　　　　☐ 824 外汇专户活期存款
　　　　　☐ 946 其他金融机构往来

支取凭条
DRAWING SLIP

中国银行台照 To BANK OF CHINA	账号 Account No _____ 日期 Date _____
请付 Pay _____	
小写金额 In figures _____	签　章 Signature

主管：　　会计：　　出纳：　　复核：　　记账：　　核对印签：